海外中国研究丛书

到中国之外发现中国

Ch'en Liang's
Challenge
to
Chu Hsi

Utilitarian
Confucianism

功利主义儒家
陈亮对朱熹的挑战

Hoyt Tillman
［美］田浩 著 姜长苏 译

江苏人民出版社

图书在版编目(CIP)数据

功利主义儒家:陈亮对朱熹的挑战/(美)田浩著;姜长苏译. -- 2版. -- 南京:江苏人民出版社,2024.11
ISBN 978-7-214-28380-1

Ⅰ.①功… Ⅱ.①田…②姜… Ⅲ.①陈亮(1143-1194)-思想评论②朱熹(1130-1200)-思想评论 Ⅳ.①B244.05

中国国家版本馆 CIP 数据核字(2023)第 195223 号

Utilitarian Confucianism: Ch'en Liang's Challenge to Chu Hsi by Hoyt Cleveland Tillman, first published by Harvard University Asia Center in 1982
Copyright © 1982 by Hoyt Cleveland Tillman
This Simplified Chinese edition published by permission of Hoyt Cleveland Tillman
Simplified Chinese edition copyright © 2024 by Jiangsu People's Publishing House
All rights reserved
江苏省版权局著作权合同登记号:图字 10-2020-536 号

书　　名	功利主义儒家:陈亮对朱熹的挑战
著　　者	[美]田　浩
译　　者	姜长苏
责 任 编 辑	康海源
装 帧 设 计	周伟伟
责 任 监 制	王　娟
出 版 发 行	江苏人民出版社
地　　址	南京市湖南路 1 号 A 楼,邮编:210009
照　　排	江苏凤凰制版有限公司
印　　刷	苏州市越洋印刷有限公司
开　　本	652 毫米×960 毫米　1/16
印　　张	18.25　插页 4
字　　数	192 千字
版　　次	2024 年 11 月第 1 版
印　　次	2024 年 11 月第 1 次印刷
标 准 书 号	ISBN 978-7-214-28380-1
定　　价	78.00 元

(江苏人民出版社图书凡印装错误可向承印厂调换)

序"海外中国研究丛书"

中国曾经遗忘过世界,但世界却并未因此而遗忘中国。令人嗟讶的是,20世纪60年代以后,就在中国越来越闭锁的同时,世界各国的中国研究却得到了越来越富于成果的发展。而到了中国门户重开的今天,这种发展就把国内学界逼到了如此的窘境:我们不仅必须放眼海外去认识世界,还必须放眼海外来重新认识中国;不仅必须向国内读者迻译海外的西学,还必须向他们系统地介绍海外的中学。

这个系列不可避免地会加深我们150年以来一直怀有的危机感和失落感,因为单是它的学术水准也足以提醒我们,中国文明在现时代所面对的绝不再是某个粗蛮不文的、很快就将被自己同化的、马背上的战胜者,而是一个高度发展了的、必将对自己的根本价值取向大大触动的文明。可正因为这样,借别人的眼光去获得自知之明,又正是摆在我们面前的紧迫历史使命,因为只要不跳出自家的文化圈子去透过强烈的反差反观自身,中华文明就找不到进入其现代形态的入口。

  当然,既是本着这样的目的,我们就不能只从各家学说中筛选那些我们可以或者乐于接受的东西,否则我们的"筛子"本身就可能使读者失去选择、挑剔和批判的广阔天地。我们的译介毕竟还只是初步的尝试,而我们所努力去做的,毕竟也只是和读者一起去反复思索这些奉献给大家的东西。

刘 东

田浩教授与宋代思想史研究*

引 言

  安乐哲(Roger T. Ames)教授评价田浩(Hoyt Tillman)教授为思想考古学家(archeologist of ideas)①,对于一位在宋代思想史领域耕耘近半个世纪的学者而言,此说恰如其分。为何选择思想史为研究对象? 田浩教授说,他很想知道古代中国人是如何思考(thinking)的,而不仅仅是了解他们的想法(thoughts)。史华慈(Benjamin I. Schwartz)教授在《功利主义儒家:陈亮对朱熹的挑战》的序言中揭示了这一研究理念:"这里我们所见的不但是中国思想,而且是'中国人思维的过程'。"②为何选择考察宋代

---

* 本序的主体内容以《田浩教授与宋代思想史研究》为题,发表于《唐宋历史评论》第七辑,北京:社会科学文献出版社,2020年。感谢包伟民老师和刘后滨老师的支持!
① Roger T. Ames, "Foreword" in Hoyt Tillman, *Ch'en Liang on Public Interest and the Law* (Honolulu: University of Hawaii Press, 1994), xii.
② 史华慈:《序》,田浩著,姜长苏译:《功利主义儒家:陈亮对朱熹的挑战》(以下简称《功利主义儒家》),南京:江苏人民出版社,2012年,第3页。

呢？或许对于思想史家而言,"思想史只记载激动人心的时代便是因为它对某个时代感到'激动人心'以及觉得它应当继续'激动人心'"①,而宋代恰是一个"激动人心"的时代,虽然面临诸多困难与挑战,三百年间却思潮涌现,田浩教授希望以"旁观者"的立场,冷峻地讨论两宋思潮的演进及其与政治、经济、文化和社会之间纷繁复杂的关系。

自20世纪70年代初跟随史华慈教授学习《朱子语类》以来,田浩教授沉潜于宋代思想史领域,从1976年正式发表成果至今,笔耕不辍,且"不断精进"。② 在他的丰硕成果中,读者或关注从《功利主义儒家》至《旁观朱子学》③乃至今天,田浩教授对于道学"群体或圈子"(fellowship)的持续辨析与讨论;或关注20世纪90年代其与狄百瑞(或译为狄培理,William Theodore de Bary)教授的"术语之辩"④;抑或关注其研究课题由宋代思想史逐渐扩展

---

① 葛兆光:《中国思想史》之《导论:思想史的写法》,上海:复旦大学出版社,2009年,第80页。
② 余英时:《增订版序一》,田浩:《朱熹的思维世界》(增订版)。该书增订版本有二:台北:允晨出版公司,2008年,第3页;南京:江苏人民出版社,2009年,第1页,本序所引增订版内容皆出自后者。另,陕西师范大学出版社曾于2002年出版《朱熹的思维世界》,故本序所引《朱熹的思维世界》有该版本与增订本之区别。
③ 田浩:《旁观朱子学:略论宋代与现代的经济、教育、文化、哲学》(以下简称《旁观朱子学》),上海:华东师范大学出版社,2011年。
④ 参见 Hoyt Tillman, "A New Direction in Confucian Scholarship: Approaches to Examining the Differences between Neo-Confucianism and Tao-hsueh," *Philosophy East and West* 42, no. 3 (July 1992): 455 - 474; Wm. Theodore de Bary, "The Uses of Neo-Confucianism: A Response to Professor Tillman," *Philosophy East and West* 43, no. 3 (July 1993): 541 - 555。或参见田浩:《儒学研究的新方向:对"新儒学"与"道学"之区别的考察途径》、狄百瑞:《新儒学一词的使用:回应田浩教授》,伊沛霞、姚平主编:《当代西方汉学研究集萃(思想文化史卷)》,上海:上海古籍出版社,2012年,第1—37页。按,卢睿蓉称此次争论为"'新儒学'之辩",笔者以为尚不能以此来完全概括这场争论,关于卢睿蓉的讨论,参见氏著《海外宋学的多维发展——以美国为中心的考察》第5章《研究个案2:突破道统下的思想世界》,北京:中国广播电视出版社,2012年,第188—196页。

至金元时期的儒学以及当代中国传统文化的相关问题等。① 不过,随着《朱熹的思维世界》(增订版)、《文化权力与政治文化——宋金元时期的〈中庸〉与道统问题》②等成果问世,数十年来隐含于"道学"和"思维世界"之下的文化权威与政治权力关系之研究指向愈发清晰;直到2019年3月底,在亚利桑那州立大学的国际学术会议上,会议主题"中国历史上的文化与权力"将田浩教授学术生涯中最为重要的学术关怀完全展现出来。

田浩教授在学术生涯早期即与中国结下不解之缘。在邓广铭先生、张岱年先生等学者的帮助下,他与中国学术界展开了近40年的交流与合作③,研究成果饱含了对中国传统文化与当今社会的理解和同情;同时,作为一位美国史学家,田浩教授的文化背景与文化价值还贯穿和融会于他的中国研究中。不过,学界对于田浩教授所坚持的术语辨析、道学的范畴、朱熹的权威及其与同时代人的关系等相关议题,存在某些误解,即使是余英时先生,也认为田浩教授的文化价值偏向于多元和宽容,"不能接受学术思想之定于一尊",这种价值取向和处理历史事实之间"恰恰发生了直接的冲突",虽然《功利主义儒家》充分提示了朱熹代表道学主

---

① 参见近年对田浩先生的访谈与学术评论,如田浩、葛焕礼:《历史世界中的儒家和儒学——田浩(Hoyt C. Tillman)教授访谈录》,《临沂师范学院学报》2009年第4期,第40—44页;卢睿蓉:《海外宋学的多维发展——以美国为中心的考察》第5章《研究个案2:突破道统下的思想世界》,第187—208页;杨新勋:《一个旁观者的心声——田浩访谈录》,《中国典籍与文化》2016年第3期,第150—159页。

② Christian Soffel and Hoyt Tillman, *Cultural Authority and Political Culture in China: Exploring Issues with the Zhongyong and the Daotong during the Song, Jin and Yuan Dynasties* (Stuttgart: Franz Steiner Verlag, 2012);并见中文版:苏费翔、田浩著,肖永明译:《文化权力与政治文化——宋金元时期〈中庸〉与道统问题》(以下简称《文化权力与政治文化》),北京:中华书局,2018年。

③ 田浩:《我与中国研究的不解之缘》,北京大学国际汉学家研修基地编:《国际汉学研究通讯》第10期,北京:北京大学出版社,2015年,第291—306页。

流这一客观事实,"但正统则是权力结构的产物,这是作者所不肯认同的"。① 那么,田浩教授的研究是否受到其"自由主义的立场"②左右？这一立场(如果存在)为我们深入宋人的内心和宋代社会提供了何种方法上的意义？我们又该如何理解余英时先生所称赞的田浩教授在治史方面"则尊重客观,不以一己的好恶进退古人"③？

一、"道学"及相关术语

如所周知,虽然程颐以"道学"指称所认同的学术圈,但影响后世最深的"道学"界定则来自《宋史·道学传》。这是元人在吸收朱熹的道学传统重建、经过"严格甄选"后的道学谱系,若将其与《诸儒鸣道集》或是庆元党禁时所谓的"伪学"人士相比,可以看到它的范围狭窄了许多,仅与程朱学派有关。④ 显然,以《宋史·道学传》为据考察宋代道学和其他思潮的发展,恐有较大偏差。因此,如何界定与使用宋人的"道学"概念,是展开该研究的基本出发点。

早在 1982 年出版的 *Utilitarian Confucianism: Ch'en Liang's Challenge to Chu Hsi*(即中文版《功利主义儒家》)中,田浩教授已使用广义的"道学"概念。这个宋人使用的概念包含了 12 世纪初期至中叶与二程有着基本相同的伦理和学术观念的

---

① 《余英时先生序》,田浩:《朱熹的思维世界》,西安:陕西师范大学出版社,2002 年,第 4—5 页。
② 《余英时先生序》,田浩:《朱熹的思维世界》,第 5 页。
③ 《余英时先生序》,田浩:《朱熹的思维世界》,第 4 页。
④ 田浩著,姜长苏译:《功利主义儒家·导言》,第 14—15 页;田浩:《朱熹的思维世界》(增订版)第 5 章《朱熹与吕祖谦》,第 117—122 页。

人,涵盖了不同的学术方向①,与冯友兰先生同年提出的应使用"道学"而不是"理学"的概念来讨论宋代儒学的观点不谋而合。② 田浩教授用"fellowship"来指称道学团体,其内部成员"具有关系网络,互相认同,而且自认为与其他的儒生不同。他们共同努力形成社会的、政治的以及文化的纽带,以改进社会政治文化,复兴道德价值,匡正儒学"。③ 这个英文单词与基督教的"团契"意义很接近,也被译为"群体""社群""团体""同道""同志"等,它有助于西方人理解广义的道学群体。在近年的研究中,田浩教授依然强调该群体的共同学术理想、政治抱负及其广泛性和实践性,即12世纪80年代以前,包括吕祖谦、张栻在内的道学领袖们,"代表了一个更广泛、更经世致用而较少教条化的学术团体和政治派别"。④ 上述关于道学群体的独特界定,在中西方学界引起较大争议,主要体现在20世纪90年代"道学"与"Neo-Confucianism""理学"等术语的内涵、使用及方法论之争。⑤ 虽然这场辩论没有推动学界广泛使用"道学"术语,但它对北美思想史研究产生了直

---

① 田浩著,姜长苏译:《功利主义儒家·导言》,第14—15页。按,*Utilitarian Confucianism: Ch'en Liang's Challenge to Chu Hsi* 出版时有中文名《陈亮与朱熹的辩论——明道谊而计功利》,译成中文版后更名为《功利主义儒家:陈亮对朱熹的挑战》,见 Hoyt Tillman, *Utilitarian Confucianism: Ch'en Liang's Challenge to Chu Hsi*(Cambridge, Massachusetts: Harvard University Press, 1982);田浩教授在《朱熹的思维世界·绪论》中讨论了冯友兰先生的观点,第2页。
② 冯友兰:《略论道学的特点、名称和性质》,《社会科学战线》1982年第3期,第40—41页。
③ 田浩:《朱熹的思维世界·绪论》(增订版),第4页。
④ 田浩:《余英时老师与我的宋代思想史研究——兼论宋代思想史研究的若干问题》(以下简称《余英时老师与我的宋代思想史研究》),林载爵主编:《如沐春风:余英时教授的为学与处世——余英时教授九秩寿庆文集》(以下简称《如沐春风》),新北:联经出版公司,2019年,第53页。
⑤ 参见田浩:《儒学研究的新方向:对"新儒学"与"道学"之区别的考察途径》,狄百瑞:《新儒学一词的使用:回应田浩教授》,伊沛霞、姚平主编:《当代西方汉学研究集萃(思想文化史卷)》,第1—37页。

接影响。比如,"一些学者们在此之后使用新儒学时会有意识地解释它的用法;另一些人则倾向使用道学或理学。这些变化从包弼德(Peter K. Bol)的《宋明理学与地方社会:一个12至16世纪间的个案》(Neo-Confucianism and Local Society, Twelfth to Sixteenth Century: A Case Study)一文中可见一斑。包文继续使用了 Neo-Confucianism 一词,但作者明确提出他所指的是狭义的新儒学,即程朱理学和道学"。①

近年来,田浩教授进一步辨析了四个术语,即"道学""Neo-Confucianism""理学"和"新儒学",特别强调对"Neo-Confucianism"的界定。② 这一观察是敏锐的。直至今日,译者仍将"Neo-Confucianism"直译为"新儒学"。译者所理解的"Neo-Confucianism",其实与西方语境中该术语的多种内涵不相同;而且,"新儒学"在中国学者内部有着不同的界定,这样,在各自语境中已经存在分歧的两个术语,又在中西学者的研究中相搅,由此带来新的混淆。如前引包弼德教授对"Neo-Confucianism"的狭义定义,英文原文为"the Cheng-Zhu [Cheng Yi 程颐(1033 - 1107) and Zhu Xi 朱熹(1130 - 1200)] school and the 'Learning of the Way'(Daoxue 道学)"③,即译者所说的"程朱理学和道学"(笔者按,或许应译为"程朱学派和道学",因包弼德教授在该文中明确将理学称为"Learning of Principle"),而译者在翻译该论文

---

① 张聪、姚平:《前言》,伊沛霞、姚平主编:《当代西方汉学研究集萃(思想文化史卷)》,第10页。
② 田浩:《余英时老师与我的宋代思想史研究》,林载爵主编:《如沐春风》,第45—50页。
③ Peter K. Bol, "Neo-Confucianism and Local Society, Twelfth to Sixteenth Century: A Case Study," in Paul Jakov Smith and Richard von Glahn, eds., The Song-Yuan-Ming Transition in Chinese History (Cambridge and London: Harvard University Asia Center and Harvard University Press, 2003), 241.

标题时,将原文的"the Cheng-Zhu and Zhu Xi school and the 'Learning of the Way (Daoxue 道学)'"简单翻译为"理学",这虽然避免了将"Neo-Confucianism"直译为"新儒学",却遗漏了原文的"the 'Learning of the Way'(Daoxue 道学)",并改变了"the Cheng-Zhu and Zhu Xi school"的原义。这种译法也许显示了译者的两难,不过,它对原意或有所误解,从而带来新的混乱。这个例子有助于我们理解为何时至今日田浩教授仍在呼吁应该更加清晰地使用术语去指代特定语境中的儒学派别或群体。

反思"术语之辩",田浩教授在强调以"道学"术语取代"Neo-Confucianism"之初,尚未充分讨论"Neo-Confucianism"一词的缘起与变迁,学界对该词的最初用法亦未有深入了解,狄百瑞教授则坚称"Neo-Confucianism""忠实地反映了宋代是儒学发展的一个新阶段,与前代既有连续性又有非连续性的现实"。① 苏费翔教授的新近研究成果为这场辩论提供了新证。据苏教授研究,"Confucians"一词较早出现在 1700 年,1708 年"Confucianisme"出现在法国神学家 Richard Simon(1638—1712)的法文论文中,Richard Simon 将儒学与西方的一个异教思想人士莫利纳(Luis de Molina,1535—1600)相提,文中对这位异教人士使用的"Confucianisme"为一种蔑称,指支持中国儒学的西方传教士;当时天主教的红衣主教铎罗(Charles Thomas Maillard de Tournon,1668—1710)同样用"Confucianisme"来批评具有异教思想的传教士;苏教授进而指出,"Neo-Confucian"("新孔子主义")首见于法国汉学家卜铁(Jean-Pierre Guillaume Pauthier,

---

① 张聪、姚平:《前言》,伊沛霞、姚平主编:《当代西方汉学研究集萃(思想文化史卷)》,第 9—10 页。

1801—1873)的笔下,他提出的"Néoconfucéens"(新儒家)被收入1844年出版的《哲学词典》(Dictionnaire des sciences philosophiques);1850年意大利文的医学资料中,"Neoconfuciani"指以动静、阴阳为主的学术,并非二程、张载、朱熹先后发展的理气论;英文"Neo-Confucianism"则出现于1861年,依然强调周敦颐宇宙论为其核心思想,因此,狄百瑞教授曾认为"Neo-Confucianism"盛行于20世纪40年代,因其不知道19世纪50年代已有学者使用到该词,而且它是对道学家的一种歪曲。① 若此不误,"Neo-Confucianism"不适合用于表达宋代以来儒学发展的特征,而田浩教授在20世纪80年代初倡导使用广义的"道学"概念,无疑具有前瞻性和合理性。

　　回到宋代的语境去研究宋代思想史,对于20世纪70年代的学者而言并不容易,而大洋彼岸的田浩教授利用"外部的有利地位","把握住较大画面及主要倾向的方方面面"②,展开对宋代道学的研究。他"不将朱熹看成一位超然独立的思想家,而将他的思想发展置于他与同时代学人的关系和交往的背景下考察"③,并选择张九成、胡宏、张栻、吕祖谦、陈亮、陆九渊、朱熹的门人以及其他南宋道学家作为研究对象,试图通过讨论12—13世纪儒学发展的多样性,将南宋道学的多样性转向正统性,直接面对"程朱正统",并非"实际上绕过了程朱正统的遮蔽,寻找其他儒学思想流派"④,《功利主义儒家》与《朱熹的思维世界》(尤其是增订

---

① 苏费翔:《创新与宇宙论:"(Neo-)Confucianism"一词早期的用法》,《湖南大学学报(社会科学版)》2020年第3期,第29—34页。
② 田浩著,姜长苏译:《功利主义儒家·中文版序》,第2页。
③ 田浩:《朱熹的思维世界·绪论》(增订版),第2页。
④ 卢睿蓉:《海外宋学的多维发展——以美国为中心的考察》第5章《研究个案2:突破道统下的思想世界》,第200—201页。

版)就是这一研究理路下的成果。余英时先生在 *Confucian Discourse and Chu Hsi's Ascendancy* 的序言中说道：

> 这一解释得到了该时期历史资料的有力支持。为了展示整个十二世纪儒学发展的多样性，我认为田浩的选择很巧妙，他不是孤立地将朱熹视为一位哲学家，而是将他"置于与他同时代的主要思想家的关系与互动背景中"。因此，虽然本书不列专章讨论朱熹的思想和学术，但每一章都有朱熹。采用此种研究方法，不仅更加客观地展现了十二世纪中国的思想世界，而且与朱熹同时代的知识分子与对手也得到更加公正的历史评判。①

南宋道学从多样性到正统性的转向在《功利主义儒家》的第一章有深入阐释。根据田浩教授的研究，11世纪的儒者认为"道"包括体、用、文三个方面："体虽然作为支配人们之间关系的根本原则进行讨论，它仍被看作是不变的。文的范围很广，包括从纯文学到公文以及哲学论文。用既包括个人修养、经世致用，又包括社会约束"，这三方面概括了宋学的总目标；而随着儒学的分化，体、用、文在不同时期的士大夫那里有着不同的强调，于是，当道学由一个儒家团体逐渐发展为一个政治派别，进而成为一个哲学思想流派，最终确立为国家正统时，道的全体也演化为道的部分。② 下面这段引自淳熙十二年(1185)朱熹与刘清之的书信，可

---

① Yu Yingshi,"Foreword," in Hoyt Cleveland Tillman, *Confucian Discourse and Chu Hsi's Ascendancy* (Honolulu: University of Hawaii Press, 1992), ix‐x. 并见田浩《余英时老师与我的宋代思想史研究》，林载爵主编：《如沐春风》，第37页。

② 田浩著，姜长苏译：《功利主义儒家》第1章《儒学两极化及其在宋代思想中之演进》，第22—58页；田浩：《余英时老师与我的宋代思想史研究》，林载爵主编：《如沐春风》，第50—51页。

以洞悉朱熹本人对于道学范围的看法:

> 近年道学外面被俗人攻击,里面被吾党作坏,婺州自伯恭死后,百怪都出。至如子约,别说一般差异底话,全然不是孔孟规模,却做管商见识,令人骇叹。然亦是伯恭自有些拖泥带水,致得如此,又令人追恨也。子静一味是禅,却无许多功利术数。目下收敛得学者身心,不为无力。然其下稍无所据依,恐亦未免害事也。①

据此引文,田浩教授认为朱熹虽然对浙东学派和陆九渊学派措辞严厉,并批评陆九渊的佛教思想,但仍将他们视为道学群体中的一部分;淳熙十二年前后,朱熹与他们的书信往来保持了融洽的气氛,淳熙十四年(1187)开始,朱熹对陆九渊的批评更为尖锐,道学内部的分化趋于明显。② 田浩教授将朱熹道学权威之形成置于宋代道学发展的多样性背景下,在朱熹和其他道学家的关系网络中考察道学的分化,使得道学群体内部的复杂性和道学之分化展现得更为清晰。同时,在这种复杂性和分化中,可以反观吕祖谦、陈亮、陆九渊等儒者何以成为广义范围的道学家,以及朱熹的正统地位如何从这个广泛的道学群体中建构起来。至此,中国读者或许对田浩教授使用"fellowship"来指代这个具有共同的学术和政治抱负之群体有了进一步的理解,余英时先生认为这个新概念可捕捉到道学群体的"精髓",其有效性体现在这些群体是因为共同的目的而形成,即学习和复兴儒家之道。③

---

① 朱熹:《晦庵先生朱文公文集》卷35《与刘子澄》,朱杰人等主编:《朱子全书》第21册,上海:上海古籍出版社,合肥:安徽教育出版社,2002年,第1546页。
② 田浩:《朱熹的思维世界》(增订版)第9章《朱熹与陆九渊》,第223页。
③ Yu Yingshi, "Foreword," in Hoyt Tillman, *Confucian Discourse and Chu Hsi's Ascendancy* (Honolulu: University of Hawaii Press, 1992), xi.

关于陈亮的研究,"功利主义"或许是个有争议的术语。如何将西方术语"Utilitarianism"运用于宋代儒学研究中,田浩教授有着缜密考量。首先,"功利"一词来自宋人话语,朱熹本人亦不时提起。比如前引朱熹与刘清之的书信中,朱熹用"功利"评价陆九渊虽然浸于佛学,但没有"许多功利术数";又如,朱熹曾批评陆九渊的江西之学和浙学,提醒学生注意浙学"专是功利"的危害,他认为功利之学很容易使人看到"利",吸引人们去学习:"江西之学只是禅,浙学却专是功利。禅学后来学者摸索一上,无可摸索,自会转去。若功利,则学者习之,便可见效,此意甚可忧!"① 因此,田浩教授以宋人所说的"功利"来讨论宋代儒学,并非其发明。其次,研究陈亮与朱熹论辩的目的很明确,它有助于理解宋代乃至中国的社会政治思想,因为这场论辩包含了一些适合于跨文化比较的素材,但是,进行跨文化比较时,需要注意不使用西方的参照物,不以西方的观点来判断讨论对象,"否则将会妨碍对中国特定背景之下的问题的理解"。第三,田浩教授以"道德伦理"与"事功伦理"来概括朱熹和陈亮的思想特征,英文单词"Utilitarianism"恰和"功利主义"有共同的语义。汉语中的功利主义首先强调两个目标:达到具体的结果、后果(功),增大政府提供给社会的利益好处(利);而"Utilitarianism"指对效果的关注,即事功伦理,它包含了中文的"功""利"之含义,对应于中文的"功利主义",这就解决了史华慈先生所说的语言和文化范畴上的"可通译性"问题,努力使中国思想可为西方人所理解,这原本就是研究中国思想的西方人的愿望之一。②

---

① 黎靖德编,王星贤点校:《朱子语类》卷 123《陈君举》,北京:中华书局,1986 年,第 2967 页。
② 史华慈:《序》,田浩著,姜长苏译:《功利主义儒家》,第 1 页;并见该书《导言》,第 1、4—6 页。

二、文化权威的自我建构

　　延续《功利主义儒家》的思路,《朱熹的思维世界》在更广阔的范围内考察朱熹与同时代道学家的关系,探讨南宋思潮演变的多种面向。或许正是因为将朱熹置于道学团体中,有学者认为在田浩教授的研究中,朱熹道统"消解"了①,余英时先生则评述《朱熹的思维世界》道:"作者对朱熹的历史地位和尊重是无可置疑的,但是他自己的价值取向则在有意无意之间阻止了他把朱熹推向道学正统的位置……承认主流而不认同正统,作者的自由主义的立场在这里表现得十分明朗。"②那么,作者是否不认同朱熹的正统地位呢？朱熹道统是否消解了呢？当《朱熹的思维世界》增订版问世后,上述疑问当可"消解"。

　　《朱熹的思维世界》增订版新增了第十章《朱熹的祈祷文与道统观》(以下简称《祈祷文》),并修订了《结语》部分。余英时先生称赞《祈祷文》首次将朱熹的鬼神观与道统观联系起来考察,"也进一步发现'政治、社会关怀'在朱熹思想中居于'首要的'位置"。③ 那么,朱熹的道学权威与道统如何通过和鬼神观的联系建构起来？在《功利主义儒家》所说的11世纪以来道的全体即"体、用、文"三者的分化中,与陈亮、叶适等浙东学派相比,朱熹的哲学体系如何体现出其政治和社会关怀居于首要位置？

　　在朱熹的思想史意义上,葛兆光先生提到三点:一是朱熹通

---

① 卢睿蓉:《海外宋学的多维发展——以美国为中心的考察》第5章《研究个案2:突破道统下的思想世界》,第206页。
② 《余英时先生序》,田浩:《朱熹的思维世界》,第5页。
③ 余英时:《增订版序一》,田浩:《朱熹的思维世界》(增订版),第1、3页。

过经典诠释、历史重构以及对思想世俗化的努力,再度确立了所谓"道统";二是朱熹重新凸显了作为思想依据的"经典",指示了理解经典意义的新的途径;三是通过思想的一系列具体化和世俗化的努力,朱熹使那些本来属于上层士人的道德与伦理原则,逐渐进入了民众的生活世界。① 由此,在朱熹道统的建构中,除了朱熹门人及后人的努力,朱熹本人的自我建构值得注意。而在朱熹道统的自我建构中,除了葛兆光先生强调的三个方面,田浩教授由朱熹对孔子的祭祀与祈祷文这条独特的路径,进入朱熹"超乎常理的言行与主张"②里,揭示了朱熹通向道学权威的思想历程。

一方面,朱熹遵循儒家的鬼神观与祭礼;另一方面,朱熹将宋儒的理、气之学与自家学说"巧妙"地融入传统的鬼神观与祭祀孔子之灵的仪式中,使得这条通向道学权威的道路虽然蜿蜒但又自然地延伸到了终点。

田浩教授在《祈祷文》中首先阐释了朱熹鬼神观的三种意义:第一种意义,朱熹用"鬼神"来指称大量具有神秘和精微特性的"事""物",在这种意义上,"鬼神"指的是宇宙万物的自然功能及其运行;第二种意义,即朱熹用"鬼神"指称某种明显具有神秘色彩,尤其难以理解的现象;第三种意义,指传统上可以供人祈祷和祭祀,并且能产生回应的魂灵。朱熹以第三种意义为重要,在这层意义上,"祖先魂灵存在,并且能够对后代的祭祀产生回应,长期以来对于儒家以及以孝道为中心价值的家族而言,具有关键的作用",因此,朱熹在书院和精舍带领学生向孔子祈祷时,便建立了一个虚拟的家庭关系。田浩教授观察到,朱熹弟子王过在记载

---

① 葛兆光:《中国思想史》第 2 卷《七世纪至十九世纪中国的知识、思想与信仰》,第 225—234 页。
② 田浩:《朱熹的思维世界·作者的话》(增订版),第 2 页。

朱熹安排学生每日于影堂、土地公以及先圣像前敬拜一事时,将参与者称为"子弟",而不是"弟子",前者使得师生关系很容易被想象为家庭关系;在这种"家庭关系"中,朱熹带领学生向孔子之灵祈祷时,便自然地充当了学生与孔子之灵的中间人,向孔子报告学生的事情。于是,一个暗示从孔子到朱熹的父系传承的假想之"宗"得以建立。不仅如此,朱熹使用的一些看似平常的文字还引起了田浩教授的注意。如在祭先圣礼中,朱熹不止一次地使用"告"字,"这样的说法可以与家礼中向先祖'报'相似"。又如,朱熹讨论对非祖先祭祀时说:"如'天子祭天地,诸侯祭山川,大夫祭五祀',虽不是我祖宗,然天子者天下之主,诸侯者山川之主,大夫者五祀之主。我主得他,便是他气又总统在我身上,如此便有个相关处。"在这段引文中,田浩教授发现朱熹准确地把握和利用了"主"的深刻内涵:天子、诸侯和大夫皆因其地位合乎礼典而具有主祭身份,主祭向神灵祈祷有应,他们和神灵之间的关系,与后代和祖先之间因为血脉关系而拥有合法的祭祀身份相似,以此类推,朱熹祭祀孔子也因为他构建的"家庭关系"而具有合法身份,这便是朱熹所谓的"我主得他",他与孔子之灵通过"气类"形成类似于血缘关系的联系。那么,联接朱熹和孔子之灵的虚拟家人之气如何获得呢?朱熹进一步声称,对孔子之灵的接近必须基于"学",由"学"来决定;在朱熹与学生共同构成的"家庭"里,朱熹既是一个宗亲领袖,又是一位尊师,他的"学"足以使他具备与孔子之灵沟通的身份与地位。朱熹通过带领学生祭祀孔子,凸显出从圣人到他这里的"道统"传递,由此树立他作为经典权威解读者的地位。[①]

[①] 本段参见田浩:《朱熹的思维世界》(增订版)第10章《朱熹的祈祷文与道统观》,第251—275页。

研究中,田浩教授一再将朱熹获得道学权威以及道学走向正统的过程置于一个广泛的时代环境里加以讨论,希望"产生新的角度研究他的思想","若不清楚把握同时学者的其他想法,朱熹的思想动力就会变得比较模糊",而"研究朱熹和其同时代人观点的冲突,影响着我们对其哲学体系及其发展过程的理解"。① 这些观点表达了当代研究中国思想的西方学者的一个愿望:"力求在当时的与历史发展的两个维度上展现中国思想的广阔领域及内在复杂性,最重要的是要说明这种思想的历史演变性与疑难性。"②通过对同时代其他学者的整体考察,朱熹通向学术权威及道统的道路可以多维度地展现出来。如果说《朱熹的思维世界》第一版未能完全显现田浩教授的初衷,那么,增订版的新增内容充分表达了这一学术诉求。即使是在讨论朱熹及其后学与同时代人的冲突中,田浩教授也重视冲突的另一方对朱熹获得正统的努力,比如吕祖谦弟子乔行简主导朱熹进入孔庙陪祀,这些追求道学利益最大化的行为证实了道学是一个同道群体(fellowship)的构想。

在《朱熹的思维世界》增订版的结语中,田浩教授还提到,朱熹门人暗中调和了13世纪其他道学学派的思想,促使朱熹哲学体系更注重制度与社会关怀,推动该体系走向完整并取得正统地位。同时,田浩教授也指出:"朱熹的思想包括抽象的哲学原理外,也包含文化价值与实际事务的论题,但他对三个层次的着重点与时人及后学都不同",因此,虽然朱熹的学生使朱熹名下拥有"更充实的文化价值与实际事务的论述"③,但不表明朱熹忽略实际事务,也不表明在田浩教授的研究体系中忽略过朱熹对实际事

---

① 田浩:《朱熹的思维世界·结语以及感想》(增订版),第316、330页。
② 史华慈:《序》,田浩著、姜长苏译:《功利主义儒家》,第1页。
③ 田浩:《朱熹的思维世界·结语以及感想》(增订版),第327—330页。

务的关心。事实上,田浩教授对朱熹在地方上的作为有过很多研究,比如书院建设、礼学建设、社仓建设、水利建设、灾荒赈济与伦理道德建设等等,但是,或许因为田浩教授的研究路径与其他学者不同,读者常常注意到他未按通行的研究路数将朱熹置于最突出的地位、关注朱熹与同时代人发生冲突等方面的探讨,忽视了其道学研究的整体性。仅以《朱熹的思维世界》中文版第一版为例,我们就能看到田浩教授对于朱熹在制度与社会关怀方面的诸多讨论,而且这些讨论都置于与事功学派的代表人物吕祖谦、陈亮以及其他道学领袖的对比中。比如,在与吕祖谦对比时,田浩教授强调朱熹的不同之处:

> 吕祖谦比较注重全国的事务,朱熹则活跃于中层的社区组织,朱熹在国家控制地方的权力削弱,而地方家族势力抬头的局势下,提倡一系列的组织加强中层的社区意识与团结。朱熹在社区组织的礼仪规范中,特别注重乡约、先贤祠、书院及社仓。他的社区制度的构想大多来自别人,但能将不同的办法融合,以达到整合儒学群体的目的。吕祖谦与朱熹都致力加强道学家的意识和凝聚力,他们的重点虽然不尽相同,但都关心三个层次的事务,而且努力合作,互相支持,以强化国家及道学。①

又比如,与朱熹强调地方社会公共事务不同,陈亮"似乎对朱熹的社仓和其他社区组织不感兴趣",而且公开说"富家豪门的存在对公共事务有益"。② 田浩教授认为,陈亮不加掩饰地为商人利益说话,是他"杰出"的地方,他和叶适都"远比朱熹要更重视商人和

---

① 田浩:《朱熹的思维世界》第 5 章《朱熹与吕祖谦》,第 144—145 页。
② 田浩:《朱熹的思维世界》第 7 章《朱熹与陈亮》(增订版),第 172—173 页。

市场的力量",不过,朱熹不重视商人的例子却反映了朱熹对地方社会公共事务的关怀:"朱熹所任职的浙东发生灾荒,他动用行政力量迫使富有家庭按灾荒前的价格出售谷粮,禁止商人将粮食运出该地。"①可以说,在经世问题上,田浩教授同时探讨了朱熹与"对手"的"入世精神",揭示出不同道学派别的共同特征。

而对陆九渊家族的研究,在指出道学内部多样性的同时,田浩教授也看到了朱熹对地方事务关心的程度:

> 陆家在1188年率先建立抚州的第一座社仓,虽然只服务县内49都保中的两个都保,但建仓后第二年发生旱灾,陆九韶(12世纪20年代末—90年代)管理的社仓发挥很好的作用……陆家的活动与陈亮对朱熹的社仓的反应虽然不同,其实陆氏兄弟与陈亮都不热衷与佛教慈善组织竞争,他们强调家族利益,并且认为政府应该负责家族以外的社会活动。陆九渊的立场不如陈亮接近袁采的《袁氏世范》所阐述的道德,他比陈亮、袁采吸收更多流行的道学偏见,反对追求利益或功利的想法。陆家对慈善救济制度的看法不像陈亮那么消极,但他们也有袁采那样以家族为中心的倾向,汇集个人对家庭效忠,所以陆家成员不像朱熹致力于家庭与国家间的中层制度。陆九渊似乎对乡约、祠庙、书院都不太感兴趣,在外地任官时,从不鼓励建立社仓。朱熹喜欢建立社区组织,甚于关心个人私家的利益;陆家却最重视培植大家庭以及它在当地的利益。②

引文可见田浩教授集中讨论了陆氏家族内部对于"公"利与"私"

---

① 田浩:《朱熹的思维世界·结语以及感想》(增订版),第336页。
② 田浩:《朱熹的思维世界》(增订版)第8章《陆九渊》,第201—202页。

利的不同态度及其与朱熹的区别。陆九韶建立的社仓在地方社会发挥了积极作用,而陆九渊对地方事务的热情既不像陆九韶,也不如朱熹,他更关注家族在地方的利益,反对陈亮等人的功利主张。同样都出任过地方官员,陆九渊与朱熹对于地方事务的态度差别较大。

显然,朱熹的实践不仅体现在礼学、祭祀方面,他对地方事务的关心同样值得重视,这也是朱熹思想和实践复杂性的体现;朱熹门人利用朱熹的经世致用充实了他的哲学体系,也推动了道学内部的分化。关于这些问题,田浩教授在《朱熹的思维世界》增订版刊布以前,已经有了相当充分的讨论。

三、文化权威与政治权力

在道学学术交流方面,田浩教授认为包含三个关键的儒家理论层次,即西方人所谓的哲学思辨、文化价值和现实政论。道学家在评论儒家学说或是社会政治制度时,都可使用"道",而讨论思辨哲学和文化价值两个层次的问题时,"道"的观念更为重要;同时,在历史文化的范畴,"道"还指社会中的道德价值;探讨围绕"道"引发的争论,可使人们更了解政府的统治权力与权力周围的知识精英之间的关系。[①] 据此,我们可以理解为何在田浩教授的研究里,充满了道学内部的争论。

朱熹在与其他道学家争论时,非常重视维护"道"的载体——经典的权威性与真实性,并强调经典中古代准则的永恒现实

[①] 田浩:《朱熹的思维世界·绪论》(增订版),第11—12页。

性。① 经典以及诠释经典之重要性,前引葛兆光先生关于朱熹诠释经典与道统确立的关系时已有提及,葛兆光先生进一步论到,在古代中国,知识阶层对于皇权的制约手段,常常是运用超越政治权力的文化知识,在皇权之下,除了相信文化与知识的力量,知识阶层并无其他的资源可以制衡皇权。② 田浩教授同样关注到该重要性,他的第二部英文著作 *Confucian Discourse and Chu Hsi's Ascendancy*(1992)的标题已有体现。Ascendancy,即支配地位,在《功利主义儒家》尤其在《朱熹的思维世界》增订版中,田浩教授对朱熹道学的支配地位不断加以阐释,而朱熹的支配地位所体现的一个显著方面,即他为何以及如何成为经典注疏和解释的权威。田浩教授揭示了朱熹是儒家经典和文化传统中占据支配地位的最权威解读者,这种权威是一种权力,当它定于一尊的时候,其形成的复杂性却往往被表面的权威所掩蔽。如作者所言,在古代中国,政治权力以极其强烈和独特、复杂的方式嵌入中国文化中③,文化与政治之间的关系微妙而隐性。南宋道学群体成长的政治与文化环境不如北宋时宽松,他们在北宋灭亡的阴影下开始新的探索,无论是朱熹和吕祖谦,还是朱熹与陈亮以及其他道学家之间的合作和争论,都折射出探索中的理想与痛苦;同时,在朱熹的道学权威被构建的过程中,南宋道学群体内部的合作和冲突所呈现的儒家思想发展的复杂性与多样性,"远远超出

---

① 田浩著,姜长苏译:《功利主义儒家·结论》,第163页;田浩:《朱熹的思维世界·结语以及感想》(增订版),第313—320页。
② 葛兆光:《中国思想史》第2卷《七世纪至十九世纪中国的知识、思想与信仰》,第181页。
③ 原文为"Political power was embedded in Chinese culture in extraordinarily intense and uniquely complex ways",引自田浩教授为2019年3月在亚利桑那州立大学举办的"中国历史上的文化与权力"国际学术会议所撰写的序言。

传统和现代学者的认识"①,而且,这种复杂性和多样性在南宋之后仍然产生了深刻影响,值得继续探究。《文化权力与政治文化》便是这一研究理路下的成果,该书通过宋金元时期的《中庸》与"道统"两个主题,进一步阐明了权威、权力和文化之间繁杂而微妙的内在关系。

考察宋代文化对权力的影响或许需要从不同的路径逐渐推进,道学是其中之一。田浩教授的研究特别关注道学内部的争论,这些论辩涉及南宋时代的多项重要命题,如收复中原,复兴儒家传统,加强个人修养,重建政治制度、社会秩序和思想秩序等等。道学家希望以自己的学说和主张影响政治权力,比如吕祖谦和陈亮,与朱熹相比,他们更注重全国事务,一再上书,但他们的主张很难被皇帝采纳。田浩教授提出过一个假设:"如果吕祖谦的思想不仅局限于影响浙江学者,而是取代朱熹的思想影响到整个中国和东亚,那么儒家思想和中国政治文化或许会有完全不同的演进。"②但这个设想恰好说明了朱熹思想在皇权的支持下取得正统地位,其后它对中国政治与社会进程的影响十分深刻。那么,在取得正统地位后,道学是否可以左右国家的政策呢?田浩教授的回答是否定的。③但他选择朱熹的祈祷文,创造性地将祈祷文与道统观结合,从新的视角考察朱熹文化权力的形成,透视道学多样性发展的结果,希望将文化与权力关系的研究向前推进。与《功利主义儒家》一样,通过对道学内部多样性的考察来探讨中国古代文化与权力的关系问题,将"特别有助于向我们展示

---

① 田浩:《余英时老师与我的宋代思想史研究》,林载爵主编:《如沐春风》,第41页。
② 田浩:《余英时老师与我的宋代思想史研究》,林载爵主编:《如沐春风》,第60页。
③ 田浩:《朱熹的思维世界·绪论》(增订版),第10页。

中国思想的丰富性、复杂性与历史性"。①

结　语

余英时先生称赞田浩教授兼备"高明"和"沉潜"两种本领：

> "高明"，才能见其大而不断开拓这一"思维世界"；"沉潜"，才能继续发掘它的丰富内涵而展示其精微性与复杂性。田浩恰好便是一位能在"高明"与"沉潜"之间保持均衡的学人，这部增订新版便是最有力的见证。②

如余先生所言，田浩教授关于中国思想史尤其是宋代思想史领域的系列研究体现了高明与沉潜之处。或许很多人不太了解，在学术生涯之初，田浩教授关注的是中国当代问题③，不过，从第一部英文著作 *Utilitarian Confucianism: Ch'en Liang's Challenge to Chu Hsi*（《陈亮与朱熹的辩论——明道谊而计功利》）开始，他以朱熹与陈亮的论辩切入中国古代史研究，进入对宋代道学复杂性与多样性的考察进程，转而谋划其中国思想史研究的宏大布局。虽然直到 2019 年 3 月田浩教授才昭示其思索一生的学术主题"中国历史上的文化与权力"，但这显然是一个学术眼光深邃而独到、细密而严整的研究计划。从 *Utilitarian Confucianism: Ch'en Liang's Challenge to Chu Hsi*、《朱熹的思维世界》到《文化权力与政治文化》的层层推进，田浩教授的研究不断揭示出中国历史上文化与权力之间多元而繁复的关系。

---

① 史华慈：《序》，田浩著，姜长苏译：《功利主义儒家》，第 2 页。
② 余英时：《增订版序一》，田浩：《朱熹的思维世界》（增订版），第 1 页。
③ 田浩：《五十年代初期美国的对华政策——杜勒斯的外交权力与吉田信件的由来》，《历史研究》1983 年第 5 期。

虽然田浩教授谦称自己为"外行""旁观者",但其成果足以显示出专精与高明。余英时先生为《朱熹的思维世界》的三个中英文版本写过不同的序言,在最后一个版本即该书增订版的序言中,余先生指出:

> 田浩在《朱熹的思维世界》出版以后,依然不断精进,继续研究朱熹和南宋以后的儒学发展。这次印行增订版,收入了近年来的新收获,其中最重要的是"朱熹的祈祷文与道统观"和"结语以及感想"两章……我读了这两章,对作者孜孜不倦的研究精神十分钦佩。孔子说:"吾见其进,未见其止。"这两句话在阅读过程中时时往复胸中。①

的确,《祈祷文》首次将朱熹的鬼神观与道统观相联系,敏锐地捕捉到朱熹内心世界的变化,细腻地解剖了朱熹自我构建道学权威的独特路径,丰富了我们对朱熹复杂人格和道学发展多样性的认识。

同时,这位深谙中国传统文化的"旁观者",对于中国历史和思想文化的发展脉络与特征有着中国式的理解和准确的把握。如果有机会聆听田浩教授在大学开设的中国思想史课程,可以感受到他对于从先秦两汉到宋明时期直至现当代思想史进程的理解与把握。直至今日,田浩教授仍坚持在政治和思想文化的历史背景下,积极探索古代中国人如何去思考。不仅如此,他把研究时段从宋金元时期延伸到当代,研究范围从古代中国拓展到历史上受儒学影响的其他国家和地区,从思想、经济、教育、文化等多视角观察宋代儒学与宋代以降社会之间的关系,这些思考结集于

---

① 余英时:《增订版序一》,田浩:《朱熹的思维世界》(增订版),第1页。

《旁观朱子学》中,体现了他对中国历史和思想文化的深刻理解和整体把握。邓小南教授对该书的评价可以从另一个角度帮助我们理解田浩教授的研究特点:

> 本书内容跨越古今,"形"散"神"聚。予人印象最为深刻的,是作者的独具慧眼。文章对于宋代儒学核心范畴的细致清理,对于历史发展错综复杂样态的清晰揭示,对于多元性以及道学演变的强烈关注,为我们提供了研究中国思想史的出色范例。①

作为美国汉学家,不同的文化背景在田浩教授的思想史研究中产生了多种影响。进入哈佛大学学习中国历史之后,他同时选择了史华慈先生和余英时先生作为论文指导老师,希望在两位不同文化背景的中西学者的共同指导下,通过汲取不同的视野、方法与学识,学习和认识中国历史。正是史华慈先生的课堂,使田浩教授第一次阅读了《朱子语类》,开始进入宋人的思维世界,而宋代道学发展的复杂性与多样性为田浩教授展开一生的学术探索提供了可能。在田浩教授的成果里,一方面,我们通过其"自由主义的立场"②,观察到一个宽广、包容和独特的宋代思维世界;另一方面,又能看到他挑战跨越千年的"文化权威"之后所形成的特色鲜明的探索路径,为我们深入宋人的内心与宋代社会提供了另一种可能。或许,后者引发的思考更为深刻。

余英时先生的《朱熹的历史世界》较《朱熹的思维世界》晚出,二者被学界称为"姊妹篇"。其实,余英时先生拟此书名,是含蓄

---

① 田浩著:《旁观朱子学·封底》。
②《余英时先生序》,田浩:《朱熹的思维世界》,第5页。

地批评《朱熹的思维世界》"仍未与哲学问题分道扬镳"①,但是,运用哲学研究方法探索古代中国的思维世界,正是田浩教授的研究特色。田浩教授提出的关于宋代道学学术交流的哲学思辨、文化价值、现实政论三个理论层次,要求在中国历史的情境中,谨慎使用西方术语,向西方人阐明古代中国的思想,这并非易事。由于兼具中西学养背景,田浩教授很好地利用了哲学研究方法作为沟通中西学术的桥梁,为西方读者理解古代中国的思想世界提供了便利。史华慈先生所说"《功利主义儒家》一书对使中国思想为人理解有大的贡献"②即是最好的注解。

对中国文化的追索,促使这位汉学家在1981年就来到中国,1982到1984年举家居于北京大学两年,与邓广铭先生等老一辈学者展开密切的学术交流和合作。田浩教授的学术生涯始终与中国学界保持着紧密的关系,他的儿女也深受中国文化的熏陶和影响,儿子田亮(Hoyt Langston Tillman)硕士期间在伯克利大学学习商周历史,女儿田梅(Margaret Mih Tillman)目前在普渡大学任教,从事中国近现代史研究。在2019年4月亚利桑那州立大学举办的荣退仪式上,田浩教授深情提到邓广铭先生当年对他的肯定与鼓励。可以说,田浩教授对中国文化与中国学术的同情之理解和深厚感情,在西方汉学界恐怕是独一无二的。

最令我感动的是,荣退两年后,田浩教授仍然在宋代思想史领域深耕和前行。

陈曦
2021年7月23日于武汉大学振华楼

---

① 田浩:《余英时老师与我的宋代思想史研究》,林载爵主编:《如沐春风》,第40页。
② 史华慈:《序》,田浩著,姜长苏译:《功利主义儒家》,第2页。

目 录

中文版序 *1*

序 *1*

谢辞 *1*

导言 *1*

    众家眼中之陈亮 *5*

    本书对陈亮的评价 *14*

    新发现的陈亮著作的1212年版本与标准版本 *19*

第一章　儒学两极化及其在宋代思想中之演进 *24*

    早期儒学中的问题及分化 *25*

    宋学内部的倾向：从道的全体到道的部分 *31*

    道学及其与宋学中其他派别之冲突 *40*

    南宋：从宽容到对立 *53*

12世纪80年代陈亮挑战朱熹前的浙江道学 59

第二章　陈亮思想与性格的发展 67

1143—1168：陈汝能在年轻时代 68

1168—1178：陈亮在道学与政治保守主义的过渡阶段 73

1178—1194：陈同甫在功利主义与相对主义阶段 95

第三章　争论过程中的性格因素及二者关系 111

第四章　政治中的道德问题 128

陈亮：功利主义的事功伦理学 129

朱熹：个人德性与动机伦理学 137

第五章　历史中的道与其他价值 147

陈亮：相对与内在的道 151

朱熹：基本价值的永恒完善 154

陈亮的相对主义与某些政治原则的绝对性 160

第六章　从收复华北及学派分化看政治与朱陈之辩 163

关于收复华北之不同观点 163

朱陈之辩对于学派分化的影响 174

结　论 184

征引文献 219

中文版序

中国宋代思想的主要转变吸引了我长达数十年的注意。这一转变的结果一直对中国产生着影响,所以今天的中国人仍在讨论着宋代遗产的正负两面。在20世纪,一些学者指出宋代儒者对中国的教育与哲学作出了贡献;与此同时,中国许多的政治、社会领袖却指责他们强化了社会中的封建特质和习俗。

本书中的两位历史人物在今天关于宋代儒学遗产的讨论中经常是问题的中心。朱熹(1130—1200)提出了一套综合的思想体系,使中国的伦理价值得以重整与加强。除了宋代经济与社会变迁对传统价值所造成的影响,1127年金人入侵导致的中原领土丧失,使民众对儒学价值的自信遭到削弱。在回应华北沦落的问题中,陈亮(1143—1194)提出一些设想,以寻求赵宋王朝之中兴大业;而且,他得出结论说,当同时代人花费较多时间思考文化价值与形而上学时,便不再注意解放华北所需之制度与军事准备。陈亮努力使国家重新统一,在此之间,他发展出功利主义伦理学以及历史相对主义的价值观。陈亮关于结果的观点向朱熹所认为的中国的经典价值是永恒绝对的思想发出了挑战。二者皆汲取各种不同的思想资源以努力解决当日之问题,但他们主要还是运用儒家术语并在陈述观点时与孔子的教义保持一致。他们来往信函中的争论是特别生动的中国不同思想倾向之间的对照,其中所讨论的问题使争论在今天仍具有现实意义。

当然,特别是与20世纪70年代相比,今天中国人对陈亮与朱熹论辩的态度已有不同。在70年代中期,当我在哈佛大学为做博士论文而第一次研究陈朱之辩时,许多的中国学者正在称赞法家陈亮是一位进步的思想家,他反对反动的儒家朱熹。在90年代,中国许多的思想、政治领袖如今已修正了他们对朱熹与儒家的看法。在今日中国,一些人像他们在70年代偏于陈亮那样倾向朱熹一边。重要的是,在1974年,人们搜集了陈亮的著述,并为现代读者出版一个新的标点本。今天,朱熹文集的新版本不久也将问世。

我虽然并未声称具有客观性,但是我的确拥有一个外部的有利地位,以此来观察中国过去与现在的各种论辩。距离确实限制了我的能力,无法看清楚某些细节,但它使我能把握住较大画面及主要倾向的方方面面。作为一名思想史家,我首先努力在性格与宋代问题的语境下理解陈朱之辩。当然,西方目前的一些历史理论强调不可能"如其原貌"地理解过去。尽管我意识到认识过去是多么困难,但我依然认为,这样刻苦努力地去做是历史学家的起点。要想更好地把握两人对当时问题的思考,应当加深我们对中国思想历史发展的理解;而且,我们也不再经常、尖锐地对这些历史问题作意识形态的解释。在任何一种情形下,阅读我对进行着的关于文化价值及社会—政治问题之解决方案的争论的观察也许对今日中国不无裨益。

借助这本译著的出版,我得以与更多的中国读者分享我的思考。一些中国学者在读完我的英文著述或中文论文后有所论评,对订正我的理解并鼓励我努力研讨中国思想史很有帮助。或许这本译著能使更多的中国读者对我的书进行评判,从而增进我对中国文化史的知识。

尽管我仍然坚持英文版中的看法,但还有两点须加以订正,以回应自拙著1982年首次面世以来中国学界的新认识。第一,《圈点龙川水心二先生文粹》的出版时间已确信比1212年稍晚。在20世纪70年代我有幸成为若干世纪以来阅读这部南宋珍本的第一人时,我便接受了其序言中所标明的日子。为了确定该文献是真正的宋本,我请王德毅教授检视藏于台北"中央"图书馆内的原稿;而且,我还请哈佛的杨联陞、洪业二位教授检查根据该馆对原书拍摄的缩微胶片冲洗出的照片。三位专家皆认为这一文献出自南宋。后来,因为北京大学邓广铭教授的第一部著作也是关于陈亮的研究,所以我让邓先生看了该书的缩微胶片。有了这部南宋文献,邓教授得以校正并扩充那以前的现代标准本,并且在1987年中华书局出版了他的《陈亮集》增订本。邓教授在新版开篇写了两篇文章对这个南宋本加以说明,并解释它如何不同于后来的版本。他虽然赞成该文献的真实性,也同意它出于南宋,但仍然提出一些理由来怀疑那篇序言和它标明的1212年的日期。另外,他建议说,该版本印行于1223年叶适死后,可能接近13世纪中叶。我接受邓教授对这一问题的判断,然而,我并未让译者姜长苏先生通观全书加以纠正。既然我们不能知道该本的确切日期,简略地称之为"1212年本"以区别于后来直至1987年中华书局版的所有版本皆凭依的1616年本,这是一种便利的做法。

第二,关于1178年妓院一事导致被控犯上有一个疑问。陈亮与此事有关吗？陈亮的涉入见于南宋史料叶绍翁之《四朝闻见录》（卷1，24—25页）；而且，还重见于《宋史·陈亮传》，并在后来为现代编撰之年谱所沿用。但是在一篇讨论陈亮狱事的文章中，邓广铭教授非常令人信服地指出，陈亮自己著作中的内证使我们得出1178年一事是被讹传为陈亮故事的结论。见邓教授所著《陈龙川狱事考》，该文收入《邓广铭学术论著自选集》（北京，1994），546—555页。

邓教授对此问题的纠正被采入我最近的《朱熹的思维世界》（台北：允晨文化公司，1996）一书中，该书还收进了自本书出版后所研究的另外问题。例如，后来我探讨了保存在南宋版本中陈亮在科举和太学中的试卷。更为重要的是，1996年讨论朱熹的书中包括了关于道学群体及其在南宋演进的更多研究。虽然陈亮亦属研究之列，但较多的注意力集中于另外人物，如张栻、吕祖谦、陆九渊等。在诸多方面，1996年的著作拓展了在1982年书中首次探讨的画面与背景。

在此，我想简短地对另外一些问题加以说明。自1987年中华版《陈亮集》面世以来，我就开始参照这一版本。然而，在这部译著中，姜先生和我决定在注释中直接使用南宋1212年本，一如1982年书中之旧。这里，对各个版本中皆有之材料，依照《四部备要》和1974年的中华本。注释中的一些材料，如参考西方研究中的另外信息，对颇有研究的中国读者来说并不必要。在写作本书时，我引入这些信息以帮助西方的读者。也许，一些中国读者会有兴致从这些注释中观察到一位西方汉学家是如何为西方读者写作的。与1982年原书中将中国传统的"岁"转换为西方式的年龄不同，这个中文版重新将西方式年龄换回传统的"岁"。在译文的某些地方，我有所增删，努力使中国读者弄清我的意思。

中文版序

我恳切地向"海外中国研究丛书"的主编刘东博士惠允将本书收入该套丛书表达我的谢忱。被收入这套大型丛书是一种荣誉。在几年前刘博士第一次致信我商讨出版1982年一书的中文译本时,我打算在当时正在此地读研究生的一位朋友的帮助下完成译文。但另外的事情使我不能专意译事,不得不向刘博士坦陈我的失败。幸运的是,刘博士并未失去耐心,仍对该书保持极大热情。刘博士还找到了一位优秀的年轻译者、被北大授予哲学硕士学位的姜长苏先生。我非常感谢刘博士和姜先生二位的工作和他们具有的专业知识。在阅读并建设性地修订姜先生的译稿时,我得到了现住在亚利桑那的好友俞宗宪先生的很多有价值的帮助。另一位友人郑雷波先生在上月的旅行中帮我将译稿从北京带到了亚利桑那。亚利桑那州立大学为本书中文译本的出版提供了部分资助,在此我要向 Ronald Barr, Associate Dean of the Office for Research; Milton Sommerfeld, Associate Dean of the College of Liberal Arts & Sciences; Retha Warnicke, Chair of the History Department 诸位表示感谢。

校读译文再次提醒我向许多人表达我的谢意,他们包括在原书谢辞中提及的师友和家人。我对所有这些人,尤其是我的老师和家人的感激之情与日俱增。邓广铭教授是我的一位老师和朋友,直到原书写成之后我才有机会与他共享对陈亮的看法。他是陈亮及其他许多问题研究中最为博学的宋史专家,所以在他向刘博士极力推荐翻译并收入丛书中出版这本论述陈亮的书时,我特别高兴。朋友们不久将要庆祝邓教授90寿辰暨从教60年。在审阅该书译稿时,我的儿子田亮也秉承了我的思想。最近他从大学的中国历史专业毕业,目前正在申请进入研究生院。这些个人关系,糅合着友谊与学术,使我想到中国历史研究是一个活生生的、行进中的、一个能使人走入并愉快地继续下去的过程。在英文本中,我以此书献给我的妻子宓联卿女士,并作为对其父宓锡宠先生的纪念。在本序的结尾,我再次将该书献给他们。

田浩
1996年11月于亚利桑那州立大学

序

当代研究中国思想的西方人似乎有两个愿望。一方面,他们希望能使中国思想为西方的听众所理解;另一方面,他们又力求在当时的与历史发展的两个维度上展现中国思想的广阔领域及内在复杂性,最重要的是要说明这种思想的历史演变性与疑难性。

在此之间,他们默默地反对着那种便捷的文化人类学取向,该取向声称要向我们描绘出固定不变的"中国人心灵"的本质结构。当然,认为存在着打开中国文化之门的金钥匙的论点仍旧具有极大的诱惑,即使对那些不认为有什么打开西方文明之路的金钥匙的学者来说也是如此。即使我们同意那种"文化学者"的说法,认为中国文化中存在着某些主导性的、持久的根本倾向,中国思想史家也很容易指出这种根本倾向依然无法排斥多样性、内在紧张、思想冲突以及与时俱变的性质。而且,中国思想史家所产生兴趣的也并不仅仅是那种静止的中国思想,用约瑟夫·列文森的说法,思想家关心的是去考察中国人在其生存与历史境遇下的思维过程。

努力使中国思想可以为西方人所理解当然会遇到一些困难,其中包括不但是语言的,而且是文化范畴上的"可通译性"问题。我们应该经常思考那些语言和文化相对主义者提出的疑问以及奎因一类哲学家讨论的"可通译性"的哲学问题。为了思想可以被理解,我们必须避免不经思考便权宜轻率地运用未受检验的中等范围的西方观念,如"唯物主义""民族主义""历史主义""理性主义"等。另一方面,我们也不应武断地认定这些即便在西方背景下也具有复杂语义史的观念绝对不适合于中国思想。我们在处理中国思想时,可能会发现对有些问题作些调整就容易翻译成西方语言。另外的问题或许看起来仍然是"中国人所特有的",通常远离西方人,特别是现代西方人的关切点。而在中国背景中,这两类问题却可能紧密相联;甚至对于那些"远离"的问题,研习中国思想的学者也一直希望它们还是可以介绍给西方读者的。

我以为,田浩所著的《功利主义儒家》一书对使中国思想为人理解有大的贡献,而且特别有助于向我们展示中国思想的丰富性、复杂性与历史性。在这部著作中,他选择了12世纪中国儒家思想的某些关键问题,这些问题包含在两位对手——朱熹与陈亮之间所发生的论辩之中,而它们正巧是极易通译的。功利伦理——"结果"伦理——与动机伦理的对立易于被研习西方道德理论的每一个人所认识。伦理价值与规范和历史进程之间的关系也同样易于理解,尤其对那些学习19、20世纪西方历史思想的人来说更是如此。但确切地讲,中西方所运用的习惯用语是不同的。中国问题中的伦理是儒家的,而不是边沁或康德式的,讨论的整个背景也与西方背景根本不同。然而,正是这样一个事实——相同的问题可以产生于完全不同的文化与历史背景中,提出了比较思想中开拓思路的挑战。认为中国的功利主义伦理取向能与儒家伦理相联，而与维多利亚时代的个人主义无关，这会给我们讨论功利主义自身的问题开启新的视角。

而且，田浩教授不仅对具体问题作了检讨，还为我们提供了从中产生这些问题的历史背景的广阔画面。在我看来，田浩这部著作是我所见及的以西方语言叙述宋代儒学思想多种特征的最生动、最易为人理解的作品之一。或许有的学者与他的诠释或术语使用有所不同，但无疑他已经设法将生动的活力注入北宋与南宋思想发展的各种"问题"之中。

最后，他还成功地将问题与两位对立者的具体生活阅历及人格联系起来。在这里，威严的朱熹不再作为一个无血无肉的"哲学家"或"圣人"出现，他被看作一位思想家，其独特的哲学热忱在一位12世纪中国卓越的思想家的全部焦虑和关怀——公众的与私人的——之中可以得见。另一方面，陈亮被描绘成一位特别具有攻击性性格的人，他远非某一固定观念的化身。我们看到，他是一位受过多方面影响的学者，其观点经常陷于矛盾之中，且随着时间的延展而改变。这里我们所见的不但是中国思想，而且是"中国人思维的过程"。

史华慈

Benjamin I. Schwartz

谢　辞

致谢是一种礼节,它并不能完全表达——远远不能回报——我在写作此书中所得到的思想及其他方面的帮助。

我的老师史华慈是我本科和研究生时期的指导老师,他耐心地给我以鼓励。熟悉他的"问题意识"取向的读者会从中看出他对我的影响。他给我以无数的亲切关怀,在此要感激的是他为本书写了序言。余英时是我的另一位导师,为我 1976 年的博士论文的终稿作了非常有价值的修改,并对我将之扩充为一本著作也提出了实质性的建议。我向二位导师对我多年在思想与个人发展上的关心表示感谢,同时还要向两位师母——Bunny 和 Monica,表达我的感激之情,她们总是非常地照顾我。

魏世德(John Timothy Wixted)对本书手稿给予有力的批评;而且,这位老友兼同事非常有耐心地按我的说法,逐字逐句地思考与本书相关的各种问题。Henry Rosemont, Jr. 给了我许多鼓励和很有见地的评论,尤其对那些可能招致哲学家反对的术语用法。刘子健教授细致阅读了本书手稿,改正了一些错误,特别是关于宋代历史与制度方面的错误。还要特别感谢杨联陞教授、洪业教授和王德毅教授,他们为我检查了收有陈亮从未被研究过的文章的1212年版本,使我确信该版本的可靠。周芬娜(Kuan Chou Fen-nah)帮助我阅读了这一版本中的一些文章。我在写作博士论文,研究朱陈论辩时,陆惠风(Loh Wai-fong)校正了我对朱熹和陈亮书信的译文。盖博坚(Kent Guy)以他那惯有的机智和博学回答了关于《四库全书》的问题。顾立雅(Herrlee G. Creel)虽然自称是个外行,也对我的博士论文作了相当广泛、有益的评说。墨子刻教授就将论文改写成本书需要作出的扩充给了我颇有帮助的建议。其他阅读过论文并进行实质性评论的有傅礼初(Joseph Fletcher, Jr.)、孟旦(Donald Munro)、杨联陞及石约翰(John Schrecker)。Florence Trefethen 以她专业的编辑技巧对本书的前后统一作了处理。

亚利桑那州立大学的同事们就多方面问题提出过建议,他们是 Beth Luey, Roger Adelson,麦金农(Steven Mackinnon)和 Patricia Adank。另一位同事杜胡飓珍(Eugenia Tu)热心为手稿编写了词汇表和书目。承蒙历史系的 Kathy Hansen, Shirley Moraga 二位为我打印了终稿。图书馆的工作人员,特别是武爱华(Wu Aihwa)尽可能提供一切可以利用的资源帮助我获得研究所需的材料。如果没有哈佛燕京图书馆工作人员的诚心合作,尤其是 George Potter 和 Deborah White 二位的帮助,我的研究将会更增不少困难。

国家人文基金会和亚利桑那州立大学为我提供的经济资助使我得以进行研究并完成本书的写作。国家人文基金会在1980年为我提供了暑期奖金,使我的终稿得以完成。亚利桑那州立大学通过教员资助项目为我提供了暑期津贴,我还得到了人文学院院长研究奖金、研究生院 1978—1979 学年度院长研究资助。

我在此向成中英和柯雄文(Antonio S. Cua)二位先生惠允在本书第五章中运用我发表在《中国哲学杂志》(5.4:363—369,1978年12月)上的一篇论文中的资料表示感谢。这一资料已经过我的修订。这儿我不想重复在那篇论文中提出的关于历史主义的论述,尽管我仍然坚持其中详细阐述过的观点。第五章最后部分和第六章第一部分的一些材料的最初译文被用于我的一篇讨论传统中国民族主义问题的文章中,该文刊发在《哈佛亚洲研究杂志》(39.2:403—428,1979年12月)上。

我的亲属——出生与婚姻上的——这些年来一直在精神上支撑着我。在此特别向我的父母 Wm. Fred 和 Reba Wilbanks Tillman 及岳父母宓锡宠和宓苏文惠表示我的感激之情。我从妻子宓联卿和儿子田亮那里得到了最多的关怀,他们耐心地允我将大部分精力投入到本书的写作中,我期待着这能使我的思想保持平衡,不致迷失自己的视角。当我和妻子在阅读那些校样时,我们的婴儿——田小梅不得不在一旁静静地听着。

导　言

　　研究陈亮及其与朱熹的论辩对于理解中国的社会政治思想是必要的。朱熹(1130—1200)将中国的人文传统综合为新儒学,使之成为直至20世纪的中国学术界与官方的正统思想。陈亮(1143—1194)则代表功利主义的思潮,被12世纪新儒家的伦理学与形而上学所埋没,直到大部分中国人赞同功利主义取向并且指摘新儒学的20世纪,他才声名鹊起。同朱熹哲学相比,陈亮思想的内容比较接近现代西方与中国的观念,因此可以为探讨有创意的思想及中国政治哲学发展历程中的一段关键时期提供一个较为切近的基础,这是本书把陈亮作为研究对象的一个主要原因。朱熹与陈亮这两位12世纪的学者的确象征着中国思想内部两种占主导地位的流派,我们可以用"道德伦理"与"事功伦理"(在这里,事功是指积极的事功而不是指消极的结果)来概括二者的特征。① 他们论辩的焦点在于一方强调动机,一方强调结果,这一点可以从他们1182—1186年间的通信中窥测出来(随后一直到1193年,两人的交流比较有限)。他们讨论的问题并不新颖,但他们的论辩是中国学者对于这些问题的讨论中最深入、最持久的论辩之一。本书通

---

① 张灏在他讨论治术的文章"On the *Ching-shih* Ideal in Neo-Confucianism"(《清史问题》3.1:45,48,1974年11月)中运用了"绝对目的伦理"和"社会倾向伦理"两个术语。西方哲学家以动机和结果来讨论这一问题。

过研究儒学内部两种对立倾向之间的尖锐冲突,以求使情况更加明晰。事实上,儒学内部存在着两种对立的倾向,因为儒学既重视个人德性的修养,又强调社会与政治功效的重要性。儒者之间意见不一造成两者之间平衡的困难,但是两者之间的差别根本上是细微的,体现在所强调重点的不同。这些差别本身对于理解中国思想很有意义,不过人们没有必要视这些差别为截然的分离与对立,而 20 世纪却偶尔有人阐述过这样不当的看法。

陈亮与朱熹生活在一个民族与文化出现危机的时代。经学研究在 11 世纪中叶的几十年中一度复兴,然而,能够重新恢复经典所昭示的社会政治理想的乐观主义在 12 世纪初却动摇了。无论是改革派还是保守派,他们的设计都不能解决国政问题;与此同时,政府加强了对学术自由的限制,企图通过思想的一致来达到民族的共同目标。文字狱与派系斗争加速了国家的衰亡,直至 12 世纪 20 年代中期,北宋王朝(960—1127)终于被来自"满洲"的金人所灭。朝廷在 1127 年重建南宋,但它还是失去了北部中国及其在 11 世纪所有的民族与文化的自信。在这场浩劫的余波中,文化建设使许多学者转向注重道德修养和教育,以期从在 11 世纪的文化复兴运动中重新发现的儒家价值观中找出自信的基础。在文化建设中,学者之间形成了宽容的精神。但是伴随着北部中国的沦丧,国家的政治问题、经济困难仍然引起一些根本问题,引发了对于价值观念和朝廷政策的不同看法。

在努力寻找更系统、更明了地解决问题的方法中,陈亮与朱熹各自对 12 世纪中叶学术界的纷杂局面进行了抨击。他们在一些特殊的政治问题上有很多的一致。例如,两者都认为必须发动抗金战争以收复失土。然而,即使是意见一致的问题,仍然显示出他们不同的价值观和不同的解决问题的方法。

朱熹与陈亮的主张并不完全与他们的社会地位相吻合，但是他们的身世又确实影响到各自的思想。朱熹的父亲是一位士大夫，因反对南宋朝廷的求和政策而罢官在家。他培养了朱熹对北宋儒家哲学的兴趣，不过朱熹还出入于释老之间。尽管如此，当朱熹认同儒家传统之后，就逐渐创造出一套综合体系，为那些他认为与别的传统具有可以接受的相类之处划定了界限。朝廷给了几年的闲职使朱熹能将全部精力投入到哲学体系的创建中。朱熹早年科举及第，但是他的伦理主张与道德标准让朝廷在授职问题上颇为踌躇。他与大臣之间的矛盾甚至导致他晚年被列入党禁名单。不过，还是有越来越多的学者感受到了朱熹哲学的魅力并且自愿为之献身，最终朝廷也将它树立为正统思想。具有讽刺意味的是，虽然朱熹终其一生在社会上与朝廷中享有比陈亮高的地位，但总的说来他对朝廷的批评更具乌托邦色彩和理想味道，而陈亮则希望回到开国君主的统治模式。

陈亮直到晚年才谋到一官半职，这对他是个打击，或许也正因此他才对当时儒家的价值与规范提出挑战。陈亮年轻时由其祖父传授学业，他的祖父在科举文试与武试中屡遭挫折，终日酗酒，家道因此败落。陈亮曾任一位达官的私人秘书，并娶了当地一位世家小姐为妻，但家庭的厄运并没有因此而扭转，相反更加一落千丈。陈亮的父亲因被指控唆使谋杀而下狱，母亲和祖父母都相继亡故，后来陈亮通过考试成为一名太学生，研究宋代的伦理学与形而上学。

在这个以朱熹体系为主流的儒家哲学时期内，陈亮用自己微薄的钱财印了几部儒家哲学书，而没有为母亲和祖父母送终尽孝，这显示了他特立独行的本性。跻身官场的抱负激励着他再度参加科举，并且上书皇帝。然而，科场上的接连失败，自以为有做官的天赋却没能做成官的命运,一切都使得陈亮更加"激进"。一方面这表现为他对早期儒家的回归,他的学说比同时代的儒学更加实用化;另一方面这也意味着他的行为和观念在同时代的许多儒者看来是不可思议、片面激进的。尽管陈亮为自己的特立独行感到自豪,但他还是不得不为他的思想所经常遭到的抵制以及生活方式和性格所引来的一身官司感到苦恼。他三度下狱,一次因欺君罪,两次因谋杀罪。尽管事实上他总是幸免于罪,但指控所带来的麻烦和牢狱生涯打断他参加科举,求取功名。51岁时,陈亮终于及进士第,而且荣登榜首,授金书建康府判官公事。这是他梦寐以求的官职。而在去建康赴任途中,陈亮染病而死,此时他一定体会到了那种无可奈何的挫折感。

陈亮与朱熹的论辩包含了一些适于跨文化比较的素材,但我们应当注意不去使用西方的参照物,否则将会妨碍对中国特定背景之下的问题的理解。一方面,基本的价值问题也是现代西方所关注的问题。例如,价值与真理是普遍的还是相对于特定种族文化或特定时间点上的个人呢?相对于功利主义、实用主义的统治术,理想主义方案是如何可行的?尤其在人们把注意力从较实际的政府功能上移开时,社会意识形态与个人伦理观念在政治中到底轻重如何?在追求物质福利与制定具体政策的过程中,一个人能承受多大程度的个人或社会行为准则的影响呢?另一方面,正如下文评述运用特定西方术语来讨论中国思想时所表明的那样,非西方社会的观念并不总是符合于西方人的想象,因此,西方的观点不能用来判断或歪曲我们对问题的讨论。

在以往的研究中所运用的特定的中国历史背景造成了对陈亮与朱熹之论辩的不同程度的曲解。学者们将其他儒家学派的分析模式与形而上学定义用于研究陈亮对朱熹的挑战。这些范畴确实有助于理解该论辩。而且,在历史上,朱熹和他在北宋的导师之间或和儒家哲学内部主要对手之间的关系被认为超过了他与陈亮的交往。但是研究该论辩还是必须回到它本身所处的背景中,这就要求对陈亮有更多的了解。通过分析陈亮思想的范畴与定义,以及挑起论辩的一些文章,我们能够加深对朱熹思想和该论辩自身的理解。不过,首先有必要弄清楚历史上对陈亮的看法。

众家眼中之陈亮

当学者们试图将陈亮置于诸多思想流派的背景中时,产生了重要的解释性问题。说到底,学者的争论反映了他们对陈亮思想的"内容"与"成因"存在根本分歧。因此,评判这一争论首先就要了解陈亮的政治主张和著述的内容是什么。另外,审视不同学者将陈亮置于特定传统或现代的"主义"的标题下的思路为我们反思中国政治文化研讨的分析模式提供了基础。从宋至今的历史学考察也提示了对陈亮思想的看法逐渐达到相当程度的一致,这些相似的看法跨越了意识形态、文化及时代的分歧。学者基本上赞同陈亮是功利主义者、唯物主义者和民族主义者,而且,他还是一位关注现实问题、对影响现实状况的历史变迁或历史情势敏感的活动家(日本和西方的学术界赞成这些判断[1])。强调不同、议

---

[1] 例如,庄司庄一:《陳亮の学》,《東洋の文化と社会》,5:82—100(1954年);他的《朱子と事功派》载于《朱子学入門》,东京,1974年,465—480页,《朱子学大系》册一;他的《功利学派陳亮の変通の理じついて》,载于《入矢教授小川教授退休記念中国文学语学論集》(京都,1974年),511—524页;吉原文昭:《陳亮の人と生活》,《中央大学文学部紀要》,97.26:31—118(1980年);Rolf Trauzettel, "Sung Patriotism as a First Step toward Nationalism", in John Winthrop Haegar, ed., *Crisis and Prosperity in Sung China* (Tuscon, 1975), 199–213; Hellmut Wilhelm, "The Heresies of Ch'en Liang", *Asiatische Studien* 11.3–4,102–112(1958)。

论各异并不能掩盖惊人的一致:尽管唯物主义作为正面的思想与马克思主义密切关联,但吴春山在台湾发表的研究成果也仍然称赞陈亮是唯物主义者。

在运用功利主义、民族主义和唯物主义这些西方概念之前,有必要对它们加以界定。首先,功利主义指的是对效果的关注,即事功伦理。有一个流行的看法认为功利主义是陈亮思想的主要特征。不过通常功利主义似乎只意味着走入现实或关注社会政治结果。其实,功利主义者的涵义更广,陈亮即便在更广、更严密的意义上也是功利主义者。例如,《哲学百科全书》将"功利主义"定义为"认为行为的对错由结果的好坏决定的一种学说"①。不同的看法,如判定愉悦和高兴是对每个人而言还是只属于自己一人的,可以将功利主义划分为各种类型。但所有功利主义者都将效果看作评价善或适当的基础。在汉语中,功利主义(功利)首先强调两个相关目标:达到具体的结果、后果(功);增大政府提供给社会的利益好处(利)。

其次,称陈亮为民族主义者有一些问题。在德意志和浪漫主义的民族共同体及祖国的概念的意义上,他的思想是民族主义的。② 另外一些人称他为爱国主义和民族主义者则基于在面临外来侵略时他对朝廷发自内心的忠诚。但民族主义远远超出了敌视外族、文化沙文及努力巩固王朝统治以反抗外族侵略的范畴。法国的政治民族主义概念,尤其是经过英美的发展,并不适合用于陈亮的讨论。不过,与陈亮观念相容的民族共同体和祖国

---

① J. C. Smart, "Utilitarianism", in Paul Edwards, ed., *Encyclopedia of Philosophy* (New York,1972),第 8 卷,206—212 页,尤其是 206 页。
② Hoyt C. Tillman(田浩),"Proto-Nationalism in Twelfth-Century China? The Case of Ch'en Liang", *Harvard Journal of Asiatic Studies* 39.2:403-428(Dec. 1979)。

概念的浪漫主义及德意志特征也暗示民族主义并不必包括社会动员、民主化及现代化之类的思想。

最后,唯物主义者一词容易使人误解。中国学者称赞陈亮为唯物主义者,表示的是"旧式"(马克思主义之前的)唯物主义。实际上是指将功利作为判断标准,认为知识来源于感官资料、实际状况以及个人经验,在现实生活中以积极入世姿态出现的功利主义者。① 如果使用西方意义上的唯物主义会产生问题。例如,在中国传统思想中就没有"物质"分解成原子这种化约主义概念。②

陈亮同时代学者努力寻找他的先驱预示了后来意见的分歧(与西方学术相比,传统的中国史学比较强调由师承、地域及文献传统建立起的学术谱系以及由此作出的解释)。朱熹认为,陈亮对历史演进与现实结果的爱好,显示了他与汉代史家司马迁(前145—前90)及传统的功利主义代表相一致的地方。③ 王淮(1126—1189)认为陈亮继承了苏洵(1009—1066)父子的文学与史学观,而叶适(1150—1223)却认为陈亮与其他人之间有很大的差距,他在为陈亮文集所作的序中写道,陈亮恢复了已经中断数百年的思想。陈亮的经世理论抓住了统治者处理实际问题所运用的治术之精微,而且,陈亮发现的那些朴素的道理,宋朝的几代学者都没能理会。④

《宋史》引入了一些概念使情况变得复杂起来。它将朱熹以

---

① 参见侯外庐等:《中国思想通史》(北京,1960 年),第 4 卷,下册,692—739 页。冯友兰用唯物主义重述了论辩过程,并描述了它在近代的发展,见《历史演变之形式与实际》,《文哲月刊》1.2:1—7(1935 年 11 月)。
② Benjamin I. Schwartz(史华慈),"On the Absence of Reductionism in Chinese Thought", *Journal of Chinese Philosophy* 1.1:27-44(Dec.1973)。
③ 黄宗羲等:《宋元学案》(台北,1966 年),卷 51,949—950 页。
④ 叶适:《叶适集》(北京,1961 年),卷 20,207—208 页。关于王淮的看法,参见《宋元学案》,卷 56,1043 页,以及黄宗羲等:《增补宋元学案》(四部备要本),卷 56,9 页。

及与之密切相关的思想家纳入"道学"范畴下,即他们特别有志于复兴并传承古代的儒学真理。陈亮则被列进宽泛的"儒林"传,因此,陈亮在某种意义上属于宋代的儒家哲学家,却不在具有"道学"特殊身份的学者之列。在朱熹的时代,因为他们一圈人声称要恢复传承若干个晦暗世纪以来被湮没的古圣先贤的思想,所以朱熹的反对者将"道学"等同于颠覆朝廷的"伪学"。虽然《宋史》用"道学"来表彰朱熹及有关思想家,而中国这一时期的第一部断代学术史《宋元学案》却批评了"道学"一词的随意和武断。①

《宋元学案》的编纂者对陈亮的学术渊源也无一致的看法。全祖望(1705—1755)认为陈亮没有师承,但王梓材(1792—1851)却把他当作郑伯熊(约1127—1181)的弟子。他们都认为郑伯熊是与永嘉(靠近陈亮家乡浙江永康的一个有学术声望的地区)学派有渊源的资深学者,曾经师从程颐的弟子。所以,郑伯熊与朱熹有共同的师祖。朱熹从道学鼻祖程颐(1033—1107)那儿受益最多。一般说来,出自同一师门的学者即使重心不同,也有相同的学术倾向。王梓材注意到在一篇祭文中陈亮提及"吾郑先生",因此,陈亮在郑氏之门而且属于程颐学派。② 引用祭文来讨论陈

---

① 关于《宋元学案》编者及清代学者的见解参见何炳松:《浙东学派溯源》(上海,1932年),180—187页;还参见杨联陞:"The Organization of Official Historiography",在其 *Excursions in Sinology* (Cambridge, Mass., 1969),109页。在这篇论文中,杨教授还注意到在南宋后期朱熹思想成为正统之后,《宋史》编纂者以"道学"为肯定性范畴。陈荣捷也认识到,《宋史》使用"道学""儒林"两词只是使得宋代的党派分裂官方化。而且,《道学传》在精神与内容上都是循朱熹《伊洛渊源录》而来,见陈氏所著条目,载 *A Sung Bibliography*, initiated by Etienne Balazs and edited by Yves Hervouet (Hong Kong, 1978), 222 - 223。英语著述中关于12世纪"伪学"争论的两篇最优秀的研究文章是:John Winthrop Haegar, "The Intellectual Context of Neo-Confueian Syncretism", *Journal of Asian Studies* 31. 3: 499 - 514 (May 1972); Conrad Max Shirokauer (谢康伦), "Neo-Confucians Under Attack: The Condemnation of *Wei-hsüeh*", in Haeger, ed., *Crisis and Prosperity*, 163 -198.
② 《宋元学案》,卷56,1037页。《增补宋元学案》,卷56,1页。

亮的学术渊源表明确定陈亮师承证据不足。不过,王梓材及一些别的学者还指出了另外一些证据。例如,在《郑景望书说序》中,陈亮称赞郑伯熊解释文献的方式异于汉唐诸儒,不纠缠于文献的字面意义,而是把握了经典的微言大义。因此陈亮跟随郑伯熊的观点,"纲理世变""因时制宜"是经典的中心主题。①尽管学案的编辑者还提出别的学者作为陈亮的师承,并最终使他与程颐联系起来,但在郑伯熊的部分着墨较多,谈论了许多细节。不过这些细节很难令人信服,这也暗示了陈亮与郑、程之间联系之脆弱。

  中国对陈亮的兴趣经历许多世纪之后在近代得到明显深化。如,顾炎武(1613—1682)、颜元(1635—1704)以及一些别的清代(1644—1911)主张治术与实学的著名学者阅读并引用了陈亮的著述。② 在19世纪西方入侵与太平天国运动的余波中,同治(1862—1874)中兴时期的许多学者都研究陈亮,而且翻印了他的作品。③ 当国内外矛盾愈演愈烈之时,中国知识分子重新审视了他们的文化传统,随后许多传统被他们抛弃。反传统的张力在第一次世界大战时期演化成激进的反传统主义。文化革命和对现实问题的高度敏感使陈亮第一次成为专题学术研究的主题。

---

① 陈亮:《陈亮集》(北京,1974年),卷14,165—166页。《宋元学案》,卷56,1033页。王梓材等:《宋元学案补遗》(台北,1962年),卷56,2页下—3页上;吴春山:《陈同甫的思想》(台北,1971年),119—120页。
② 吴春山用戴震的观念来系统化并解释陈亮,但他还讨论了颜元、章学诚等人。何炳松著作的论题是从12世纪到20世纪存在一个浙江"学派"支撑着一种思想倾向。其他学者认为陈亮与不同的清代思想家具有相似的精神,如侯外庐:《中国思想通史》,第4卷,下册,692—739页;杨向奎:《中国古代社会与古代思想研究》(上海,1962年),下册,307—312页;成中英,"Reason, Substance, and Human Desires", in Wm. Theodore de Bary(狄培理),ed., *The Unfolding of Neo-Confucianism* (New York,1975),472。
③ 这些著作的序言收入《陈亮集》(北京,1974年),附录三,下册,475—479页。

学者们首先专心编纂年谱,这是陈亮研究的基础工作。年谱主要有4部,都作于20世纪三四十年代。它们力图描绘出陈亮的生活轨迹和著述顺序。不过,尽管这些编年叙述特意提供了许多细节,但早期文献中对陈亮学术渊源的主要争论仍未得到解决。而且,每部年谱都下过断论。例如,一个认为陈亮与程颐紧密相连,另一个则将他与11世纪反程颐的学派联系起来,第三个又声称说:"王通死,又五百岁而后陈亮生。始披发缨冠,为生民请命,世所谓跳踉叫呼,拥戈直上者也。……亮之死,世无人矣!"①在该时期研究陈亮的一部最有争议的著作中,何炳松力求推翻《宋元学案》的看法,他将陈亮与程颐连接起来,说明他们与"道学"之间并不相容,强调历史与实学的浙东学派是真正的儒学。并且,他声称,程颐与陈亮都对儒学发展作过主要的贡献。朱熹成功地用道教曲解儒家传统,几乎没有一个人能够看出该在什么地方划分程朱思想中儒道的界限②,当然何炳松除外。

  萧公权认为,功利主义者代表了传统儒家入世思想和政治现实主义取向的复兴。他们对外来侵略的反应及在新环境下对变革的适应使他们成为宋代具有创造力的政治哲学家。萧公权承认他们对儒学的自我认同,赞赏他们讥讽那些不务实际而故弄玄虚的知识分子——宋代理学家。他主张功利主义是儒学的一个方向,从而直接讨论了一些实质性问题而淡化找出陈亮师承的必要性。功利主义能在经典儒学的大师那里发现足够合理的根源,因此,

---

① 转引自颜虚心:《陈龙川年谱》(长沙,1940年),1—2页。按照所论观点的顺序为:童振福:《陈亮年谱》(上海,1936年),3—4页;何格恩:《陈亮之思想》,《民族杂志》3.8:1444(1935年8月)。何格恩还著有《宋史陈亮传考证及陈亮年谱》,《民族杂志》3.1:1975—2001(1935年1月)。这一时期第四部主要的年谱为邓恭三(邓广铭)的《陈龙川传》(重庆,1944年)。
② 何炳松:《浙东学派溯源》,特别是《导论》部分,1—9页;以及169—204页。

没有必要将他们与在20世纪初随着帝国秩序的瓦解而崩溃的正统思想——程朱学派连在一起。萧公权援引《宋元学案》来支持他的论点,认为叶适代表了功利思想的集大成。他说:"永嘉功利之说,至水心始一洗之。"①萧公权的著作是非马克思主义者研究陈亮在中国政治思想中作用的最佳典范。②

吴春山对陈亮的深入研究也是将其放入经典儒学的广阔背景中,不过他称许陈亮(而非叶适)是南宋功利主义者中卓有创见的思想家。在经典儒家内部孟子(约前372—前289)与荀子(约前313—前238)的分歧问题上,吴春山发现并鉴定由荀子开端的传统,该传统在清代哲学家戴震(1723—1777)处得到最为系统的表述。因为人性恶的预设令人生厌(总的说来荀子是与之相联的),所以这一传统避免与荀子公开一致,但是陈亮和戴震的理论根本上仍源于荀子。荀子陶冶下的思想家拒绝承认孟子宣扬的人具有天生的道德性,他们无一例外地思考一种生理本性,它需要制约与磨炼才能适应社会礼节规范。与"孟学"的唯心主义(基于直觉、道德意志及伦理知识)不同,"荀学"实在论者都是在直接感官经验基础上对世界取自然主义看法的唯物主义者。荀子的宋代后学很难找出理论基础来调和他们对功利的偏爱与同时代学者对道德修养的普遍关注。吴春山断言,陈亮为这一努力作了铺垫,而且,如果理解不了陈亮,恐怕就不可能搞清楚叶适是如何将宋代的功利主义倾向发展成一个学派的。《宋元学案》认为叶

---

① 萧公权:《中国政治思想史》(台北,1968年),第4卷,449—481页;引文见《宋元学案》,卷54,985页。
② 例如,陶希圣:《中国政治思想史》(重庆,1942年);汪大华、万世章:《中国政治思想史》(台北,1968年);曾繁康:《中国政治思想史》(台北,1959年);陈安仁:《中国政治思想史大纲》(上海,1934年)。

适重建了永嘉思想是错误的,因为它以陈亮的观念为基础。在这里,吴春山承认何格恩先前的论断:"叶适乃思想批评家而非思想家。其思想不出永嘉诸子、(吕)东莱、(陈)龙川范围之外,而态度则更为勇敢。"①叶适只是综合了吕祖谦对社会礼节规范的重视、永嘉的制度研究及陈亮哲学。

中国马克思主义哲学家侯外庐将陈亮诠释为通常意义上的唯物主义与功利主义者。他反对在陈亮身上作传统的学派划分,批评认为陈亮与程颐有着若干联系的观点,因为陈亮学无定师。其同时代学者如叶适就说陈亮的思想在当时是新颖的,通常被人视为异端。陈亮虽然与叶适、吕祖谦相交甚密,但其思想与二人不同,他们从未形成过一个流派。也许偶尔陈亮对客观标准只能来源于具体事物及历史情势有过犹豫,不过总的说来他一贯反对朱熹的唯心主义经验论。侯外庐指责朱熹认为世界是儒学信念的折射。作为一名现实入世者,陈亮反对朱熹对形而上思考的爱好、厌恶政治结果的偏见以及在社会政治方面的复古努力。侯外庐强调了一些范畴,将几位中国思想家如王安石、陈亮放在包括西方思想在内的世界范围内进行研究。不过,在20世纪50年代后期,这位马克思主义者确实提及陈亮接近于法家思想,即古代中国寻求国家富强的现实政策。②

到了20世纪70年代初,一些中国马克思主义者将陈亮看作是法家更过于唯物主义者。1974年,在当时批儒运动的背景之下,北京重印了陈亮文集作为法家的代表作。在未署名的前言中,作者称赞陈亮与朱熹的论辩,同11世纪王安石(1021—1086)

---

① 吴春山:《陈同甫的思想》,特别是9—23页,113—150页;引文见149页。
② 侯外庐:《中国思想通史》,第4卷,下册,692—739页。

变法一起是宋代儒法斗争的顶峰。陈亮特别将汉唐英主当作善政之榜样,因此,他接受历史发展与历史进化观而反对朱熹的复古思想。陈亮认为统治精英是推动历史前进的力量,这有损其思想的进步性,而且,他的法家思想并不足以使他胆敢将锋芒直接指向孔孟。1974年陈亮文集的前言认为他最多是一位朴素唯物主义者,按现代通常标准来衡量具有相当的局限性,这与侯外庐的评价不同。陈亮不能打破那些传统象征,如儒学之道,暴露出在本质上他仍属于唯心主义。①

1976年以来的后毛泽东时代,中国马克思主义者批判了先前十年中的政治与学术。现在的学术趋向于反映实用主义的领导的意识,实用主义领导曾在毛泽东一生最后十年间治理中国的激进意识形态集团中被驱逐出去。正如当前经济、政治的政策是"文革"前方向的延续一样,对那些被承认的思想家的研究,如陈亮,也已回到传统马克思的唯物主义范畴。在批儒运动中,政治压力导致将学者或政治家简单划分为两种:或是进步的法家或是倒退的儒家。这种观点已受到中国马克思主义者的指责。从1976年开始,他们调整并重新评价了用来分析像陈亮这样思想

---

① 《陈亮集》,上册,1—12页(在1981年6月访华期间,我被告知1974年版本的实际编者是包遵信,但是在"四人帮"时期,通常是出版社的其他一些不知姓名的人负责这样未署名的序言)。关于英文著作,见 Chung Chiu, "Ch'en Liang, a Sung Legalist Poet", *Chinese Literature* 9:98-108(1976)。反儒运动分两个阶段。第一阶段开始于1972年末,批儒与解释"文化大革命"中被指定为毛泽东继承人的林彪企图在1971年发动政变攫取权力的原因相联系。第二阶段于1973年末开始,1976年秋结束。其间批儒的同时就是扬法。在扬法反儒运动中,其著作得到最多注视与出版的"法家"是李贽。陈学霖(Chan Hok-lam)翻译并注释了关于李贽的一些研究成果,他的导论与注释提供了这场运动以及李贽其他作品的背景资料。李贽敬重陈亮,并重印过陈的一些著作。陈学霖,*Li Chih（1527-1602）in Contemporary Chinese Historiography; New Light on His Life and Works* (White Plains, 1980)。

家的法家概念,这一概念现在已经清楚,它最多只能附属于那些较为传统的马克思主义范畴,这些范畴被侯外庐以及其他学者运用于中国哲学家的早期研究。① 简而言之,中国马克思主义者已同其他学者一样认为陈亮是功利主义者和入世者,但是中国政治发展的不同阶段使他们将这两个特征置于不同的马克思主义与传统的标牌之下。

本书对陈亮的评价

本书力求矫正一些流行的看法。第一,尽管陈亮在某些方面与一些传统的思想派别有相类之处,但也不能简单地将他与任一学派牵连起来。例如,萧公权在陈亮与孟子间看到了相似点,而

---

① 最好的例证可能是李贽,参见陈学霖,Li Chih (1527 - 1602) in Contemporary Chinese Historiography; New Light on His Life and Works。考虑一下一些不同类型的其他代表性例证和材料。第一,载于 1978 和 1979 年《历史研究》中的某些文章,周振甫:《从"四人帮"的假批孔看影射史学的破产》,《历史研究》3:28—34(1978);林甘泉:《论秦始皇——兼评"四人帮"的唯心史观》,《历史研究》4:20—33(1978);何如泉:《关于武则天的几个问题》,《历史研究》8:58—71(1978);王曾瑜:《岳飞之死》,《历史研究》12:27—41(1979);邓经元:《怎样正确评价吕后》,《历史研究》12:53—59(1979)。第二,有三篇这样的文章被译成英文,如 Chou Wen,"Distorting Ancient History to Serve Present Needs",Chinese Studies in History 11. 2:64 - 75(Winter 1977 - 1978);Editorial Department of Li-shih yen-chiu,"The Vicissitudes of Li-shih yen-chiu and the Plot of the 'Gang of Four' to Use History in Opposing the Party",Chinese Studies in History 12. 2:49 - 59(Winter 1978 - 1979)。第三,英文的报导与评述,如 Frederic Wakeman, Jr.,"Historiography in China after 'Smashing the "Gang of Four"'",China Quarterly 76:591 - 611(December 1978);Arif Dirlik and Laurence A. Schneider, "China: Recent Historiographical Issues", in Georg Iggers and Harold T. Parker, eds.,International Handbook of Historiography: Contemporary Research and Theory (Westport,1979),353 - 363。第四,返回到早期侯外庐使用的分析范畴的近期评论的例证,如上海师范大学政治教育系编:《中国哲学史纲要》(上海,1979 年);任继愈编:《中国哲学史》(北京,1979 年);及北京大学哲学系中国哲学史教研室编:《中国哲学史》(北京,1980 年)。

吴春山却将陈亮划归到荀子一路,与孟子思想直接对立。两个看法都不完全正确,但也并不全错。最好的办法是去研究孔子(前551—前479)思想中某些仍未解决的问题。孟子与荀子给这些问题带来了不同的研究方向,他们以不同方法来解决孔子学说中的含糊之处,并形成了对立思想或明显不同的侧重点,但一般说来,任一儒者皆同时忠于两派——虽然他可能更倾向于其中一派。当儒学传统跨越新的时代与环境,变得愈加复杂时,要将陈亮这种人放入任一传统阵营都越来越困难。陈亮思想体现出一些与孟、荀共同的主题,但它可以被看作——正如他自己所认为的那样——从孔子而来。陈亮从不否认他对孔子的认同,甚至在殿试后还写了一篇颂扬这位古代圣人的文章。虽然20世纪的学者怀疑持不同思想的传统中国学者自称追随孔子之道的说法,但陈亮自我刻画的分量必须予以重视。当朱熹敦促陈亮成为"醇儒"时,朱熹因意识形态以及分析性原因,为儒家思想与行为设置了严格的边界。尽管意识形态不断变化,但20世纪学者限定"儒"范畴的努力却并不局限于分析的目的。

第二,现代学术界对陈亮传承程颐说法的过分反应忽视了二程思想在12世纪更为宽泛的意义。如今学者一般都轻视王梓材在《宋元学案》中下的断语,即认为程颐通过弟子的传承影响了陈亮。的确几乎无人接受何炳松的论点,他说陈亮是程颐真正的学术继承人,朱熹却不是。本书承认陈亮与程颐间一定的渊源关系会被误解为同意王梓材、何炳松的观点。然而,从陈亮后20年及前30年的著述中可以看出,他经历了一个自我与程颐紧密相联的阶段,而且,这一阶段对陈亮思想的发展来说非常关键。这不是在讨论传承的谱系,而是对陈亮生活转折期中某些思想与程颐间的深远渊源的断定。

这里的基本问题是二程思想在12世纪的实际涵义与他们在后来被显示的思想之间有区别。在12世纪的背景下,他们的思想广泛而无清晰界限。二程是颇具创造力的思想家,他们接受每一位愿意就学的士子,因此,该学派复杂而多样,包含了12世纪初期与中叶几十年间不同的学术方向。大约1170年朱熹思想真正成熟后,他对二程弟子的批评越来越严厉。朱熹对中国文化传统的综合(包括对二程思想的诠释)后来湮没了对立解释,后辈只看到12世纪程颐思想的狭小部分。12世纪使用"道学"概念,其范围包括那些与二程有基本相同的伦理、学术观念的人。在12世纪80、90年代达到白热化的政治学术论争中,一些朝廷官员用这一术语攻击朱熹等许多学者,其中甚至包括像叶适这样与陈亮的倾向、思想相当近似的人。14世纪纂修的《宋史》用"道学"表彰经过严格甄选的程朱学派思想家。这一术语从此就在这个狭窄意义上使用。① 本书对"道学"采取12世纪的广义用法,以求显示出浙江学者与程朱学派的关系及陈亮与程朱学派的分离。

第三,将陈亮等同于王安石的思路也有概念上的困难。二者相同是许多学者的共同看法,这些学者包括从萧公权一直到中国的马克思主义者。尽管他们合理地强调陈亮思想中功利主义与入世的方面,然而将两位宋代思想家划在一起就忽略了宋代政治文化研讨中陈亮本人的重要性。例如,陈亮根本反对宋朝的集权

---

① 余英时,"Some Preliminary Observations on the Rise of Ch'ing Confucian Intellectualism",《清华学报》11.1 和 2:105 - 146;especially 116 - 120(December 1975). 关于该术语的其他有用的讨论有:谢康伦,"Neo-Confucians Under Attack",171 - 172;Haeger, "Intellectual Context", 503—505;Winston Wan Lo(罗文),*The Life and Thought of Yeh Shih* (Hong Kong, 1974),14 - 16;Wm. Theodore de Bary(狄培理),"The Rise of Neo-Confucian Orthodoxy in Yüan China"(哥伦比亚大学新儒学研究班讨论论文,November 2,1979)。

政治,他指责说集权大多归咎于王安石。他除了批评王安石,与吕祖谦的通信也表明他与吕祖谦在某种程度上对王安石皆有敌意,这种敌意是从北宋主要保守主义者那儿继承过来的。在快到40岁时,陈亮转向功利主义,可以与王安石思想相比拟,而且他还降低了批评王安石的调子,但是将他与王放入一个范畴还是掩盖了陈亮学术发展的独立性。

认为陈亮与王安石取向相同反映了被一些学者夸大的前提,即认为所有入世者与功利主义者都是相同的,认为关注现实政治将他们纳入一个学派。虽然否认各种倾向的相似处可能是愚蠢的,但盯住共通点不放则会忽视一些基本问题。这种情况下,在宋代政治领域,陈亮离"右派"与王安石离"左派"的距离几乎相等。陈亮的"保守主义"部分出于他的抗金为首的观念。对于陈亮来说,这一观念经常支配着他在其他问题,如土地改革上的立场。王安石却相反,他对国内政治经济变革的关心远甚于关注外来威胁。他们思考问题的基点,尽管基于各自的现实情境,但也是根本对立的。作为经学家,王安石向古代经典寻找治国原则,而漠视任何有可能提出反对意见的历史先例。陈亮则强调将他的政治思想建立于研究历史变迁与历史情势上。按照定义,儒者必须积极主动地关心现实的政治社会问题,没有一个思想自觉的儒者会从原则上否认行动的重要性——尽管其个人所处的环境使他无法行动。在儒者具有行动义务的共识下,讨论两个在其他方面明显不同的个人之间某些特殊联系恐怕会失去讨论的原来意旨。本书一个目的就是要表明对功利、结果的共同关心(但并不必相等)是如何在截然不同的优先性与价值观面前黯然失色的。

第四,现存研究的另一主要局限便是对陈亮思想成熟过程不够注意。陈亮思想及其演变不能纳入近代学者分析框架的部分而基本上当作特例被剔除。他们的理解太局限于陈亮的主要作品。例如,侯外庐认为陈亮间或提及天命是向唯心主义倒退。吴春山也低估了与陈亮思想相异的较为传统意义上的老师及恩主对他影响的可能性。陈亮重印和编订的以往学者的著作只有一部还留存着①,他的简短序跋似乎也没有什么重要意义。然而,作于后20年及前30年的那些序跋增强了陈亮作品中的传统性及道学特征。最为生动简洁地说明陈亮思想与那时的道学如何接近的是他作于1173年的一篇序文被收进了朱熹的文集。② 该序是为研究道学三位鼻祖评论政治制度的书而写的。

陈亮与吕祖谦、朱熹广泛而公开的交往为他20多年的发展提供了里程碑。吕祖谦的影响比较温和,而与朱熹的讨论使陈亮将其思想发展中包含的一些激进成分表达出来。大约在吕祖谦去世前4年陈亮就越过道学,进入功利主义阶段,但他直到吕殁后的1181年才在著作中富有意义地发展了自己的新观点。吕祖谦是朱熹与陈亮二人最亲密的朋友,他的思想以一种较温和的平衡状态容纳了朱陈二人。由于没有吕祖谦作为缓冲,朱陈二人便因优先性及价值问题的尖锐分歧产生冲突,他们之间的冲突甚至改变了朱熹对吕祖谦的评价,因为他认为陈亮表达的激进思想已

---

① 陈亮编:《欧阳文粹》(台北,1977年)。
② 文章题为《三先生论事录序》。陈亮:《龙川文集》(四部备要本),卷14,1页下;陈亮:《陈亮集》(北京,1974年),164页。后面注释中引文材料既见于《四部备要本》,又见于《陈亮集》的,将采取简短的注释形式:如陈亮,14:1下,164页。第三个版本是《国学基本丛书》(台北,1956)本,其页码与四部备要本几乎一致,所指通常在同一页码或稍前一页。陈亮的序文误收入朱熹文集。朱熹:《晦庵先生朱文公文集》(四部备要本),卷76:32页下—33页。这一四部备要本1970年以《朱子大全》为名出版,后面把这本简称《朱文公文集》。王应麟发现了朱熹文集编者的错误,见《困学纪闻》,附录于《陈亮集》,下册,443页。

经蕴含在吕祖谦的倾向之中。在 12 世纪 80 年代逐渐确定的学派之间的紧张关系愈演愈烈,然而朱陈二人并未因关系紧张而绝交,他们仍然是朋友,继续进行思想交流。但侯外庐将他们作为敌对的双方。著名的清代文献学家、目录学家纪昀(1724—1805)却把握住了他们的真正关系:尽管二人各行其志而有不少龃龉,但始终相互爱重。① 至今,学者一般都将 1186 年陈亮致朱熹的现存最后的书信作为二人交往的终结,他们甚至认为陈亮与叶适不再试图与朱熹进行学术讨论。② 朱熹晚于 1186 年的几封信表明他们仍然维持有限的交流。批评带来的紧张与思想分化并没有完全破坏掉两人的关系。简言之,所有的研究都未注重陈亮从道学向功利思想的转变及其道学阶段思想对他成熟倾向的影响。

新发现的陈亮著作的 1212 年版本与标准版本

以前对陈亮成熟思想及其与道学关系的理解不够,主要原因在于缺乏后 20 年及前 30 年间的作品。传统使用的版本基于《龙川集》,包括本来的《龙川集》中近四分之三的著作。它是由陈亮的儿子编选的,叶适在 1204—约 1214 年之间为之作了序跋。《四部备要》标准本《龙川文集》印于 1927—1936 年间,共 30 卷。所有研究他的生平及思想的都以该版本或其他版本中的这 30 卷为基础。1974 年北京版《陈亮集》经过编者的搜集,补入一部分诗词,而且,通过比较以往版本的差异,编者校订了一些印刷错误。在该版本序言的结尾,作者只是提及叶适曾指出陈亮著述为

---

① 纪昀主纂,王云五编:《(合印)四库全书总目提要及四库未收书目禁毁书目》(台北,1971 年),第 4 卷,3390 页。
② 最佳例子是吴春山:《陈同甫的思想》,137—138 页,149—150 页。

40卷,而所有现存的版本只有30卷。① 1981年一位学者发表一篇文章收录了保存于15世纪前期编辑之《永乐大典》中的5篇颂文,作为1974年版本的补充。② 除了13世纪初期叶适的序文,13世纪末的马端临在《文献通考》中认为《龙川集》共40卷,另外有4卷补遗。《宋史·艺文志》也相信陈亮有40卷文集和4卷诗集。一部有30卷的1616年版本的序言声称陈亮某些原作现已佚失。将叶适跋文中的评论与现代标准本相比,便会注意到佚文包括3卷讨论《春秋》的文字,不过,其中很小一部分还保存在13世纪后期王应麟著的《困学纪闻》中。③ 简而言之,陈亮文集中约四分之一已经失传好几个世纪了。幸运的是,几年前,台湾"中央"图书馆珍本部发现了重要资料。这部1212年印制的书为我们提供了陈亮的另外作品,可能对理清其学术发展很有帮助。

　　本书的研究利用了这一珍本,其中包括一些陈亮写的从未被人使用过的文章。1212年,一位不知名的作坊主饶辉为这部木版印制的陈亮、叶适的选集作序。该书共41卷,题名《圈点龙川水心二先生文粹》,其中大部分资料在传统或现代的版本中也能

---

① 《陈亮集》,上册,12页。叶适的序文印在四部备要本接近开头的地方,也见于《陈亮集》(北京),下册,469—470页。他的跋文见于《陈亮集》,下册,448页,四部备要本附录第3页。还见于《叶适集》,卷20,207—208页;卷29,596—597页。我认为这篇跋文约写于1213年,因为叶适提到陈亮死后20年。关于陈亮的词,见姜书阁:《陈亮龙川词笺注》(北京,1980年)。
② 陈亮、陆游:《陈亮、陆游集拾遗——〈永乐大典〉诗文辑佚之一》,乐贵明编,《文学评论》1:45—48(1981年)。
③ 马端临:《文献通考》(上海,1935年),卷241,1909页。脱脱主编:《宋史》(北京,1975年),卷208,5378页。王世德1616年跋文重印于《陈亮集》,下册,471页。出自王应麟《困学纪闻》的文字见《陈亮集》,下册,443—444页。关于对陈亮佚文问题的广泛而具体的讨论,见宗廷辅(19世纪学者)的评论,印在《陈亮集》,下册,478—482页。A Sung Bibliography,231—232页简短地讨论过他的著作。

找到。① 正像书名所标出的,饶辉的目的是圈点那些在文体上值得模仿的段落。二位学者作为文体学家和教师有相当的声誉,因此,饶辉明显期望这部圈点本能在那些想参加科举的士子中寻到现成的市场。虽然传统版本收录了陈亮许多最重要的策问,但是饶辉本增加的策问超过 3 卷,这些都是陈亮在京师太学中作为领俸太学生所必需的常规考试。陈亮直到临终才高中状元,这些策问就作于从 26 岁到约 50 岁的各个时期。饶辉本还收录了 5 卷《汉论》,这部分文章题材多变,既包括对汉代君王的历史评判,又有对司马迁完成于约公元前 90 年的《史记》选文的解说。显然,陈亮是用它来教育弟子的。

如果运用得当,"新发现"的 1212 年本可能为描绘陈亮思想演进之轨迹提供有价值的资料。正因为科举的性质,所以试图利用策问(及部分标明指导学生的文章)来讨论一个人的思想有其内在的困难,必须与考官保持一致所造成的现实或想象的压力几乎是一个普遍障碍,使人不能在考试的程式下自由发表意见。大多数中国专家都会认为科举考场上的高栅栏使考试环境特别紧严。仔细阅读陈亮的应试作品就会发现其中些许阴郁的色彩,以及他的叛道名声之所来。在这 3 卷作于太学期间的文章中,一部分谨慎而胆怯,而另一部分却大胆而直抒胸臆。这些自我表述的不同暗示陈亮特立独行性格之发展,这一点在他的另外文章中也能看出。总的说来,《汉论》的表达比较自由,因此更容易被用于

---

① 饶辉编:《圈点龙川水心二先生文粹》(序,建安,1212 年),41 卷。下面当陈亮的著作引自该版本时,使用形式如下:陈亮,1212 版,上册或下册,卷数:页码。只有在现代标准版本中没有的资料才引自 1212 版本。无法在标准参考书中找到饶辉此人,我曾询问过宋元传记资料的主编王德毅,他在建州和建安地方志中也无法找到饶辉的记载。

讨论他思想成熟的演进过程。

确定这些文章的写作时期并将它们放入陈亮其他现存作品的集子中又出现一些难题。几乎不存在什么内在根据来确定应试作品的时期。在用他的另外作品作为材料证明其思想趋向定型的过程时，这些策问可能与他思想发展的不同时期相联系。从他另外的作品可以推断《汉论》作于1171—1175年间。在1170—1171年间，陈亮每天要花很多工夫研究汉唐豪杰。随后，他开始教授私塾，并且，由于《汉论》是用作教学资料的，可能就写于这一时期。《汉论》的思想与作于12世纪70年代前5年的作品相一致。《汉论》在逻辑上也可能先于1175年分开出版的《三国纪年》。①

饶辉本有一个问题。就目前我们所知，仅存于饶辉本中的资料可能没有收入陈亮儿子编辑、叶适作序的选本。而且，中国古代权威的目录书也没有收录过饶辉本。可能有人要争辩说，叶适与陈亮的儿子没有收录太学时的策问及《汉论》是因为他们认为这些资料毫无意义。这种论点可能还会因饶本没有被现代的研究或主要的传统目录文献，如《宋史》《文献通考》及18世纪的《四库全书》所收或所删书目提及而得到加强②，然而这一推断并不完全有说服力。关于认为叶适与陈亮之子有意识地删除了那些

---

① 《三国纪年》，陈亮，12:1上—20下，136—148页。
② 除了《宋史》和《文献通考》的目录部分，还可以查阅下列关于《四库全书》的著作：纪昀总纂：《四库全书简明目录（钦定）》（上海，1964年）；纪昀总纂，王云五编：《（合印）四库全书总目提要及四库未收书目》；胡玉缙、王欣夫编：《四库全书总目提要补正》（台北，1967年）；James R. Ware编，翁独健修订：《四库全书总目及未收书目引得》（台北，1967年）。我也向四库全书专家盖博坚（Kent Guy）请教过。在1979年7月28日的一封信中，他认为从饶辉本既不包括在《四库全书》中，也未收入禁毁书目中的观察很难得出任何关于饶辉本性质的结论（甚至是它的可能性），集部对于编纂者来说特别麻烦，当集部书名逾万时，他们感到解脱和满足。

作品的观点,并不能说明这些资料未被收录,因为,我们现在只能确定原本《龙川集》佚文的一部分。尽管目录学家忽视饶辉本令人惊讶,但是这部名不见经传的著作佚失了好几个世纪,才被台湾"中央"图书馆的收集者在20世纪寻找珍贵版本、著作时偶然发现也是可以想象的。3位资深的中国汉学家——杨联陞教授、王德毅教授及洪业教授都曾研究过该书并且断定这些资料是陈亮原作,该版本是宋代的原刻。①

基于上面的论证,我相信这些资料应当作为补充材料用来探讨陈亮的思想发展。陈亮的思想从道学阶段向功利主义演进,并因功利主义的主张而闻名于世,其思想之激进有一个发展过程。为了理解这一过程,理解他与朱熹的论争,理解二者在中国政治文化中的意义,首要的是必须注意文化背景——传统儒学的分化及其在11、12世纪的状况。

---

① 杨联陞、洪业二位教授在1979年6月检查过该书的缩微胶片,王德毅教授在1980年春检查了存于台湾"中央"图书馆的原本。

第一章　儒学两极化及其在宋代思想中之演进

考察陈亮的学术发展及其与朱熹的论争必须讨论儒学传统内部及时代背景中的基本问题。首先，为了明了传统儒学中哪些问题对研究宋代政治文化最为重要，有必要探讨下面一些问题：在思想演进中，分化出了哪些对立的优先性和方法论？有什么样的象征、术语来代表这些分化？11、12 世纪时，宋代儒者是如何在处理一些问题时修正这些分化及象征的？其次，为了理清学术嬗递之"内在理路"，为了描绘出儒学分化在时代背景下的轮廓，还需提出另外一些问题，即：11 世纪中叶几十年间儒学复兴的本质是什么？这个"宋学"整体是如何在从约 1068 年开始激化直至 1126 年北宋灭亡间的政治文化冲突中分崩离析的？"道学"是如何在与宋学内对立学派斗争的环境下从宋学内部发展出来的？道学作为 12 世纪中叶 50 年间主要学术运动是如何出现的？为什么 12 世纪末 25 年间的主要思想家要拒斥那个世纪中叶的学术宽容，并在相互对峙中将观点系统化？为了溯源从一代到另一代的学术转变，视点要集中于主要有代表性的思想家身上，但是他们相互间的分歧以及有时与次要的学者发生的冲突都可以用来说明思想的进展及其步骤。虽然几代学人间不同思想的混杂似乎带来了不必要的复杂性，然而讨论两代思想却对定位陈亮的思想转变及其对朱熹的挑战至为关键。

第一章 儒学两极化及其在宋代思想中之演进

早期儒学中的问题及分化

史华慈在把传统作为一个整体考察时，揭示出了三组引起儒学系统的对立概念。① 首先是个人修养与治国平天下之间的关系，其次是内心世界与外在社会政治环境的对照，第三是知与行的关系。自我修养、个人内心生活、知与经世、外部空间和行之间有明显的关联。实际上，这些关系远较复杂。例如，人们可以将知看作是直觉的道德感受（内），也可以将它当作感性知识（外）。事实上，所有儒者至少在名义上都承认这样一个前提，即对立的两个方面都是必需的、互补的；然而，各派之间也有着紧张关系。对立思想通常就在一方不满于另一方过分强调一个片面而忽视二者之间根本关系中向前进展着。分化各方强调的相对优先性为辨清思想家们的分歧提供了方向。

由知识或直觉而体认道义形成了儒学传统内部的另一分派。余英时论证过孔子将"博""约"并举；"约"表现在其与富有浓厚道德含义的礼的关系中，这些道德内涵与孔子追求的"一贯"和"大同"密切相关。当前一些哲学家反对将"moral"一词这样运用于讨论中国传统思想，尤其是讨论孔子，主要是因为他们将"道德"与"道义上的责任或教训"等同起来并且将规定人们行为与行动

---

① Benjamin I. Schwartz, "Some Polarities in Confucian Thought", in David S. Nivison and Arthur F. Wright, eds., *Confucianism in Action* (Stanford, 1959), pp. 50–62.

的道德制约从种种善的行为中区别出来。① 但是该词的宽泛运用，包括道德感、对善的个人理解及人们遵守适当规则行动时的主观想法或动机，无论是在词语的通常用法上还是汉学范围内都是惯例。后来的儒者，像孟子这样哲理性胜于学术性的，比起对博的重视来更加强调良知与约。另一方面，像荀子那样的学者则对学问的强调胜过玄想。到 11 世纪，对知识与直觉之间的分界愈加明显。在一些思想家中，尊德性占了优势，他们为问学与德性的划分增添了新的内容。我们可以在与外部的物质世界感官接触中获得学问，而德性则通过内在的道德本性来取得，它不依赖于人的视听。儒学传统中在问学与德性之间寻求平衡的困难使得 12 世纪的"道学"一分为二。陆九渊（象山，1139—1193）将尊德性放在首位，轻视学问知识的获得，直接地悟觉圣人的心和教导远胜于阅读经典。另一方面，朱熹则遵循一条追问与研究的途径，甚至坚持认为约必须以博为基础。然而，学问之道却一直与关注道德修养相缠结，以至于充分发展的智识主义直到 18 世纪才出现，并且它也不能完全掩盖人们对道德修养的热情。

还有一组对立概念对分析朱熹和陈亮之间的冲突尤为有用。这一对立存在于德性与事功、义与利之间，与史华慈、余英时二位教授所讨论的问题相关。朱陈的大部分分歧也是围绕着这一分化及传统上用于讨论这一分化的术语和概念性象征展开的。早

---

① Yü Ying-shih, "Observations on Confucian Intellectualism", pp. 105 – 146. 哲学家反对道德一词的这种用法的，特别参见 Herbert Fingerette, *Confucius—The Secular as Sacred* (New York, 1972); the review by Henry Rosemont, Jr., in *Philosophy East and West* 26. 4: 463 – 477 (October 1976); the discussion by Fingarette and Rosemont in ibid. 28. 4: 511 – 519 (October 1978); and Joel Kupperman's Comments on A. S. Cua（柯雄文）*Dimensions of Moral Creativity: Paradigms, Principles, and Ideals* in a review in *Philosophy East and West* 31. 1: 123 – 125(January 1980).

期儒学中个人德性与社会结果之间不断深化的紧张关系通过霸的概念和管仲(死于公元前645年)这一象征得以显明。管仲将齐桓公(前685—前643年在位)扶上国史中第一个霸主的位置。显然,孔子认为管仲是协调好个人德性与社会事功之间关系的榜样。子曰:"管仲相桓公,霸诸侯,一匡天下,民到于今受其赐。微管仲,吾其被发右衽矣。"管仲受到如此欢迎,以至于当桓公将一位贵族的全部财富转赐他时,这位贵族竟无丝毫怨恨。孔子为管仲辩护而许其为仁:"桓公九合诸侯,不以兵车,管仲之力也。如其仁!如其仁!"①个人德性与社会实际事功之间的关联反映出孔子认定统治者的道德力量能够改变人民的生活。天赋予国君以丰富人民物质精神生活的职责,期望他通过道德手段来完成自己的使命。人的伦理行为由大化之流行得以巩固,并与大化流行的历程相类似。由此,人与宇宙相互感应;例如,君子之德能使人

---

① 《论语》,14:17。孔子重复了"如其仁"两遍以示强调。前一句的译文遵照了洪业教授的建议;重复的一句的译文根据引自何晏《论语集解》(四部丛刊本,台北,1969年)的孔安国(约前156—前74)传,64页。Arthur Waley 英译 *The Analects of Confucius* (New York,1939)根据的是另一注疏传统,它们认为这是对管仲的批评。就像在第四章将要表明的那样,朱熹同意陈亮的看法,认为孔子高度赞扬了管仲,尽管朱熹必须为此让步而与陈亮的结果伦理苦苦争论。我发现朱熹与孔安国传的一致颇具说服力,尤其是它作为明显的证据来支持陈亮的论证。关于古典时期对立思想的更为详细的讨论,参见拙著 "The Development of Tension Between Virtue and Achievement in Early Confucianism: Attitudes Toward Kuan Chung and Hegemon (*Pa*) as Conceptual Symbols", *Philosophy East and West* 31.1:17-28(January 1981)。关于管仲的其他讨论,参见 Sydney Rosen, "In Search of the Historical Kuan Chung", *Journal of Asian Studies* 35.3:431-440(May 1976),以及她的"Changing Conceptions of the Hegemon in Pre-Ch'in China", in David T. Roy and Tsien Tsuen-hsuin (钱存训) eds., *Ancient China: Studies in Early Civilization* (Hong Kong, 1978), pp.99-114; Robert M. Hartwell, "Financial Expertise, Examinations, and the Formulation of Economic Policy in Northern Sung China", *Journal of Asian Studies* 30.2:281-314, especially 282, 298 (February 1971); and W. Allyn Rickett, ed. and trans., *Kuan Tzu: A Repository of Early Chinese Thought* (Hong Kong, 1965)。

向善,就像风能将草吹弯一样。① 以类似的风格,孔子设定在良心的支配下人们具有对礼或行为规范的亲和力。虽然是圣人制礼,但具体规范却随历史情势的变化而调整;而且,道德既基于内心自觉,又是行为上克己复礼的结果。② 不论礼节规范与个人德性之间的关系如何密切,孔子仍然批评管仲违反了礼,但他并未改变原有的赞美:管仲的事功是道德的标志。

孔子没有提出或解决这一明显的矛盾,但其后学却感到在德性与事功之间保持和谐的平衡尤其困难。孟子偏爱人的动机,从而反对任何执着于事功的看法。按照孟子的说法,社会结果与真正功利只能是内在德性的结果;因此那些对事功着迷的人的错误在于将事功从它们所必需的道德根源中割裂开来。③ 到孟子时代,管仲及那些霸主作为成就事功的象征已获得广泛认可,并且人们认为这种事功与个人德性无关。尽管孟子没有对管仲的神话提出质疑,但当有人暗示说他努力重建管仲功业时,孟子对此非常愤慨。孟子寻求将儒学从霸道的思想中分开。④ 如果追求权宜与个人利益,人心便会陷溺,落入利益的谋划与计较之中;而且,其不可避免的后果便是混乱及所寻求的社会目标之破产。

与孟子相比,荀子更对结果感兴趣,而较少关注人的心理活

---

① 《论语》,12:19。还参见《论语》,2:1,3;12:17,22;13:4,6,9,13。《大学》《中庸》也说明了这一概念。Donald A. Gibbs, "Notes on the Wind: The Term 'Feng' in Chinese Literary Criticism", in David C. Buxbaum and Frederick W. Mote, eds., *Transition and Permanence: Chinese History and Culture* (Hong Kong, 1972), pp. 285-292.

② 见《论语》,12:1;3:3,4,8,26;4:5,13;9:3。

③ 《孟子》,1上:1;2上:2,3,6;4下:12,28;7上:30。Lin Yü-sheng(林毓生), "The Evolution of the Pre-Confucian Meaning of *Jen* and the Confucian Concept of Moral Autonomy", *Monumenta Serica* 31:172-204(1974-1975).

④ 《孟子》,2上:1;2下:2。

动。由于比较倾向于达到结果,荀子便将霸主作为正面榜样。在提及"历史上"称霸的统治者时,他用尖刻的词语谴责他们欺诈、堕落与征伐。许多篇章都用来展示一种理想的霸主样板,以此,现实而富有理性的君王能将善政的利益带给民众。王代表中庸之道与礼义,而霸则代表道德真实与公众信任。王者尊重圣贤并且有像周公那样贤能的辅佐,而霸者只尊崇政治家并有管仲这样的功臣。优秀的王、霸都能长治久安,而这对于那些使用欺骗手腕、失去民心的统治者来说是不可能的。① 荀子仍然绝对忠实于儒家对王的中庸看法;因此他对那些循理而行不够纯正的霸主样板的态度是矛盾的。最终,强调事功与实际知识意味着把对儒家仁义道德的忠诚放在第二位。矛盾就产生于个人德性与社会结果之间的侧重点,而与霸主使用武力无关。霸道强调的是结果而不是武力。理想的霸主放弃领土扩张,依赖与他国结盟来保持秩序。不过也不能完全否认武力,因为国内法律的实施与诸侯之间的结盟暗示了对武力的依赖性更强了,强于那些依靠礼治的王对武力的依赖。另一方面,荀子对王的描述包括执行惩罚;而且,他相信以礼节来教化是悖逆人性的。② 虽然在后来霸道可能被等同于武力,但孟荀二人都视其为独立于儒家道德价值之外、寻求社会政治功效的象征。

---

① 《荀子》(四部丛刊本,上海,1929 年),尤其是论霸与管仲的文字:3:21 下—22 上,23 上—下;5:7 上—下;7:1 下—5 上,21 下;9:2 上—3 上,7 上—下;11:1 下—2 上,23 上;17:19 上—下,19:1 上,12 下—13 上。论荀子政治哲学特别有用的论文有:Henry Rosemont, Jr., "State and Society in the *Hsün Tzu*: A Philosophical Commentary", *Monumenta Serica* 29:38—78(1970—1971); Hsieh Shan-yuan(谢善元),"Hsün Tzu's Political Philosophy", *Journal of Chinese Philosophy* 6.1: 69—90(March 1979); Y. P. Mei, "Hsün Tzu's Theory of Government", *Tsing Hua Journal of Chinese Studies* 8.1 和 2:36—80(1970 年 8 月)。
② 《荀子》,5:2 上,8 上—10 下,19 上—20 上;7:8 上—下;18:10 上;19:13 上。

当不变的道德原则面对不同环境时，便会产生与德性、事功分化相关的另一问题。在儒学中，这个问题表现为"经""权"对立。即：标准与权宜、绝对与相对、永恒与暂时的对立。在不同情境下，坚持原则而灵活运用的告诫根源于孔子的教诲："君子之于天下也，无适也，无莫也，义之与比。"①为了刻画一位真正儒者对变化所具有的适应性，荀子写道："……其持险应变曲当，与时迁徙，与世偃仰，千举万变，其道一也。"②虽然孟子也会指责遇到特殊环境仍然拘泥不化的做法，但他对挑战者的回应清楚地表明儒家拒绝接受伦理条件性与价值相对性。争辩者指出，按男女授受不亲的礼节规定，嫂溺而不应援之以手。当孟子指斥不援之以手是不仁时，争辩者便责备他拒绝改变其伦理教条以拯救天下于水火中。孟子反驳说，天下溺当援之以道，而不能援之以手。③ 灵巧的回答使孟子避免接受争辩者以伦理为有条件的观念。董仲舒（前179—前104）将不变的伦理价值运用于不断变动的环境这一儒家观念用一句最简洁明了的话表述出来："天下无二道，故圣人异治同理也。"④总的说来，儒者对变易并非熟视无睹，因为许多儒者都是官僚阶级，终日面对各诸侯国的日常行政，并且《易经》也告诉他们变易是

---

① 《论语》，4：10，trans. D. C. Lau(New York,1979)，p. 73；Lau 的译文是以"道德"指"义"的范例。参见陈荣捷的讨论,陈荣捷(Wing-tsit Chan)，ed.，*A Source Book in Chinese Philosophy* (Princeton,1963)，pp. 26,75。
② 该引文出自《荀子》卷8，译文为 F. W. Mote's Modification of Homer H. Dubs, trans.，*The Works of Hsüntze* (London,1928)，p. 109。牟复礼(Mote)以此段来详细讨论萧公权的论点；见其所译萧著 *A History of Chinese Political Thought* (Princeton,1979)，上册,20—21页,注42。我在所有情况下都将 Tao 大写。
③ 《孟子》，7上：26 及 4上：17。争论者淳于髡是齐人，著名的诡辩家；见 James Legge, trans.，*The Chinese Classics* (Hong Kong,1960)，第2册,307页。参见《孟子》,3下：1,4下：11 及 5下：1。
④ 董仲舒：《春秋繁露》（四部备要本），卷1,4页下。译文见 Joseph P. L. Jiang(江炳伦)，"Dual Ideological Basis of the Han Bureaucracy"，*Chinese Culture* 7.1：105；该文收入他的《政治学论丛》（台北,1973年），1—58页。

不可避免的;然而,他们根本上不愿接受暗含于承认不断变易中的道德相对论。再引一下董仲舒的说法,"天不变,道亦不变。"①不过,取得功效的强烈义务感与历史变迁的意识相混合,对不能与时迁移的标准、价值之神圣性进行较激进批判的潜势仍然存在。

宋学内部的倾向:从道的全体到道的部分

11世纪儒者自觉复兴从古典时期开始的儒家圣贤之道。他们认为道有三个方面:体、用、文。三者关系如下:

> 君臣父子、仁义礼乐,历世不变者,其体也;诗书、史传、子集,垂法后世者,其文也;举而措之天下,能润泽其民,归于皇极者,其用也。②

---

① 引文及译文见 Frederic Wakeman, Jr., *History and Will: Philosophical Perspectives of Mao Tse-tung's Thought* (Berkeley, 1973), p. 296.
② 《宋元学案》,卷1,17页。译文出自余英时, "Observations on Confucian Intellectualism", pp. 118-119, 余的译文是对狄培理译文的较小改动;狄培理、陈荣捷和 Burton Watson, eds., *Sources of Chinese Tradition* (New York, 1964),上册,384页。除了这两部著述,参见狄培理两篇论文, "Some Common Tendencies in Neo-Confucianism", in David S. Nivison and Arthur F. Wright, eds., *Confucianism in Action* (Stanford, 1959), pp. 25-49;及 "A Reappraisal of Neo-Confucianism", in Arthur Wright, ed., *Studies in Chinese Thought* (Chicago, 1953), pp. 81—111。除了《宋元学案》,我的关于宋代学术气候的论述还只有在引述具体所指内容时,就从本章以下的注释所引述的评论中得到补充、丰富。在中国思想的各种研究中,最有帮助的是萧公权、陶希圣、汪大华、侯外庐和杨向奎的著作。其他思想史家所著的特别有用的著述有:钱穆的《宋明理学概述》(台北,1953年);他的《国史大纲》(上海,1948年);他的《朱子新学案》(台北,1971年);黄公伟的《宋明清理学体系论史》(台北,1971年);夏君虞的《宋学概要》(上海,1937年);何佑森的《两宋学风的地理分布》,《新亚学报》1.1;331—379(1955年8月);卜德(Derk Bodde)翻译的冯友兰,*A History of Chinese Philosophy* (Princeton, 1967); and Carsun Chang (张君劢),*The Development of Neo-Confucian Thought* (New York, 1957)。本章讨论的多半人物基本上都收入 *Sung Biographies*, Herbert Franke, ed. (Wiesbaden, 1976);而且,他们的许多著作在 *A Sung Bibliography* 中有讨论。

体虽然作为支配人们之间关系的根本原则进行讨论,它仍被看作是不变的。文的范围很广,包括从纯文学到公文以及哲学论文。用既包括个人修养、经世致用,又包括社会约束。道的三个方面概括了宋学的总的目标。

宋学学者体现了11世纪30年代的文化复兴精神,并在11世纪40、50年代间成为京城学术界的领导力量。北宋前七八十年总体上延续了晚唐五代(大约从8世纪后半期到10世纪的中期)的学术与文化。北宋前期,晚唐的文化遗产是那样的根深蒂固,当少数几个人企图复兴古文时,便被当作反常而孤立起来。然而到了30、40年代,一些学者与官员联合起来向北宋初年从晚唐继承过来的文化模式发出挑战。宋学学者鄙视晚唐五代,认为这段时期被政治分裂与世俗的学术风气搞得乱七八糟。胡瑗(993—1059)与孙复(992—1057)是私塾的塾师,他们宣扬直接由经典发现久已湮没的原则来改变人们的生活并改良社会。他们在经典中寻找微言大义,不同于汉、唐时期对经典采取的纯文献取向。他们的社会责任感与道德要求以最好的方式体现在范仲淹(989—1052)的一句名言中:"先天下之忧而忧,后天下之乐而乐。"①范

---

① James T. C. Liu(刘子健),"An Early Sung Reformer: Fan Chung-yen", in John K. Fairbank, ed., *Chinese Thought and Institutions* (Chicago,1957), p. 111. 元好问的诗体批评对文化的发展提供了有价值的视角;见 John Timothy Wixted(魏世德),The Literary Criticism of Yüan Hao-wen(*1190 - 1257*), (DPhil dissertation, Oxford University, 1976). 关于宋代对自我及古代复兴的看法,尤其在文学领域,特别见 Jonathan Chaves, "Some Relationships between Poetry and Painting in China", *Renditions* 6: 85 - 91 (Spring 1976);以及他的 *Mei Yao-Ch'en and the Development of Early Sung Poetry* (New York,1976);刘子健:《论欧阳修的治学与从政》(香港,1963年);《宋元学案》,卷1—4;George Cccil Hatch, Jr., "The Thought of the Su Hsün(1009 - 1066): An Essay in the Social Meaning of Intellectual Pluralism in Northern Sung" (PhD dissertation, University of Washington, 1972),第5—7章。

仲淹是胡瑗与孙复的恩主，因此，当他1043年做了宰相时，就得以使他们执教太学。胡瑗修改了太学的训令与教育思想，使之与他个人的学院相一致。经过长时期的较量之后，在1057年欧阳修（1007—1072）终于把古文定为科举考试的文章形式，随后这种形式取代了晚唐及宋初比较华丽的文体。古文的重要性在于它较为直接简单的风格，有助于强调思想内容而不是表达方式。胡瑗、孙复、范仲淹和欧阳修四位学者合起来讲，为伦理、政治、社会以及学术问题诸方面设定了总的规模，构成本书研究中使用的具有宽泛意义的"宋学"概念。到11世纪60年代，宋学已经风行全国，成为政府与个人伦理生活中一些实际问题广泛多元的解决途径。

按政治术语来讲，宋学的第一代对变革持渐进的态度。1043—1044年的范仲淹新政与欧阳修1060—1066年的吏治改革反映了这种渐进思想。他们通过扩大学校体系，减少大臣的亲属凭借特权进入官场，以及改革教育与科举以反映掌握经典微言大义的新的学术方法，从而在制度上作了一些变革。尤其是到11世纪60年代欧阳修与新政中的其他人在政府中取得控制权时，他们变得越来越放慢改革速度，越来越趋于行政管理。管理能力是那样的关键，以至于如果没有这一点的话，他们宁肯不作制度变革。制度上的些许调整和管理者的性格似比彻底的制度改变重要得多。

实际的政府事务与文学兴趣占据了欧阳修及其同代人的全部心智，较抽象的理论与严格的道德内省显得没什么吸引力。献身于实际事务在欧阳修那里表现为他关注提高官员的管理能力与增进制度的有效运转。在这个意义上，他代表了唐代治术在北宋之延续。的确，他宁愿深入唐代历史，而不在上古三代的黄金岁月中寻找政治灵感。其经学增强了这种倾向,因为他以批判的心态向经典某些部分的真实性提出质疑,并给经典传统中的迷信成分以理性解释。资料的缺乏妨碍了对古代的详细了解;因此,研究唐五代这段近世历史更为实用。在其个人生活中,他模仿唐代文士,既对以文学进行有效的个人修养充满信心,又满怀兴致地享受生活,不对其个人行为制订任何极端禁欲的约束。例如,他的爱情生活在当时被政敌当作诽谤的凭藉;宋代的后来学者就因他放荡的生活方式及其对较抽象哲学领域的漠视而贬低他在宋学奠基时期的作用。① 欧阳修一代人是客观主义的,就是说,他们对现实典范与指导社会政治(外部)的兴趣超过对形而上学与内省(内心)的兴趣。

在下一代,宋学发展出思想与政治的分歧。司马光(1019—1086)更加保守,且具有历史眼光。他比对主观的道德论题更关注客观的现实政治;只是在他一生衰退时期才探讨抽象的宇宙论。对于司马光而言,精英分子遵循道德原则并非特别困难;困难的是向社会灌输道德。除了与欧阳修一样喜好唐代历史而不以古代历史与经典作为寻求理想政治的资源外,司马光还因为《春秋》内含对历史的判断,便认为它是首要的经书。

司马光的历史、政治取向被描绘为"历史类比论",这是一种将历史作为借鉴来制订国家政策的方法。② 历史类比论指8世纪后半期产生的一种史学,并在13世纪左右了大多数制订政策的官员及历史学家的思维。伴随着安禄山叛乱(这次叛乱在8世

---

① 刘子健:《论欧阳修的治学与从政》。
② Robert M. Hartwell(郝若贝),"Historical Analogism, Public Policy, and Social Science in Eleventh-and Twelfth-Century China", *American Historical Review* 76.3:690 - 727(June 1971)。

纪中叶几乎要摧毁整个唐朝统治),柳宗元(773—819)和杜佑(735—812)精细地研究了环境背景下的制度演进,而不是像前人那样夹杂着道德与三代理想的讨论冲淡了制度的研究。古代黄金岁月的理想模型在经典中以夏、商、周三代君臣的行为与制度为基础。柳宗元和杜佑为从关心伦理到关心社会制度的转变立下根基,将制度与事件的历史整理出来以讨论当前的政治问题。对于类比论者而言,历史逐渐成为一个独立的、与经学地位相当的研究领域,经典能为道德修养提供启示,而历史则可以为评估政策及对付连续而各异的变化提供比较详细的资料。近世历史最有用、最相关;而且,朝代的盛与衰具有同等研究价值,因为类比论者既想知道成功的奥秘,也想弄清失败的原因。司马光在提出如何避免社会混乱这一问题时,强调了皇帝制度的正统性与连续性,这在他喜欢的《春秋》中也是突出的主题。混乱与衰败时期,如晚唐五代,为《春秋》的教训提供了佐证,即强有力的皇帝不可或缺;因此他赞扬那些增强皇权的大臣与官员。虽然近来的一篇论文认为他的政治思想是那种对皇帝具有道德威权的官僚至上主义,然而他却更广泛地被认为重视独裁政治及保守主义的社会经济利益。①

司马光的历史观、政治观实际上直接得自宋初奠立时期反对第一代宋学的那些人。吕夷简(978—1043)是范仲淹及新政领袖开始就与之斗争的皇帝谋臣。吕夷简因为家族世代有人位居朝廷高官,所以在主张与家世上都成了北宋初期秩序的象征。他写

---

① 这个论点在 William Anthony Sariti, "*The Political Thought of Ssu-ma Kuang: Bureaucratic Absolutism in the Northern Sung*"(PhD dissertation, Georgetown University,1970)中提出,作为"Monarchy, Bureaucracy and Absolutism in the Political Thought of Ssu-ma Kuang", *Journal of Asian Studies* 32.1:53-76 (November 1972)中的一部分出版。

过一本关于官僚条规与惯例的小册子,意图有助于防止运用惯例来打破条规。这本书中反映出的管理才能及阶层意识使之闻名。另外,他还用历史类比的方法写了给宋代皇帝御览的《宋初三皇帝宝训》。虽然吕的儿子与范仲淹的追随者相友善,但吕家仍与司马光联合起来反对1068—1086年间大范围的改革计划。另一位经历了两次变法的著名保守主义者张方平(1007—1091)为保守主义的历史类比论做了极好的概括:

> 荀子曰:"圣王有百,吾孰法焉?""欲观圣王之迹,则于其粲然者矣。""禹、汤有传政,而不若周之察也,非无善政也,久故也。传者久则论略,近则论详。"当今之世而君必谈尧、舜,臣必称禹、稷,是迂儒拘生之论,非适时济用者也。伏以唐氏有天下三百年,其间治乱得失详矣,朝廷立国之纪,典刑制度因于唐者也,故观今之政,唐氏最近。……欲乞今后节略《唐书》纪传中事迹,今可施行、有益治道者。①

张方平的总结之所以值得重视是因为插入了荀子效法后王以取代古代理想制度的主题。然而,对历史情势与历史变迁的重视并没有使张方平质疑经典中的伦理价值。他利用变易的观点来维护近世历史的连续性,并主张调整与改进制度以适应时代,而不允许改革现存制度以符合三代理想的任何努力。

从儒学的分化上看,司马光强调实践与历史背景的变化,这未能阻止他对孟子的谴责。他认为孟子在面临不同的紧急状况时不能坚持常道。虽然司马光采取了客观主义倾向,他仍然怀疑外在于自身的事物以及对终极道德真理的直觉。如,在他的论"格物"

---

① Hartwell,"Historical Analogism",pp. 695,699-700。关于张方平对此的另外陈述,见 Hartwell,"Economic Policy",p. 297。

(格物是《大学》的术语,在宋学中被广泛引用)的文章中,他释"格"为"扞御",不主张主动地与物相接并加以研究,而是声称:"能扞御外物,然后能知至道矣。"①尽管他认为欧阳修的经典批判误导许多人未经思考就接受了这种批判性思维框架,但是他及其保守派同党仍指责《孟子》一书充满了歪曲及后人之窜改。按他们的看法,孟子在坚持等级原则与维护以道德作为判断标准方面不够坚定;因此,他错在走上了离经叛道的权宜之路。② 然而,他们敌视孟子的主要原因在于反对王安石利用《孟子》来号召恢复古制以积极增进人民财富的行为。

在宋学第二代中,王安石领导着另一极具有客观精神与现实理念的士大夫。王安石对通过制度达到有序社会的问题与司马光一样持现实的取向,但他们的政治主张却相差甚远。王安石"新法"基本上从1068年到1086年一直在朝廷中起支配作用,使其政府进入一个中国传统中最有进取性的时期,它涉及了民众的社会与经济生活。理想目标甚至使他劝谏皇帝多为财富均等做些事情。他强调说,圣人统治的黄金时期没有不当的财富积累,而不当的财富积累使后世走向了堕落。③ 虽然王安石对皇帝的影响与政府自身的力量还不足以实施这一乌托邦构想,但是反对王安石的

---

① 司马光:《温国文正司马公文集》(四部丛刊本),卷71,11页上;又见陈荣捷,*Source Book*,562页;以及拙著"The Idea and Reality of the Thing during the Sung: Philosophical Attitudes toward *Wu*", *Bulletin of Sung-Yüan Studies* 14:68-82 (1978)。
② 关于司马光对孟子的批评和朱熹的反驳,见《宋元学案》,卷7,158—165页。参见夏君虞的讨论,56—79页;刘子健,*Reform in Sung China*: *Wang An-shih* (1021-1086)*and His New Policies* (Cambridge, Mass.,1968),pp. 34-35。
③ 特别见萧公权:《中国政治思想史》,第4册,460—461页;陶希圣,第4卷,49—53页;汪大华,538—540页;侯外庐,第4卷,上册,470—475页所引文字及讨论。参见狄培理对王奏折的译文,*Sources*,上册,413—421页。

保守派仍将他及其竭力从事的改革看作严重的威胁。国家出现之前的远古时代并非王安石的理想,因为原始状态的人与野兽没有太大的区别。圣人制定了积极的政策以统治约束初民;因此,需要社会制度来使民众开化并将人性由自然状态转变为善性。人性本身无善恶,但是由政府指导的社会习俗能够使人性向善。他热心为变革制度而奋争,不过整治社会的最终目标仍在于道德教化。

内心化的古典的目标与佛教徒的绝对与理想在王安石的头脑中相联结,这既使他具有超越个人伦理问题的意识,又给他专心外在制度的自由。对于汉代儒生来说,经典是道的载体;由此,这些汉代学者形成的自我印象及权威性便是作为经典和传统的维护人或传承者。然而,在佛教的影响下,后世儒者开始把"道"抽象化,远离了它在日常生活和制度中的具体表现。由于人们认为佛法能够独立于佛教经籍而流衍,因此禅宗促成了道从具体事物中分离出来。许多宋代学者以类似于禅宗教化或把握佛法的方式相信道能在人与人或心与心之间传承;而且,即便间隔了数个世纪,其间无人思考圣贤的道理,也仍能直接建立传承的脉络关系。王安石赞成这个观念,不过他比大多数同代人更看重经典中载道的某些特殊文字。他不认为道在这一世界上已消失很久,而是说,道只是被支离了,以片段的方式传承着。他认定恢复道之大全是自己的使命,并声言其五经注解是"新义",开创一个新纪元,能使人们认识到圣人的真义。他为经典中特殊词句所作的注解作为教诲的基本是无可取代的。① 矛盾的是,虽然王安石自视宽厚、聪明、富有同情心,他仍以独断的方式指导社会的制度改

---

① Winston W. Lo(罗文),"Wang An-shih and the Confucian Ideal of 'Inner Sageliness'," *Philosophy East and West* 26.1:41–53(January 1976).

革并将其"新义"定为科举取士的标准。

王安石以其经学为较高真理击退保守主义者基于历史类比论的批评。他激进的社会经济改革计划得自于经典中描述的西周早期制度的理想蓝图，这些理想制度特别体现在《周礼》《尚书》和《诗经》之中，王安石为它们都作了新注。因为能为其变法的原则和计划找出经典中的先例，所以他在"复古"这面旗帜下制订"新法"。复古运动逻辑上是从复兴古文及宋学家普遍要求掌握圣人之道的呼声中衍生出来的。更加特别的是，其经学的权威性为社会政治的整体设计找到了理由，并支持他反对那些对他的整体计划中某些部分的攻击。王安石因为在经典中发现了政治制度的原则，所以能贬低历史作为评价政策的指导作用。这些原则从未在后世的历史中充分展现，因此对有缺陷的历史的研究容易使政策设计者误入歧途。经典所描述的制度之真实性值得怀疑，但它们在中国传统社会中仍有巨大的夸张力量。虽然一直到《孟子》都对经典有过怀疑，但大多数儒者在公开评述中仍旧非常谨慎，并引用经典作为他们论证的权威。1093—1125年间，王安石的追随者执掌朝政，他们对历史研究的敌视颇具战斗性。一位改革者这样敦促皇帝说："使士一意于先王之学而不流于世俗之习，天下幸甚。"①

---

① 《宋会要辑稿》(重印，台北，新文丰出版公司，1976年)，第110册，选举7,4358页；李彦章(活动在12世纪初)的说法也引在 Hartwell, "Historical Analogism", p.691。除了 Hartwell 的文章，见 Michael Dennis Freeman, "Lo-yang and the Opposition to Wang An-shih: The Rise of Confucian Conservatism, 1068 – 1086"(PhD dissertation, Yale University, 1973)第4章对历史与经典的深入讨论。关于早期经典传统中的"创造性的记忆"及孟子对此的自觉，见 Sydney Rosen, "The Sage, the Hsia and the Shang in the Chou Mirror: A Comment on Creative Memory" (paper prepared for the Workshop on Classical Chinese Thought, Harvard University, 2 – 13 August 1976)。开明书店曾经编辑过朱熹关于怀疑辩驳伪书的言论:《朱熹辨伪书语》(重印，台北，1969年)。

在力图实施经典的乌托邦理想中,王安石将法家观念糅进了他的儒家政治思想。儒家的主要政治原则在其思想中明显呈现。民众福利是政府的目标,并且人民才是最高统治者,君主必须聆听他们的声音和抗议。君主的主要职责便是网罗贤臣,将管理的琐屑事务托付给他们;不过,奠定政治道德的主要是君,臣的任务只是忠诚。忠诚要求可靠的管理,但也要求位居高官者能敦促君王牢记儒家原则。王安石的入世精神使他将法家思想加入到儒家原则中,稍前,李觏(1009—1059)也试图用过这种方式。他们两人都希望统治者及政府在涉及人民的社会经济生活时发挥较大的主动性,起到较大的作用。王本人注意到某些同时代人将他和李觏归为一类,但二人之间明确而直接的联系缺乏证据。他实际上在某些重要方面超越了李觏的法家倾向。面对着保守派敌意的批评和阻挠,王安石从韩非子(卒于前 223 年)、申不害(卒于前 337 年)那里吸取了管理技术与方法方面的思想;因此,解决制度问题的技术性知识及管理专长在王安石的思想里起着愈加重要的作用。保守派反对这项改革计划使王安石确信官员的私利削弱了他们对国家利益的忠诚;而且,他们力求劝诱统治者放弃社会正义感。君王需要一些手段来保护自己与国家利益免受大臣的侵害。① 大众的对立也使王安石主张稳步向前,而不顾来自缺乏公益眼光的民众的反对意见。王安石发展了增强的领导权。

道学及其与宋学中其他派别之冲突

形而上学的沉思和抽象的哲学在那些被王安石执政的朝廷

---

① 谢善元,*The Life and Thought of Li Kou*(1009 -1059)(San Francisco, 1979),第七章。

驱逐出去的人们中兴盛起来。大臣失去皇上恩宠或在派系斗争中失败之后通常不得不退出官场,甚至流放多年。在这次斗争中,这一时期长达18年。由于离开了政治生涯,王的反对者因而有时间从事思考和著述,不过却几乎没有机会将他们的思想付诸实践。许多反对派领导者因流放聚集在花园般的城市——洛阳,在这里,学者中盛行着哲学思考,因为他们不会被官场的日常事务扰乱心神。

在洛阳从事形而上学的学者们富有意义地改变了宋学的特质。他们的形而上学在后来湮没了早期学术倾向之后,范围较广、较为客观的宋学发展成了后代意义比较窄的"道学"。习惯上两个术语都在宽和窄的意义上使用,不过必须清楚"宋学"在宽泛意义上是指那个特殊的文化复兴倾向,这些倾向由那些与范仲淹及欧阳修新政相关的学者最先明确地表述出来;"道学"则指那些被认同的主要创始者——程颐、程颢(1032—1085)、周敦颐(1017—1073)和张载(1020—1077)等学者共同关心的伦理学、形而上学和哲学。在此用法中,道学是宋学这一广泛运动中的一个方向,虽然该方面依旧相当广泛。道学主观地指向内心世界和个人道德。与宋学中的其他人相比,道学家认为,每个人包括那些精英在内,都急需进行严格的道德修养。最基本的仍然是道德问题,即:如何使个人合乎道德?这一追问使道学家进入形而上学的沉思,他们思考道体以及个人内在本性的宇宙论基础。先前的宋代学者继承了传统宇宙论发展出的人事与天、地三者间普遍的有机联系。郑侠(1041—1119)在向宋神宗(1068—1085年在位)力争要罢黜王安石时,为这种有机联系的信仰提供了明显范例。如果皇帝罢黜王安石而"十日不雨,即乞斩臣宣德门外,以正欺君之罪。"①郑侠真的是将其头颅悬于一丝,因为大范围旱灾正在流行,那些地区的人民处于饥饿和流离失所之中。二程兄弟使人、地、宇宙的有机联系变得更为抽象并置于形而上学原则(天理)之下。二程的主要贡献就是以理取代天作为儒家哲学的基本概念。

二程两人在理的哲学方面也不完全一致。二者的差异是后来道学内部分歧的前提。他们都认为心与物都以相同的理为形式,这些理内在地固有为善;然而,他们在以何处为焦点来发现理的问题上意见不一。理不是物,而是一物或关系的功能或原因,即在自然秩序中它必须如此行动的原因。程颢认定,只要义还存在,若想使人认识内在于自身的理,不必向外物寻求。程颐同意说,通过内省来把握理是可能的;然而,经验已经证明人们通常只在学会从外界事物中认识到理后才意识到理的存在。理由于缺乏形式,所以很难被认识,而当事物变化时,却有迹象可寻;因此,他论证道,要追寻、探究外界的事物来把握理。② 在强调格物时,程颐倾向于知识或道问学,而其兄却坚守良知作为内在经验和道德行为表现。程颐承认理也能存在于外物暗示了其二元论观点,而程颢却专意内心而成为较为严格的一元论者。在宇宙论方面,程颢非常接近周敦颐和张载。程颐的分殊为12世纪道学的内部分化奠立了基础,这一分化体现为重视内心德性的一元论与相对强调心与物理的二元论之不同。因为程颐认为理与外物互相依存,所以他是那么强烈地重视理以至于几乎很难意识到其思想暗含的二元论。

---

① Freeman,"Lo-yang and the Opposition to Wang An-shih", pp. 104—105. Freeman 将郑侠(Cheng Hsia)误拼为 Ch'eng Hsieh. 也参见刘于健,*Reform in Sung China*,pp. 7—8,95。
② A. C. Graham, *Two Chinese Philosophers: Ch'eng Ming-tao and Ch'eng Yi Ch'uan* (London,1958),尤其是18页,100—101页。友枝龙太郎:《朱子的思想形成》(东京,1969年),尤其是330页。

不过相对说来,他与道学内绝大多数人相比要更客观一点。

道学思想家内部的问题实质上是形而上学的而非政治的。除了在心理与事理间的关系上持不同看法外,他们对道德修养的正确方法及行动前后心的适当状态等问题也意见不一。在政治文化领域,他们一致赞成政府官员作为社会榜样,其内心动机与道德修养具有根本重要性。他们以自己对理的看法来衡量君臣,看看这些人认识并达到了理的哪一层次。对新法态度上的宗派主义使他们与司马光紧紧团结在一起,不过他们基本上也未走到反对王安石的极端。

道学与王安石有一些共同的基本思想。该学派支持复古理念,包括井田制。他们认为,古时的家庭都耕种同等大小的土地。一些人像张载一样想实行"井田",恢复"封建"。二程虽然赞美古代制度,但仍然承认制度必须随时代的变化而变化。他们自己并非要恢复古制,而是强调道或仁政之理。二程所向往的古代更多的与礼、道德原则相关,而不是王安石的政治社会制度。一方面,人们相信伦理学与政治学中的理是永恒的,不随历史的变迁而变化;因此,二程兄弟对后世历史作为政治榜样评价不高。另一方面,二程的理是王安石利用经典进行激进改革在哲学上的障碍。二程从王的强硬领导下退出,要求其采取的手段应和他追求的目的一样合乎道德。人们反对王安石更多的是对他性格与手段的不满,而不是终极目标;对二程来说事实确乎如此。①

---

① 这一说法见 E. A. Kracke, Jr., *Civil Service in Early Sung China*, 960 - 1067 (Cambridge, Mass.,1953),pp. 197 - 198,但也体现了朱熹的判断,朱熹的判断见狄培理,"Reappraisal of Neo-Confucianism", pp. 102 - 103,并有讨论。参见萧公权:《中国政治思想史》,第 4 册,504—506 页;谢康伦,"The Political Thought and Behavior of Chu Hsi" (PhD dissertation, Stanford University,1960),第 2 章。

道学也和王安石一样寻求成圣之道。宋学的第一代讨论的是君子与贤人,而道学则执持圣的理想,认为圣人更引人注目,并且形象更为有力。事实上该派学者在求为圣人方面充满自信,因而他们批评前几十代学者不能坚定地为成圣而奋斗。张载概括了这个观点:"知人而不知天,求为贤人而不求为圣人,此秦汉以来学者大蔽也。"①在二程及其后学看来,他们的独特性在于重新发现了已被隐没许多世代的道。程颐直接宣称他是道的继承者:"窃以圣人之学,不传久矣。臣幸得之于遗经,不自度量,以身任道。"②道学如此着力地追求成圣之道,故被认为特别重视恢复古道,从而有了道学之名。不幸的是,道学一词可以暗示道的传承从儒家经典中脱离出来。虽然相对于经学的文本考证来说,他们更倾向于主观性与形而上学,但是道学创立者仍然尊崇五经。如二程就像"经学家"王安石一样致力经学研究,不过,他们对经典的着眼点与王安石明显不同,这一点非常重要。王安石为三部书——《诗经》《尚书》《周礼》作过注,他认为理解经典不可缺少的入门书是他写的那些阐明经典中特殊字句意义的作品。另外,他尊重《孟子》,不过却排斥《春秋》,认为它不能作为科举考试的内容。在王的兴趣中有一条贯穿的主线就是喜爱积极的政治典范。二程更重视那些后来被朱熹归为《四书》的作品——《论语》《孟子》《中庸》与《大学》。只要仔细研读这四部典籍,儒家的原则就

---

① 《宋史》,卷427,12724页。
② 《二程全书》(四部备要本),伊川部分卷2,28页上,译文见罗文,*Yeh Shih*,14页,注9。我在文章风格上对此译文作了修改。关于新儒学中圣人观念的近期两种研究,见 Rodney Leon Taylor, *The Cultivation of Sagehood as a Religious Goal in Neo-Confucianism, A Study of Selected Writings of kao P'an-lung*,1562—1626(Ann Arbor,1978);and Thomas A. Metzger(墨子刻),*Escape From Predicament: Neo-Confucmnism and China's Evolving Political Culture*(New York,1977)。

能在他内心中清晰呈现,并且还有助于对另外经典的研究。① 在所有经典中,这四部书为二程倾向于内心世界、对内心与宇宙的关系做哲学分析提供了最大的支持。

道学的伦理学与经学倾向是同它的政治批评的技巧"道德训诫"②连在一起的。该传统与《春秋》笔法有关,通过褒贬历史作为鼓励或警告。传统认为孔子作《春秋》,把它作为道德评价的榜样教给后代以区别对错。如同孟子所说的那样,孔子成《春秋》,"乱臣贼子惧。"③程颐喜好《春秋》,使他与司马光的保守派在政治上更为接近。他们认为《春秋》是最主要的经典;而且,程颐在坚持礼节规范应当适合变化的时代这一点上与他们有相同的历史感。道学赋予其他经典的重要性,以及对汉唐帝王作为政治与伦理榜样的低评价,引导道学人物脱离历史类比论而倾向于经学。

程颐还与11世纪宋学内的另一主要派别——以苏氏家族为中心的蜀学之间有哲学上的差异。苏洵和苏轼(东坡,1037—1101)、苏辙(1039—1112)把大部分精力都投在文学和自然主义的生活享受上,他们因文学才华及社会批判赢得了声名。在哲学上,这一家族比宋学的其他学派甚至更为折衷;例如,他们赞同儒、佛、道三教合一。对改革的态度上,他们基本上站在欧阳修渐进思想的一边,三苏是王安石变法的反对者。不过,最终他们也和起初的同盟军——保守派发生了冲突。这些保守主义者在

---

① 朱熹、吕祖谦编:《近思录》(*Reflections on Things at Hand*),陈荣捷译(New York, 1967),101—104 页。
② Hartwell,"Historical Analogism",pp. 690 - 692.
③《孟子》,3 下:9,11;James Legge, trans.,第 2 册,283 页。

1086—1093年间又重掌朝政。① 程颐与苏氏家族就文学的作用及其与道的关系问题意见不合。程颐观察到,在他那时代,"今之学者三……一曰文章之学,二曰训诂之学,三曰儒者之学。欲趋道,舍儒者之学不可"②。按照三苏的看法,纯文学——作为心灵自发的折衷表达——是道德修养的基础,因为儒家原则需要将人们对它的理解通过艺术与文学自发表达出来。道本质上存在于人的情感中,所以一个人必须在审美上把握道并运用文学使礼有效地改变人的行为。如此明目张胆地忽视绝对之理使程颐颇为震惊,他指斥三苏生活放荡,其文学想象本来就是对道的破坏。反过来,苏轼也指责程颐,认为他过于抽象并脱离实际。苏轼还说,总的来看,道学家们都在讨论空洞的形而上学与追求古代圣人理想中虚掷光阴,他们的不切实际与其进攻性人格正相契合:"自诩太高而措意太广,太高则无用,太广则无功。"③

霸的概念能为我们概括并描述宋学内部各种倾向提供一条路径。与孟荀时代的流行意见相比,在宋代,霸的象征更与武力相连;但此象征仍向宋代儒者呈现出一种事功伦理,并且对霸的态度表明他们对现实动机与最终结果两极的不同看法。

---

① Hatch,"Thought of Su Hsün", and his extensive biographies of these three members of the Su family in *Sung Biographies*; Lin Yutang, *The Gay Genius*: *The Life and Times of Su Tungpo* (New York,1947);萧公权:《中国政治思想史》,第4册,484—493页;刘子健,*Reform in Sung China*,pp. 6 - 9,60 - 69。
② 转引自罗文,"Wang An-Shih",451页。我修改了译文。
③ 转引自萧公权:《中国政治思想史》,第4册,491页。见 Hatch 的讨论,"Thought of Su Hsün",pp. 149 - 150;该书第7章说明了苏洵是如何发展出与程颐、朱熹矛盾的关于道的历史观的。关于朱熹对苏轼的严厉批评,见《宋元学案》,卷99,1858—1862页。程颐与苏轼之间的人身攻击产生于两者关于礼的冲突,见 Lin Yutang, *Gay Genius*,pp. 262 - 263。《李觏集》(北京,1981年),512页。也转引自夏君虞,63页。参见汪大华,518—521页;萧公权:《中国政治思想史》,第4册,452—454页;钱穆:《宋明理学概述》,第1册,12—14页。

李觏认为,孟子是贬低霸及治术的现实取向的罪魁祸首。孟子对道德教化的激情歪曲了明显存于孔子思想中对现实事务的积极态度。虽然孟子与其他许多儒者在谈到霸时都很窘迫,但事实上霸却在《春秋》《诗经》和《论语》中得到肯定,这意味着孔子赞成对霸取积极的看法。孟子视霸为王的罪人,但因为孟子鼓励僭越王位,他应当承担更大的罪过:"五霸率诸侯事天子,孟子劝诸侯为天子。"李觏坚持认为,王、霸的真正区别在于统治者的身份或地位,而与政治道德之质的差别无关。霸作为与封建领主相关的术语,不能用来指称帝王或皇帝。身份的差别意味着责任的不同:王要使国家安定,而霸却要恭敬地拥护中央权威。荀子的错误在于以道德粹、驳的差别为基础来区分王、霸。按照习惯将动机不合儒家道德的王称为霸道实践者,将动机合乎儒家道德的霸当作王道奉行者都是错误的。三代之王具有纯粹道德,而汉唐君王却有不纯的动机。因此,王道并不仅仅限于仁义。李觏超越了荀子对霸的道德性的矛盾看法,提倡独立于动机伦理限制的社会结果取向。

王安石持功利主义态度,但其在接受霸作为肯定的、功利主义象征的思想时却很犹豫。他在早期文章中,并不坚持李觏所追求的那种独立性;而且,就霸的象征来说,他多少显出了比荀子更加矛盾的观点。由于认识到孟子对动机伦理的关切,他忽视李觏在王霸的身份、作用问题上的制度取向。王安石按照动机及倾向性来区分王、霸:王代表对道德自身的关注;霸象征对善的权宜利用。王遵循儒家的道德价值,因为王做的事都为了仁义;与此相反,霸思考这些价值之功利,并假借仁义以增强其统治的合法性。霸诉诸权宜及强制措施,使人民相信现实统治者给他们带来好处。王安石将礼与利对立起来,声称追逐利益是道德标准下降的结果。1068年后他的财政改革在政治上招致反对时,他便通过将理财与礼甚或义放在同等位置上来调和礼与利的矛盾。"政事所以理财,理财乃所谓义也。"①现在他认定国家与民众雄厚的经济状况是王道之治的必要条件。

在霸的问题上,司马光大体吸纳了李觏的客观主义取向,未受到孟子特殊关注点的影响,而这却使王安石走向分析动机的道路。司马光和李觏一样热衷于增强皇权以应付唐后期权力分散的局面;而且,他强调尊崇皇帝地位,这一点影响到对霸的讨论。他从朝廷政治与帝国权力的中心出发,将霸定义为那些尊重王令的人;因此,他否认存在两种政体。王一统天下,而霸仅是官员中的一个阶别。孟荀开创的根据治道之不同以区分王霸的传统建立在一个错误的前提上,即,王毫无例外地合乎道德。在讨论这一问题时,司马光写道:"仁者所以治国家而服诸侯也,皇帝王霸皆用之。"②如果谁有兴致去区分王霸的话,就应当比较他们的功业,评判二者在政体中的地位。为了纠正学者造成的误解,王霸之称应当符合他们在历史上实际的地位与功业。总的说来,历史类比论促使司马光注意那些较近朝代的历史并批评关于霸的传统争辩。晚年,他喜好友人邵雍(1011—1077)之道家宇宙论,并且,对道家思想的吸纳更使他敌视王安石变法。

邵雍霸的宇宙论解释指责王安石独断的领导权和司马光从

---

① 王安石:《王文公文集》(北京,1974年),卷8,97页,杨向奎书309页所引。王论王、霸的著名文章在《王文公文集》,卷28,326—327页;《临川先生文集》(四部丛刊本,上海,1929年),卷67,6页上—7页下;以及《宋元学案》,卷98,1832页。关于讨论王与李的关系,见谢善元,Li Kou, pp. 159-204。
② 《宋元学案》,卷7,164页;萧公权:《中国政治思想史》,第4册,483页也引了这段文字,"仁"此处读作"仁与义"。关于对司马光论八卦与宇宙论的讨论,见黄公伟,第16章。

中寻求典范的近世君王。邵雍同意司马光将统治者分为四类,但他在政体的制度评价中糅合了对动机的道德评判。按他的框架,三皇理想是一个自然系统,其中治者依于道而民自化,皇无为故民自富而静,与自然相谐。在这个道家理想阶段后,天下堕落至儒家五帝理想。帝以道德来教化人民,帝仁慈忠信,所以他建立了先人后己的谦让原则。随后是墨家的三王理想。墨氏三王以其正义与正直而知名,通过外在功业来劝化民众。此后,世界进一步沦落至霸的层次。在法家时代,五霸以力率民,故尚争。他们假借仁义之名以掩饰与民争利,但虚名只能掩盖其计谋与武力。自此而下,便只有夷狄与野兽。皇和帝时代已不可恢复,而汉唐之盛也只是"王而不足"[①]。尽管邵雍与司马光一样有历史变迁的意识,但他仍然持宿命论与悲观思想,故而只能提出消极的批判哲学。

在哲学视域内,程颢的主观主义取向与司马光对霸作的制度性界定相比,代表了远离司马光的另一顶端。程颢按照动机区分王霸。他提出人的意图是关键性因素,故将注意力集中于行为与道德评判的动机根源。对他来说,道德意图是所有外在的或制度考虑的基础,因为他认为,人一旦坚定了道德意愿,一切都会迎刃而解。他嘲笑那些以霸心追求王治者,因为王治只有具备真正道德的人才能达到。如此乐观地对待王范的现实可行性使他进一步走向孟子。虽然程颢基本上重述了孟子的观点,但他仍然通过及时提出问题并将汉唐君主纳入霸的讨论而使区分更为显明。他将王道与理这一全新概念联系起来,给传统象征提供了比较坚

[①] Julia Ching(秦家懿),"Neo-Confucian Utopian Theories and Political Ethics",*Monumenta Serica* 30:12-14(1972-1973);萧公权:《中国政治思想史》,第4册,493—498页;《宋元学案》,卷9,211页。朱熹反对这种在王道中加入许多层次的做法,见他对王通的批评:《朱文公文集》,卷36:27页下。

实的哲学基础。^① 他与邵雍一样,消极地看待汉唐君主与霸的关系;然而,其孟学倾向使他对恢复三代王道理想充满信心。

道学群体因恢复王道的乐观态度与王安石一起遭到四川苏家的讥刺。苏家将王安石与道学领袖归为一类,认为他们是不切实际的复古主义者。苏氏把任何王道或三代组织原则的讨论化约为简单的复兴古制的口号。他们不但忽视制度本身与它背后原则之间的区别,还不顾王安石与二程在维护何种三代原则方面的分歧。这种简单化适合他们批判任一乌托邦的变革计划,因为它很容易揭露复兴古制观念的缺陷。三苏提出了一系列相关思想。首先,古圣为适应当时风俗而用其权。第二,当世的风俗变化了,故圣人之制既不能运作也不能治疗当代弊病。第三,当代弊病并非存于制度,而在于立制之人。他们得出顽固的保守结论:制度无须改变;并且,由于财富不均是自然形成的,所以基于古代平均理念的乌托邦设计阻挠了自然进程。^② 苏氏描述的复古议论在针对王安石、二程而发时显得可笑,但用于批判一些道学理想派,如张载、胡宏的思想时却很合适。

胡宏(1105—1155)所代表的道学思想家,像张载一样期望恢复"封建"与"井田"。胡宏以坚定的姿态宣称,如果田地不均,就会失去古圣建立的制度基础;因此,具有仁厚之心和儒家道德的统治者对于善政来说并不充分,他认为封建与井田制是区分王霸的基础:

> 故封建也者,帝王所以顺天理、承人心、公天下之大端大

---

① 《二程全书》,卷2,1页上—下。狄培理,"A Plan for the Prince"(PhD dissertation, Columbia University, 1953), pp. 76-78。朱熹称赞程颢是弄清王、霸之别的第一人,此种说法见江永《近思录集注》(四部备要本),卷8,1页下所引。陈亮也注意到二程在著作中增强了区别的重要性;陈亮,20:6下,281页。
② 陶希圣,第4册,74—77页;萧公权:《中国政治思想史》,第4册,491—492页。

第一章 儒学两极化及其在宋代思想中之演进

本也。不封建也者,霸世暴主所以纵人欲、悖大道、私一身之大孽大贼也。①

因此,胡宏不仅认为霸与自私相连,而且将其当作"私一身之大孽大贼"和"霸世暴主"。

从残暴独断之武力来识别霸的象征代表了一股不断增强的趋势,尤其是道学内部,在界定霸时,视武力与动机同等重要。然而,在宋代就是否接受功利政治的霸的象征就有多种截然不同的看法。在意见的一端,李觏支持社会倾向的伦理独立于动机伦理。在另一端,许多道学人物提出了比早期儒家更加绝对、否定的看法。霸越来越被等同于残暴专断之武力,其涵义随帝国历史的延展而深化。在此过程中,对许多宋代学者来说,周代霸者就是"暴君"的象征。

霸的功利政治与武力不断增强的联系伴随着政治与战争对学术议论的冲击。政治家逐渐形成宗派。范仲淹的新政产生了一些重要派别及欧阳修的著名文章《朋党论》;不过,朋党在反对王安石新法的斗争中确实起着主要作用。到11世纪70年代初,王安石成功地将反对派挤出朝廷;而且,他整顿科举,只录取那些精熟其经注与政治观点的士子。在洛阳放逐者与王安石的反对者中间,司马光巧妙地形成一个保守主义联盟,其中既包括范仲淹这样的新政领袖,又包括其反对派。由于通过司马光的私交得以维系,所以这一保守主义联盟的存在并不比他活得更长。王的反对者因于元祐时期(1086—1093)在朝廷掌权,故以元祐党人的

---

① 萧公权:《中国政治思想史》,第4册,503—504页。参见朱熹、吕祖谦:《近思录》,216—217,234—237页;秦家懿,"Utopian Theories",10—11页;狄培理,"Plan for the Prince",78—79页;《宋元学案》,卷18,433—434页;卷42,783页。

称呼而知名。就是短短的时间也给了元祐保守派充分的机会摧毁自己的脆弱联合,他们互相敌视,互相攻讦,如程颐与苏轼及其追随者之间发生的争论。不过联盟作为一个联合体仍足以推翻王的变革并施加压力将其同党扫出政权之外。

朋党政治在王的同党重掌政权后升级为文字狱。1093年,支持保守主义者的皇太后一死,皇帝就转向改革者一边。复辟后的变法群体,主要由蔡京(1047—1126)领导,从1093到1125年几乎无可争辩地控制朝廷30多年。他们仍然继续着王安石对国家财政与税收的关注,却对其变革社会的理想目标熟视无睹。他们甚至比王安石更为强硬,专断地压制批评者与反对者。政治迫害包括一场波及面很广的文字狱,它使人们很难读到反对派领袖的著作,从而进一步抑制了11世纪的文化复兴精神。[1]

伴随着文字狱的兴起,金人入侵中原的创伤为道学传播造成了有益的气候。一方面,尽管二程亦被纳入文字控制之下,但由于他们相对来说比较暧昧,离政治较远,所以焦点不在二程。文字狱的主要压力全落到了司马光与三苏的追随者身上。另一方面,因为改革派在1126年前60年中掌握朝政达50年,金人入侵使其意识形态遭到怀疑;不过,他们的一些见解却仍在哺育着道学的成长。不管王安石与二程有多少分歧,他们仍共同关心道德修养、宇宙论,而且一致反对历史类推论的思想。[2] 外族入侵占

---

[1] 罗文,Yeh Shih,第1章。参见 Hartwell,"Historical Analogism",及刘子健,Reform in Sung China,刘先生现在比 postreform 一词更喜欢用 restored reform。
[2] 罗文,Yeh Shih,28—35页,及其"Wang An-shih",41—53页。钱穆也强调了王安石思想中与道学运动关联的因素(如他对人性讨论的贡献);《宋明理学概述》,第1册,14—18页。但容易夸大这个共同的基础。王安石更为倾向于客观的政治社会结构,而且他对道德修养与宇宙论的关注不如程颐来得深切。虽然二人都向往成圣,但程颐强调读书作为入圣之路,不过王安石似乎相信自己有菩萨的慈悲之心,这使他自由地将精力投入到实际问题之中。

领中原对宋代学者来说意味着中国的某些根本性的做法是错误的。正如胡宏的评论,"中原无中原之道,然后夷狄入中原也;中原复行中原之道,则夷狄归其地矣"①。金人割断朝廷命脉引起了学者的恐慌并使他们转向内心寻求原因。他们震惊于所发生的一切,得出结论说,人人都需接受更多的社会教育和道德修养——这是道学融合上升的保守主义精神后的主观主义的主题。

南宋:从宽容到对立

朱熹思想之发展显示了12世纪思想从分散到最后四分之一世纪间界限分明的演进轨迹。朱熹生于1130年,此时距高宗宋廷南渡已有3年。父亲朱松(1097—1143)因抗议主宰朝廷的议和派罢官在家;朱松在1143年去世前,花费3年心血教育这位幼子。朱松曾师从二程弟子杨时(1053—1135),故其能将家学传于幼子。另外,朱松尤喜司马光之学及古文,在临死前他安排了3位朋友以继续朱熹的教育,并嘱告其子要像对待父亲一样侍读于三师前。②

父亲死后,朱熹转向佛道二教。除扩大他对二程及司马光学问的了解外,他的新老师还鼓励他对佛道二教的兴趣,尤其是刘子翚(1101—1147)沉湎于禅宗的静思一派。朱熹虽然被大慧

---

① 转引自谢康伦,"Chu Hsi's Political Thought",*Journal of Chinese Philosophy* 5.2:127(1978年6月)。
② 赵效宣:《朱子家学与师承》,《新亚学报》9.1:223—234(1969年6月)。我对朱熹发展的理解得到了标准传记资料的补充,它们包括《宋史》卷429,12751—12770页;王懋竑:《朱子年谱》(台北,1966年);及谢康伦,"The Political Thought and Behavior of Chu Hsi",超过了 J. Percy Bruce 概述性传记 *Chu Hsi and His Masters* (London,1923)。

(1089—1163)禅学吸引,但因缺乏政治经验而不能理解大慧通过日常行为和心印公案(一个抽象的陈述或回答以震动提问者使其独自发现真理)使人开化的生动教诲。朱熹年轻时的诗作显出其佛教倾向。如,一首约作于23岁(年龄在英文书中按西方的方式计算,而中文版改取中国的岁)的诗就混杂了佛教与道教的意象。

> 端居独无事,
> 聊披释氏书。
> 暂释尘累牵,
> 超然与道俱。
> 门掩竹林幽,
> 禽鸣山雨余。
> 了此无为法,
> 身心同晏如。①

朱熹越来越致力于二程的学术。父亲死后的十年间,他虽然泛览佛老,也继续研读儒家经典及道学著作。他开始对三位老师产生不满,便数次拜访李侗(1093—1163)。朱松曾称赞李侗是二程思想的忠实追随者;因此,朱熹便向他请教。朱熹以年轻人的热情大谈自己的观点,包括泛览佛老的情况。这位年长学者多少有点专断地斥责他空有那么深厚的哲学知识却只抓住儒学现实真理之皮毛。通过几年的刻苦研读,李侗使其认识到儒学的独特性并引导他在29岁时最终投身儒学。到李侗去世的那一年,朱

---

① 朱熹:《朱文公文集》,卷1:8页下;译文见友枝龙太郎,"The Characteristics of Chu Hsi's Thought", *Acta Asiatica* 21:53(1971年),译文经我修改。关于大慧,见 Miriam L. Levering, "Ch'an Enlightenment for the Layman: Ta-hui and the New Religious Culture of the Sung"(PhD dissertation, Harvard University, 1978)。

熹已经接受二程注疏为《论语》的权威解释。5年后他完成《二程遗书》的编辑。1168年39岁时,他宣称二程学说是孔孟失传之教。虽然直到60多岁他仍继续研究,并调整自己的观点,但其基本倾向在41岁时已臻成熟。①

年轻时朱熹受到不同老师与方法的影响,这使他长于综合。没有一位老师能占据其教育的主体,这鼓励了他的创造性与折衷主义。父亲虽然在其早期教育中起到关键作用,但朱熹仅14岁他就去世了。4年后,刘子翚死;于是,朱熹很快又失去一位对其有最大影响、既父且师的人物。李侗影响朱熹的思想达10年之久,而在朱熹35岁时李又过世。虽然其问学李侗使被朱松开启的学术方向得以完成,并成为他与二程之间的重要联系,但他的老师们向他展示的思想远远超出了二程哲学。除了佛道外,一些老师与朱松都敬重像司马光那样的学者,多样性地映照出时代的学术氛围,而朱熹却发展出一套更独立更明确的思想系统。

朱熹一系列《论语》《孟子》注释显示了其思想逐渐成熟与独立意识发展之轨迹。34岁时,朱熹著《论语要义》,集中了一批当代及早期的注释。后来,43岁时又著《论孟精义》,在书中他通过

---

① 牟宗三:《心体与性体》(台北,1969年),第3册,71—228页,尤其是130—154页;王懋竑,23—27页,35—42页;友枝龙太郎:《朱子の思想形成》,尤其是18—20页;David Gedalecia, "Excursion into Substance and Function: The Development of the *t'i-yung* Paradigm in Chu Hsi", *Philosophy East and West* 24.4:443-451(1974年10月);陈荣捷,"Patterns for Neo-Confucianism: Why Chu Hsi Differed from Ch'eng I", *Journal of Chinese Philosophy* 5.2:103-105(1978年6月);林顺夫(Lin Shuen-fu), *The Transformation of the Chinese Lyrical Tradition: Chang K'uei and Southern Sung Tz'u Poetry* (Princeton,1978),44-48页要求注意1190年朱熹的一段文字,其中朱熹声称只是那一年里他才逐渐地懂得圣人之教。钱穆的《朱子新学案》以《朱子语类》为中心,《朱子语类》有助于讨论朱熹大多数的成熟观点,因为该书绝大多数的文字出自朱熹一生的最后十多年。在第六章我们将讨论朱熹是如何改变对两个问题的看法的:抗金和正统观。

二程门人的著作来理解二程的经典解释。48岁时完成《论孟集注或问》,该书否定了二程门人的多数思想。因此,从12世纪70年代后期开始,他抛出自己的观点并以批评的姿态纠正道学传统内其他错误的思想。在后来的经典注释中,他将二程与其他注家放在一起,并比以前更加独立地处理经典。① 其注释熔宋学客观的文献取向和道学主观的哲学诠释于一炉。

朱熹对道学思想创造性的系统化解决了形而上学问题以重新关注更直接的道德问题。他虽然吸纳了中国文化中几乎所有领域的不同因素,但其最重要的两个哲学创见在文化价值层面上强调了这一转向。其一,他将周敦颐的太极概念与二程对理的讨论联系起来,为一多关系提出合乎逻辑的解释。按照这一解释,太极既是一理,又是万物中所有理之总和;而且,因为太极是理,所以物物皆有太极。简单地说,天地是大宇宙,而个体则是小宇宙。其二,他把一多思想和体用概念联系起来。在这一关联中,他找到了理及其表现之间的平衡,以此矫正他所认为的二程过分抽象的理观念。如,性作为体或内在之理不能与作为用或理之表现的情分开。他坚持认为,关键在于使心的活动合乎理的要求从而调节控制情的发生;这样他拔高了心的作用,将注意力投向道德修养这一难题。心作为能动因素履行道德义务,而理与性却是被动的。② 由于心必须应事接物并穷格事物之理,所以朱熹多少比早期道学大师们更加客观一些。他通过强调心的能动作用,使

---

① 钱穆:《朱子新学案》,第1册,109—112页;第4册各处。
② 见 *Journal of Chinese Philosophy* 5.2(1978年6月)中的下列文章:陈荣捷,"Patterns for Neo-Confucianism";刘述先,"The Function of the Mind in Chu Hsi's Philosophy";黄秀玑,"Chu Hsi's Ethical Rationalism",参见 Gedalecia, pp. 443-451。

道学多少远离了抽象的体或理的形而上学的讨论,转而探讨儒家伦理价值的作用与修养。例如,他精心推敲程颐为张载《西铭》作的评述,将形而上学的沉思拉回来强调支撑家庭社会关系的伦理价值。① 虽然他的思想是折衷的,但当他的思想系统愈加明确时,他愈加批判那些越出其哲学可容范围的各种倾向。

朱熹批评二程门人表明他的新方法与那个世纪早期纷杂的趋向之间存在着距离。首先,他指出了关于仁的两个极端的错误:或者将仁看作对他人苦难的自觉,或将仁化约为与万物同体。他批评持此观点的学者过分着迷于仁的形而上学本体而看不见它在道德实践中的作用。其次,他谴责那些学者将道与人类事务分离或将道贬低为存在于万物之中包括卑贱之物中。第三,他强烈反对前人对格物的解释。二程门人陷入两个错误之一。追随二程的主观主义一派较为强调心的领域,因此,这一派主张修养内在道德义理,以失去每日不断地穷格外物为代价。客观主义一派更加倾向详尽零碎地穷格事物,或不能充分了解大全,或不能完全懂得蕴于自身或事物中所有不同的理。② 简而言之,按照朱熹在 12 世纪后期的标准,早期的二程后学不能在儒学两极间保持适当的平衡。

朱熹自觉维护儒学之道,反对在 12 世纪后 25 年中两种主要的偏离道的思想:

> 江西之学只是禅,浙学却专是功利。禅学后来学者摸索

---

① Dennis Leventhal,"Treading the Path from Yang Shih to Chu Hsi: A Question of Transmission in Sung Neo-Confucianism," *Bulletin of Sung Yüan Studies* 14:50 - 67(1978).
② 陈荣捷,"Patterns for Neo-Confucianism",118—119 页。钱穆:《朱子新学案》,第 1 册,129—133 页;第 2 册,523—528 页;第 3 册,160—292 页。

一上,无可摸索,自会转去。若功利,则学者习之,便可见效,此意甚可忧!①

朱熹认为,在他的时代,文化与学术之堕落起因于两派思想:陆九渊的江西学派,以"顿悟"为鹄的;浙江陈亮的永康学派,目标在于"事功"。朱熹告诫学生说:"若不极力争辩,此道无由得明。"②

陆九渊江西之学是道学内主观主义倾向发展的极点。朱熹批评12世纪道学中的一些学者流于禅学,就是指责他们谈论神秘的抽象观念以及将道德修养化约为主观心灵状态极易达到的一种光景。张栻(1133—1180)死前,虽然朱熹与主观论一派之间产生了分歧,但他们仍然保持密切的关系。尽管12年前朱熹就反对过张栻对心和道德修养的理解,他还是非常敬重张栻,张栻一直是朱熹两个最亲密朋友之一。(与张栻决裂既表明朱熹与程颐学说更加一致,又反映出朱熹对小程的超越。一方面,他承认诚敬是道德修养的基础;另一方面,程颐认为心即已发之情,性是未发时内心的宁静状态,朱熹却认为这两种状态都属于心。心统包性情、摄贯动静。随后他调整宇宙观以符合其对心之功能的新解释。)③张死后,门人未把其学说继续发展,所以其学派消散了。④ 随着张栻退出舞台,陆九渊作为朱熹的主要反对者而有较

---

① 朱熹:《朱子语类》(传经堂本,1876年),卷123,9页上;或台北:正中书局,1970年,4751页;下面的引文以123:9上,4751页的形式标出。因为记录者未注有记录的时间,所以没有确切的日期,但是这一段文字是跟着许多对陈亮的论述而来的。
② 王懋竑,134页。这个说法是朱熹对其弟子所作的评论之一,我没有在《朱子语类》中找到引文的具体页码;尽管语言多少有点较为强硬,但是表达出了他对这两个学派的评论。
③ 友枝龙太郎:《朱子的思想形成》,38—101页;《增补宋元学案》,卷48,7页下—10页上;牟宗三:《心体与性体》,第3册,71—228页;钱穆:《朱子新学案》,第2册,123—182页。
④ 吴康:《南宋湘学与浙学》,《学术季刊》4.2:2(1955年12月);《宋元学案》,卷50,906—910页,928—931页。

大声名。他反对朱熹对心和道德修养的看法。从1175年起,朱陆之争导致道学逐渐一分为二,一方是传统所称的朱熹理学,另一方则是因王阳明(1472—1529)哲学而更加知名的陆氏心学。数个世纪以来直到今天,对朱熹的研究大多集中于朱陆两派的分歧,而不太注意朱熹与12世纪陈亮为主要代表的浙江儒学之冲突。

12世纪80年代陈亮挑战朱熹前的浙江道学

浙江之学从广义的道学运动中产生,其学术根源开始于11世纪后25年间温州永嘉周行己(1091年进士)与当地另外8位文士北上问学早期的道学大师,特别是程颐。12世纪40与50年代,秦桧(1090—1155)以其宰相地位企图压制学者对程氏学术的兴趣,当此黑暗之际,周的一个弟子郑伯熊力主程颐哲学。郑伯熊因反对秦桧求和政策而失官,此后便在永嘉教授二程学术并鼓励对二程的尊敬。他虽然回避形而上学的讨论而致力于制度与治术研究,但是仍然承认程颐为其精神导师,而且从事道德修养的实践。那一代永嘉学术的其他领袖人物如郑伯英(1130—1192)、薛季宣(1134—1173),对道学的伦理思想与郑伯熊的总的倾向一致。① 他们尽管对历史研究与治术皆有兴趣,然而却未能一直努力将这些倾向发展成一套体系以与道学抗衡。浙江学术的领导者体现并自觉提倡后来朱熹所批评的"回互底心意"②。

---

① 《宋元学案》,卷32,649—650页;吴春山,119—124页;何格恩:《陈亮之思想》,1444页,1454页,注27直到1456页,注44。
② 朱熹:《朱子语类》,122:9下—10上,4734页。此文收入《朱文公政训》(上海,1936年)1:4下,具体指出他要指的学者的"浙中"二字,被删掉。

吕祖谦是12世纪70年代浙江学派的领袖,他最好地体现了这种宽容姿态。他向其他观点的开放正是基于对自身不确定的自觉。在一封致朋友的信中,他写道:"善未易明,理未易察。"①在另一处,他说:"人各有偏处,就自己偏处,寻源流下工夫。"②吕祖谦少时非常任性,后读《论语》至"躬自厚而薄责于人"有省,遂终身无暴怒。他以其相容、可爱的性格得到大家的尊敬。朱熹曾遣其子师从这位好友,并赞扬他的道德成就,"真可谓有意乎温柔敦厚之教矣。"③吕祖谦的性格促成了他在具有许多共同点的背景下与朱熹及其他学者热诚讨论。他自觉沟通不同思想间的隔阂。他在推进学术认同的努力中,最引人注目的一次便是安排了朱熹与陆九渊著名的鹅湖之会。④

按照《宋史·吕祖谦传》的说法,他主要继承了二程与张载的哲学。与早期道学大师的一些联系是通过他的老师产生的。他和朱熹都曾问学于汪应辰(1119—1176),汪是一位属于从二程到杨时道南一派的学者。吕祖谦较早就跟从胡宪(1086—1162)致力于经典研究。胡宪综合了二程教义与他伯父胡安国(1074—1138)的家传之学。胡安国从最喜爱的《春秋》中发掘出道德教诲与爱国主义特征。《宋元学案》通过描述吕祖谦的叔祖父吕本中(1084—1145)和通过永嘉学派与张载有渊源的学者,将吕列为张载的第四代弟子。但是二程却被认为对吕祖谦更为重要。吕本中跟随杨时研习程颐哲学;而且,吕本中的高弟林之奇(1112—

---

① 《宋元学案》,卷51,944页。
② 转引自吴春山,151页。类似段落见《宋元学案》,卷51,943页。
③ 《朱文公文集》,卷76:6页下;也参见《论语》15:14;《宋元学案》,卷51,936,937页。
④ 关于英语的叙述,见秦家懿,"The Goose Lake Monastery Debate(1175)", *Journal of Chinese Philosophy* 1.2:161-178(1974年3月)。

1176)也是吕祖谦的主要老师。某些学者将吕祖谦的思想看作道学两派——二程洛学与张载关学的综合。①

这些道学的源泉渗透进吕祖谦的著作与思想中。其学说的最佳范例就是因书名而通常为人所知的《东莱博议》,该书为诸生课试所作,据他在太学的讲义写成。在这本颇有争议的书中,他对《左传》记载的古代历史作了严格精细的分析以寻求其中的基本教训和原则。他作为教育家的名声一部分来源于他为那些希望就读于其学院的学生订立的教规。规范人们之间日常行为及家庭礼仪的儒家伦理成了学院中的行为准则。只有那些服膺儒家伦理实践的学生才能就学,并且,如果谁违背了这些道德要求,他就必须弥补其过错,或者离开学校。如果他松懈了学习与道德践履,也必须自我坦白并受到同学的共同指责。吕的教学方法强调现实的道德培养,故而谴责那种让孩子们没完没了背诵的做法,主张用少量时间的记诵就能在生活实践的大部分时间中起到作用。数年后朱熹的《白鹿洞书院学规》无疑从其教规中吸取了灵感。②

吕氏家学为其道学思想增加了另外内容。吕家因从政为学的记录而自豪,其中三人曾任北宋四朝宰相;而且,《宋元学案》著录吕家7代共17位学者。也许正是吕氏家学使得吕祖谦未能列入《宋史·道学列传》,因为家学引出了关于吕祖谦是否纯属道学

---

① 《宋史》,卷434,12874页;姚荣松:《吕祖谦》,见王寿南主编的《中国历代思想家》(台北,1978),第29册,3213—3287页。我引用姚荣松文章里的页码,这样,相关的页码就是12—16页。《宋元学案》,卷51,933—937页。
② 姚荣松,31—34页,41—46页。《宋元学案》,卷51,939页,943—944页。《东莱博议》的正式名称为《东莱先生左氏博议》,见 A Sung Bibliography,38—39页。后代儒者美化古代孩童教育却并未具体指出其经典来源的另一个例子是王阳明,见《传习录》,陈荣捷译,Instructions for Practical Living(New York,1963),82—86页。

之问题。吕氏家族的学术以"中原文献"而知名,他家因金人入侵而带至南方的藏书的重要性众所周知。《宋元学案》证明了这批藏书在1165—1189年间对学术圈分化所起的作用。

> 朱学以格物致知,陆学以明心,吕学则兼取其长,而复以中原文献之统润色之。门庭径路虽别,要其归宿于圣人,则一也。①

吕祖谦兼采朱熹道问学的途径与陆九渊尊德性的孟学方法,不过家学渊源还为他打开了一条更为宽广的路。首先,因为吕家传统在朝廷著述、为官,所以他比朱熹、陆九渊更热心现实的政治事务,而且出生于北宋保守派的一个名门望族。其次,家传文献之学提高了他对像三苏那样有文学天才的人的欣赏。因为苏家所持的"道"的观点及其与程颐的冲突,朱熹对吕推崇苏氏感到沮丧和不悦。孝宗知道吕祖谦在政治与文献上极富学识,委派他编辑北宋士大夫最优秀的著作。② 第三,家学还激起了吕祖谦对历史研究的爱好。

在史学方面,吕祖谦确实出类拔萃。他不再追随视《左传》为《春秋》注解的传统看法,而将其当作独立的作品并为它著了3本书。通过使《左传》成为中心,他打破经学的限制将它转为历史研究的资料。《左传》在吕祖谦手里便成了研究历代盛衰的历史资源,以从中寻求治国之道。按照他的观点,五经给出了三代制度

---

① 《宋元学案》,卷51,936—937页,参见姚荣松的讨论,3—4页,11—15页。关于吕被分出的一个比较重要的可能原因是吕死后朱熹与浙江思想家之间的冲突,但这个主题将会在第六章中加以探讨。
② 这部书叫《宋文鉴》,见 Sung Bibliography,439—440页。关于朱熹对吕祖谦站在苏家立场的批评,见《宋元学案》,卷51,949—950页;何格恩,《陈亮之思想》,1444页和注22。

第一章 儒学两极化及其在宋代思想中之演进

的典范,而《左传》又进一步给予历史性的描述。他注意到一些史料的细节,利用它们合成一幅重大制度的画面。例如,他统计周朝将领的名字,得出这样的观点:西周六师至公元前8世纪春秋初年已被缩减。吕所著《大事记》继续评论从春秋末年(约公元前5世纪初)到公元前1世纪初年的制度与事件。吕祖谦45岁就过世,使他无法将该项研究延续到宋代,以取代司马光的《资治通鉴》。吕的《大事记》强调历史选择的原则,他不满于司马光以编纂史料的方法论问题为中心。①

吕祖谦的历史研究类似司马光历史类比论。一方面,他的制度史研究着力于寻求盛衰原因以指导当前的政策制定,直接走历史类比论一路。他也将制度放入一个发展的框架内,指出制度的适应性与时间性以适合当代之运用。在北宋主张历史类比论的情况下,变迁以及制度演进容易被转化——在实际的生活中——为赞成对一代开国者订立的制度只作较小调整的做法,而攻击作较大变革的理想设计。臧否《春秋》人物的道德说教所起的作用次于现实地讥评历史以指导当前政策的作用。另一方面,他因为感到三代传统仅延续到西汉,所以其历史研究较少涉及东汉与唐代历史。而且,他还将道学内强调历史人物动机的思想引入根据当时的制度框架评判人们行为的类比论倾向中。②

吕祖谦对霸的象征与功利的立场反映出他复合的倾向。霸的解释类似于李觏、司马光的制度取向。他意识到历史之演变,

---

① 姚荣松,24—35页,40页;罗文,*Yeh Shih*,45—46页;*Sung Bibliography*,174页。Herrlee G. Creel, *The Origins of Statecraft in China* (Chicago,1970),305—310页引用了青铜器铭文来确证除了传统上归功于西周的六师外的八师的存在。
② 《宋元学案》,卷51,940页;姚荣松,23—40页。在 *Sung Biographies* 747页中,秦家懿注意到吕的史学著作——除了关于《左传》的三本书与《大事纪》——填补了东汉与唐的缺口。

故能区分霸的典范与方式。第一位霸主齐桓公奠定霸的典范,是一位忠耿之臣,他联合诸侯,抗击蛮夷。如此行为体现了《春秋》尊王攘夷的中心主题。宋朝危机使这些对恢复的倡导者——收复赵宋因金人入侵而丧失的中原统治权——来说尤为关键。吕祖谦对霸的文化评价中,夷夏之别是文化习俗的不同而非血统之差异:"中国之所以为中国,以其有三纲,夷狄之所以为夷狄,只缘无三纲。"①如果汉人违背礼义,就会成为夷狄;同样,他抛弃种族决定论意味着如果夷狄服膺儒家礼教,夷狄便因此而汉化。霸的贡献在于保卫中原之邦,并将秦楚这些野蛮国家纳入文明秩序。不幸的是,霸陷入了篡夺王权、攻打别邦的罪过。早期像齐桓公这样成功的霸主典范与后世霸主的方式、行为之间具有明显差别,后世霸主已无尊王攘夷之用。最后一个霸主来自半夷之地的楚国;这样,制度便失去了意义。简而言之,吕用其历史研究从霸制典范中吸取教训而服务于恢复之大业。

吕祖谦对义利之辩的讨论展示了道学与功利思想的混合。一方面,他关注动机,这使他批评那些"以轻捷便利为可喜,淳厚笃实为迟钝,不知此是君子小人分处"②之人。另一方面,他支持苏洵反对将义利划归两途。吕祖谦认为,苏洵的意思是当义与事物相谐时,利便在其中;因此,将二者对立是错误的。吕的调和努力招致朱熹的严厉批评:"每事要鹘囵说作一块,又生怕人说异端俗学之非。"③反过来,吕又指责朱熹企图在事物间作无稽之区分与分离。例如,他致信朱熹反对将智勇与仁相分:"向来论智仁

---

① 姚荣松,27—30 页,引文见 28 页。
② 《宋元学案》,卷 51,940 页。或许正是因为这些段落,所以余英时"Observations on Confucian Intellectualism"122 页将吕与朱熹归为一类,而与浙江功利学者相对立。
③ 《宋元学案》,卷 51,950 页。

勇,终恐难分轻重。"①在这些地方,吕祖谦努力促进其他道学领袖接受他和浙江学者共有的功利思想及经世情怀。

吕祖谦的制度与历史研究充当了他与其他浙江学者的现实联系。朱熹称赞他集中了陈傅良(1137—1203)与陈亮二人之长:

> 其学合陈君举、陈同甫二人之学问而一之。永嘉之学,理会制度,偏考究其小小者。惟君举为有所长……同甫则谈论古今,说王说霸,伯恭则兼君举、同甫之所长。②

共同的主题使吕祖谦成为架通浙江思想家与朱熹之间的桥梁。

吕祖谦所取之浙江倾向尚未至与朱熹道学分裂的程度。一方面,吕对制度的详尽评述包括这样一个观点,即评判制度必须考虑历史情境,并要符合时代的需要。另一方面,他坚持认为道德修养的首要性,抱怨传统论治道的书强调制度与资源——政治工具,而不明白什么应该更优先。论治道当始于王者之心。使王者尊德乐道之后,方可提出为治之具。③ 在另一处,吕祖谦对比了唐太宗与德宗铨选官员的情况后,断言"德宗胸中与小人合,故见卢杞之徒自然与之亲合也,以是知得天下病根本不在外"。④在历史研究中,虽然他倾向于对五经采取历史主义的方法并视历史资料与五经有同等价值,但其对叶适的告诫仍表明他基本同意朱熹的观点:五经与道德修养重于历史研究。他勉励叶适"读经多于读史"⑤。后来朱熹批评他虽有深厚的历史知识,对经学却

---

① 《吕东莱文集》(国学基本丛书本,重印台北,1968年),卷3,51页;转引自吴春山,71页。
② 《宋元学案》,卷51,949—950页。
③ 《宋元学案》,卷51,943页,参见姚荣松,40页。
④ 吕祖谦:《吕东莱先生文集》(金华文粹本,1869年),卷19,2页下。
⑤ 《宋元学案》,卷51,996页;转引自姚荣松,23页。

不甚理会。① 虽然朱熹正确指出其友研究历史胜于五经,但是他关于某些经典的思想仍从吕的著述中得益甚多。② 朱对老友评价尖刻,反映出吕 1181 年死后浙江学术气氛之转变。

为了理解这些变化,有必要追溯一下陈亮思想成熟的轨迹,看一看在吕祖谦死后他是如何向朱熹发出挑战的。

---

① 《宋元学案》,卷 51,950 页。
② 姚荣松,36—40 页。

第二章　陈亮思想与性格的发展

陈亮一生中的不同时期共用了3个名字,通过这些时期能够划分出其学术与个性发展的阶段。直到1168年陈亮26岁时,他皆以汝能为名。汝能可以解释为"你的才能"或"你很能干"。从1143年到1168年,年轻的陈亮在家庭的培养与郡守周葵(1098—1174)数年的资助下成长。此阶段末期,他通过州试,有资格就读于京城临安(杭州)的太学。通过考试后,汝能改名为亮,取"明亮"之意。随后,从1168年到1178年是过渡时期,他完成了实质性转变,从一名可塑的学生成为哲学教师。在这一过程中,他越过了一段道学的阶段。虽然后来陈亮因反对正在上升的道学思潮而知名,但是张载与程颐的影响赋予了他早年对政治与战争的现实倾向以一定的思想深度。1178年初,他又取名"同",表明"包容与同一"。到1178年时,他对自己作为一名真正成熟的思想家颇为自信。除了12世纪60年代两篇范围很广的论文,学者一般都只利用陈亮在1178年到1194年去世之间的著作描述他的思想。① 学者对其过渡时期(1168—1178)的著作的哲学

---

① 例如,侯外庐,第4卷,下册,712—713页,评论说与朱熹之辩是陈亮思想的最佳阐发。下面于1178、1188年上孝宗四书是次要的,它们是用来劝谏皇帝的,所以它们比辩论之书信利用价值要小。较早作品中经过认真研究的只有1161年的《酌古论》和1168年的《中兴论》。吉原文昭最近的文章,尤其是93—99页是(转下页)

重要性也未予以足够重视。年轻与过渡两个时期的发展对理解其全面成熟以及把他的思想置于生活背景中非常关键。他的三个名字大致标志思想发展的三个阶段:虽然1178年以后他仍自称"亮",但别人基本上尊他叫"同甫","同甫"是他的字,源自1178年所用的名字"同"。

1143—1168:陈汝能在年轻时代

陈亮是一个曾经显赫过的家族的聪慧长子,该家族很久前便定居于离现在浙江省中部不远的婺州永康。虽然陈家或可溯源到东汉末年及东晋时期为官的永康陈氏,但陈亮在著述中只谈到他听闻过的七代祖先。他推测家族衰微不晚于唐代末年。但是在他以前六到八代的祖辈们在获得田地收益与地方声望方面颇有成绩,家族的地位随后便下降了。1126年或1127年其曾祖父陈知元年纪轻轻就在抗击金人入侵的战乱中死亡。祖父陈益(陈进之,1103—1167)相继在乡试与武试中失败。虽然有这些挫折,其祖父还是娶了当地大姓黄氏之女,后来生了陈亮的父亲陈次尹(1173年死)。也正是由于这一结合,陈亮于1143年出生,当时他母亲只有14岁。两年后,其母又生下次子,又过了3年,唯一的女儿出生。与此同时,陈次尹重蹈了他父亲的失败,没有摘取丝毫功名。由于家族的经济状况继续恶化,只好在1160年第三

(接上页)一个例外,其中讨论了12世纪70年代初期陈亮著作中的道学倾向,并将1178年上书与1169年上书相比较以表明陈亮对道学的研究使他1178年的上书中的哲学变得更为精致。吉原文昭对此的结论与我独立研究的结论类似,这些结论由于对1212年版本中《汉论》的研究而得到加强。吉原文昭没有利用《汉论》。

个儿子出生后让人收养。① 陈家不再生养孩子,逐渐将希望寄托在剩下的两个孩子中较长的陈亮身上。

年轻时,陈亮在性格形成阶段受到祖父陈益的思想与生活方式的深刻影响。陈益因投身科举而不事劳作。接连失败之后,陈益满心的希望幻灭了,便沉湎于杯中之物。祖父对学问、军事与酒的激情一直到死都笼罩着陈家的生活。祖父死时,陈亮大约25岁。这些年里,祖父将中举入仕的梦想寄托在陈亮身上。除了将陈亮送入何姓私塾外,祖父还带他去位于西北的山中寺庙。在宁静的山间,他教导陈亮并和他谈论军事战术。②

陈益还鼓励他敬佩唐代诗人李白(701—762)放荡不羁的性格。李白曾自称是被贬到人间的神仙,但一般人都认为他酗酒、放荡不羁而与世俗相左。1159年陈亮17岁时,作《谪仙歌》赞美李白,其序云:

> 清夜独坐,天地无声,星斗动摇。欣观《李白集》,高吟数篇,皆古今不经人道语。骚章逸句,洒然无留思。寥寥数百年间,扬鞭独步,吾所起敬起慕者,太白一人而已。感叹久之,恨无人能继太白后。因成《谪仙歌》,是以祝太白,举觞以

---

① 陈亮的官方传记见于《宋史》,卷 436,12929—12943 页。传记所需资料首先取自他自己的著作。叶适写过一篇墓志铭和祭文;《叶适集》,第 2 册,482—485 页,571—572 页。这些皆被收入陈亮文集的附录。已经讨论过的年谱主要有童振福、颜虚心、何格恩和邓恭三所作的书,引用的关于他的思想的研究也包括一些传记方面的内容。参见陈豪楚:《陈同甫先生学说管窥》,《文澜学报》1:1—18(1935);Lin Mousheng, *Men and Ideas: An Informal History of Chinese Political Thought* (New York, 1942), Chapter 12; Hellmut Wilhelm, "The Heresies of Ch'en Liang" 以及他的"A Note on Ch'en Liang's Tz'u", *Asiatische Studien* 25:76—84(1971);林耀曾:《陈亮》,见王寿南主编《中国历史思想家》(台北,1978),第 30 册,3316—3384 页。我引用的是林文章中的本身页码,1—62 页。吉原文昭,32—42 页,49 页对陈亮家世、财产及其与别的家族关系的研究非常优秀。
② 颜虚心,1—7 页,11 页。童振福,1—6 页。

酬太白。太白有灵,其听我声知我意矣。①

序中除了刻画出他对李白活泼性格的着迷,还描绘了陈亮是如何喜欢将饮酒与为学混为一道的。数年后反思这段年轻岁月时,他叙述道:"亮自十八九岁,获从故老乡人游,故老乡人莫余知也;而陈圣嘉、应仲实、徐子才独以为可。圣嘉之与人交,仲实之自处,子才之特立,皆余之所愿学也。"②虽然这里所指不明,但是它强调了陈亮注重坚强人格并预示其第三阶段生活中放荡不羁的性格与行为。

陈亮第一部主要著作反映了他祖父对军事战略的关注。陈亮18岁著《酌古论》,精心讨论了两个重要主题。第一,必须合文武两途以确保政治与战略决定战争结果。陈亮论道,文武实质只是一途,但在近代二者分开,这一分离导致了文官衰弱,而武官则只能用武。从历史上说,宏伟的战略赢得了胜利,军事成功并不仅仅依赖于武力优势。胜利在于按所定战略发挥勇猛武功与出奇制胜;因此,智力与武力相互依赖。第二,战略计划的关键在于知彼知己,凭借地形和位置进行攻击、防御或撤退、欺敌非常重要;所以,他提倡运用埋伏和其他出奇制胜的战术。道德并不是决定因素。虽然陈亮对曹操(155—220)有所批评,但其批评也只是基于曹操的错误战略,而非对传说中他邪恶、残酷的传统指责。计划决定战争的结果,人们不应当指望天命与运气。陈亮的许多

---

① 陈亮,17:1上—下,205页;译文见 Wilhelm, "A Note on Ch'en Liang's Tz'u",76—77页,译文经我修改。见 Arthur Waley, *The Poetry and Career of Li Po* (London,1950)。
② 陈亮,15:2下,173页。虽然该序文很难确定时间,但它一定写于1182年后,因为他提到与当时豪杰上下其论,而三人却每每不能专心。

思想都能在《孙子兵法》和其他兵书中找到源头。① 但是他强调实际条件与战略,证明其军事取向和政治抱负在十多岁时就埋下了种子。而将这些思想贯入哲学层面则需到他成熟之后。

12世纪60年代初期军事危机时,陈亮因研究著名战略与将领的地缘政治学在京城谋得一项工作。《酌古论》引起了婺州郡守周葵的注意,周葵对此有极深刻之印象,感叹曰:"他日国士也。"②他延请陈亮担任私人秘书,并于1162年带他入京。1164年底辞官之前,周葵一直担任像参政知事那样的要职;至少有一次,周葵在朝廷上推荐了陈亮。在临安的3年中,对金人是战是和有许多争论。1163年,高宗逊位,继位者比较强硬,支持宋廷在军事上采取主动。陈亮作为名宦的秘书,也投身到这令人激动的氛围中,继续他家族的军事抱负。从1162年到1165年,京城的阅历无疑为其思想确立了基本倾向。虽然陈亮于1165年回归故里,但是在随后的一两年中,他的著述集中讨论英雄豪杰,如宋代名将岳飞(1103—1141)与张浚(1097—1164),以及他们未能为朝廷所用的悲剧(不过,金曾于1163年打败了张浚)。③

12世纪60年代初,陈亮运气好转,通过了地方考试,还娶了一位名家小姐为妻。1162年入京之前,陈亮通过漕台考试。漕

---

① 陈亮,卷5—8,49—90页;颜虚心,13—15页;侯外庐,第4卷,下册,696—703页;Lin Mousheng,179页,183—184页。
② 《宋史》,卷436,12929页。
③ 见1166年两篇序文,载陈亮,13:4上—6上,156—160页。关于岳飞的研究,见 Hellmut Wilhelm,"From Myth to Myth: The Case of Yüeh Fei's Biography", in Artbur F. Wright and Denis Twitchett eds., *Confucian Personalities* (Stanford, 1962),146—161页;刘子健,"Yüeh Fei(1103-1141) and China's Heritage of Loyalty", *Journal of Asian Studies* 31.2:291-298(February 1972); and Edward Harold Kaplan, "Yüeh Fei and the Founding of the Southern Song" (PhD dissertation, University of Iowa, 1970). 关于张浚,见 *Sung Biographies*,第1册,13—16页。

台是负责运输的地方官。① 在京城的日子里,他受到来自浙江义乌著名书香门第的何恪(1172年死)的赏识。陈亮与何恪有一致的学术思想与政治抱负。陈亮给何恪留下了深刻的印象,故他向家族建议把侄女嫁给陈亮。尽管他的哥哥以及全家几乎每一个人都反对这件婚事,他仍然支持陈亮说:"吾惧失此士。"②如此热烈的信任说服了他的哥哥,于是何恪做主在1165年举办婚礼。陈亮在社会与政治圈子中的成功或许增添了他对周葵预言的自信:"他日必为国士!"

正在他似乎走向成功的时候,一系列不幸缠上了陈亮。婚后不久,他的母亲得了病,在1165年8月去世,享年36岁。病中,姨妈帮助照料年幼的孩子。姨妈在言谈中表露了陈家对他的期望,她告诉陈亮,他的母亲正是心中带着陈亮定会发挥出才干的信念才平静地离开人世的。③ 次年,家僮杀人,陈家又缠进了官司之中。被杀者曾数次污辱陈亮的父亲陈次尹,所以其家怀疑陈亮父子指使家僮杀人,地方官听信了他们的指控。家僮受到拘执、笞榜,随后死去。虽然家僮拒绝把罪责推到主人身上,地方官仍将陈次尹囚禁于州狱。亮父系狱期间,陈家的经济状况进一步恶化。陈亮的妻子为了安全被带回娘家,他的弟弟、弟媳也离家出走。陈家只剩下陈亮祖父母、19岁的妹妹和一名女仆,陈亮独自承受着因为父亲带来的社会与官府的压力。(12世纪60、70年代陈家的经济状况令人费解。传统的传记和陈亮的著作中都声称他们不得不将第三个儿子送人收养并无力支付葬礼费用;然

---

① 陈亮,20:5上,297页。关于漕台所组织的漕试的解释,见罗文,*Yeh Shih*,52页,注50。
② 陈亮,22:7上—下,350页。吴春山,30页;颜虚心,17页;童振福,2页,14—15页。
③ 陈亮,25:1下,376页;也引在吴春山,30页。

而,陈家在 1166 年却有两名家仆,并且陈亮在这几十年中仍继续读书、著述。)祖父母承受不了这么大的压力,陈次尹还在狱中,他们就过世了。1173 年陈亮才有能力为母亲和祖父母举行体面的葬礼,而此时距他们过世分别已有 6 年和 8 年,亮父出狱也有几年光景了。父亲在狱中将近两年,后因朝廷官员的过问而得到自由。陈亮曾致信金华同乡宰相叶衡(1122—1183),感谢他帮助其父结束了牢狱生涯。① 这件事的解决无疑使陈亮认识到功名与官职的益处。

1168 年 4 月父亲获释后,陈亮成功地将精力全部投入到州试中。9 月,他名列州试第一(解元)。这次成功除了在当地得到相当的承认外,还使他有资格参加礼部考试;而且,他还能在京城太学领取俸禄。② 此时陈亮易汝能为亮,他似乎意识到生活已进入一个新的阶段。

1168—1178:陈亮在道学与政治保守主义的过渡阶段

陈亮在太学时,继续在一些学者的指导下学习,这些学者本质上与周葵的道学倾向相同。周葵资助他时,他听从周的劝诫,

---

① 关于这一狱事及陈亮所涉之深相当不清楚。大多数人认为他与父亲同时入狱;但是,何格恩提出一个相当合理的证据表明在此事中陈亮并未被羁押。大多数人认为该事发生在 1166 到 1168 年 4 月间,但颜虚心认为发生在 1171 年。张君劢可能沿用颜的说法,也以 1171 年为准,但忽视了较早的时间。林耀曾对许多时间都很疏忽。何格恩:《宋史陈亮传考证及陈亮年谱》,1978—1979 页,1984 页,1998—2000 页,注 97;颜虚心,19—20 页;童振福,10—11 页;吴春山,30 页;张君劢,上册,313 页。
② 颜虚心,30—32 页;童振福,11—12 页;吴春山,30—31 页。关于宋代考试方式及科举录取的变化的讨论,见 Hartwell, "Historical Analogism", 及 Kracke, *Civil Service*。

研读《中庸》《大学》，深入其中对性、命的探讨。① 12世纪60年代居京期间，陈亮研习对道学人物最为重要的《四书》中的两部，这不但不是为了科举，而且也不是仅仅为了取悦周葵而作的短期行为。1173年所著的《杨龟山中庸解序》中，陈亮断言以《四书》的原理去理解其他经典的重要性："予以谓不由《大学》《论语》及《孟子》《中庸》以达乎《春秋》之用，宜于《易》未有用心之地也。"② 无疑，陈亮在京城的老师鼓励了他对《四书》的持续兴趣，这四部经典在宋代用于讨论个人修养与形而上学。1168年陈亮师从永嘉学者郑伯熊，郑伯熊在秦桧的高压下仍传播二程与张载的学说，因此很有声名。在一封致郑伯熊的信中，倪朴（12世纪）把自己和陈亮列入周葵与郑的门生，接受他们关于人性与天命的思想。③ 陈亮在太学前二三年中主要老师是芮烨（1114—1172）。芮烨是道德修养与静坐冥思的著名实践者。他非常推重陈亮，两人的友谊超出了传统的师生关系。④ 芮的女婿吕祖谦在1169年6月获太学教职，他给了过渡期的陈亮以最为广泛的影响。芮烨死于1172年，周葵死于1174年，而陈亮仍同吕祖谦保持广泛的学术交往，直到后者于1181年去世。1212年版本中那些最谨慎、最传统的文章大概就写于1168—1170年在太学的第一阶段。

虽然陈亮未能继续在科举中成功，但他仍然保持并发展了政治军事思想。1169年2月，他在礼部考试中落榜。这一年春天，

---

① 《宋元学案补遗》，卷56，1页上—下。
② 陈亮，14:2上，164页。
③ 转引自童振福，7—8页。
④ 《宋元学案》，卷56，1037页；《宋元学案补遗》，卷56，1页上—下。吴春山，119页错误地将"烨"拼成"煜"；而且，童振福，14页认为芮烨死于1171年。我采取《宋人传记资料索引》的说法。昌彼得、王德毅编：《宋人传记资料索引》(台北，1974—1976)，第2册，1416页。

陈亮向孝宗呈上《中兴论》，提出自己的政治主张。序文开篇就重申了《酌古论》的主题：文官与武官在制定宏大战略中必须相互合作以求宋朝之中兴并收复失土：

> 臣闻治国有大体，谋敌有大略。立大体而后纪纲正，定大略而后机变行，此不易之道也。①

在这些文章中，陈亮号召抗击金人，收复领土，重振威名。陈亮代表的强硬政策在1162年至1165年宋金战时（与他第一次居京时间巧合）的太学中占了上风，但现在低落了。12世纪60年代初的战争以缔结和约而结束，陈亮拒绝接受这一和约，坚定地相信只要宋朝首先整顿其政治结构与军事战略，就能完成中兴之大业。

陈亮许多关于整顿朝纲的建议是制度方面的，旨在反对朝廷向专制主义与中央集权制发展。在晚唐政治军事分裂的余波中，宋代开国君主集中兵权并限制大臣的权限，尤其是那些州县一级地方官员的权力。后来者对这种管理集权制及控制资源的趋势起了推波助澜的作用。南宋皇帝更是越过传统官僚机构的渠道直接向下级官员颁布法令。虽然这些做法在节省时间、为中央获取资源方面显得很有效率，陈亮还是抱怨说新做法破坏了收集信息、制定并贯彻决议的传统程序，所以地方上受到了过大压力。他向孝宗呼吁，要回到由朝中三省长官共同决策的领导状况。即便是宋朝开国君主也曾运行过这种传统体制：中书省提出法令草案，由门下省审议通过，最后由尚书省责成六部并落实到执行机构贯彻法令。这样的体制有助于上层对政策的控制，同时也不妨

---

① 陈亮，2:1上，21页；这段译文见Lin Mousheng，184页，我修改并扩充了部分译文。

碍下层官吏创造性的发挥与贡献。皇帝位于组织结构的顶端,利用三省长官及其他主要官吏制定、实施政策。陈亮论述到,如果采用这一根本体制,皇帝就有精力监督总的行政运作并对之提出建议,大臣们在具体实施政策时便能人尽其力。①

但是,中兴并不仅仅是制度问题,还要溯源于统治者的个人性格与统治方式。为了发现在实施具体政策时富有效率的官吏,统治者不应过多凭借科举考试(当然陈亮在此失败了),而应当听从能臣之荐举。在该体制内,升迁不再仅靠论资排辈,应该提拔有才者以鼓励他们的创造性。陈亮坚持认为,在此危急关头,所需者不是按资历或考绩得到权位的官吏,而应是英雄人格。只要统治者完全将政府的运作托付给那些宽大坚毅之人,并按照表现出的才能提拔人才,承当中兴大业的天下雄伟英豪之士便会声从响应,云合雾集。

具有英雄主义特质的官吏能够辅佐君王维持朝纲之"正体":君仁而臣忠。在处理公共事务中,这些官吏通过引导万民敬爱皇帝来表白他们的忠心。官吏的责任就在于使皇帝从官牍劳形和政策不满的指责声中摆脱出来。例如,1004年澶渊之盟时,唯有真宗一人主和,大臣皆主战。真宗不关心赔款的数量,但宰相寇准(961—1023)却指示下属赔款不许超过30万。② 双方各得其所:真宗施民以仁爱,寇准则忠于大宋利益。而孝宗君臣却背离"正体",颠倒了角色。大臣们那么热心于高官厚禄,故而表现出过度不当的宽厚仁慈,这使皇帝不得不亲临朝政而顾不上别人的

---

① 陈亮,2:1上—7下,21—30页;见林耀曾,13—27页的讨论。
② 陈亮,2:6下—7上,29—30页。陈亮没有提到寇准显然不能坚持协约,因为大宋必须每年赔银10万两,绢20万匹。见Charles O. Hucker, *China's Imperial Past* (Stanford,1975),271页。

评论。孝宗无法容忍大宋所受之羞辱,但几乎只他一人为中兴事业操劳。群臣却以退缩姿态安逸地享受着爱好和平的赞誉。陈亮敦促君主养成仁爱之心,而大臣要负起保卫国家的职责。孝宗应以真宗为榜样,同时大臣应效法寇准和吕夷简。这样,君以仁爱之心感动万民,臣以严格公正训练万民。敌人就会屈服于君主的德行与官吏的忠诚;于是,他们便不敢入侵。不过,陈亮在对敌问题上并不仅仅信赖道德力量,书中还就如何抗击金人驱出中原提出了具体策略。

令人沮丧的是,这次上书没有产生任何反响,陈亮更杜门读书,同时进行自我修养。一年过去了,朝廷对此仍然未置一词,他就在反感与自疑中离开太学回到永康。在1170—1177年的7年中,他既未重进太学,也没有参加科举。陈亮一定是体验到了鲁迅(1881—1936)遭受类似挫折后所描述的那种无助:

> 凡有一人的主张,得了赞和,是促其前进的;得了反对,是促其奋斗的。独有叫喊于生人中,而生人并无反应,既非赞同,也不反对,如置身毫无边际的荒原。①

鲁迅受到打击后便将日子打发在摹写古碑上了,在此中他自我麻醉,意志消沉。而陈亮却在那一时代积极向上的名言警句的影响下,转向读书与自省,以找出挫折的根源。大约10年后回顾这段经历时,他说:

> 一日,读杨龟山《语录》,谓"人住得然后可以有为。才智之士,非有学力,却住不得。"不觉恍然自失。然犹上此论,无

---

① 鲁迅,*Selected Stories of Lu Hsün*,杨宪益、Gladys Yang 译(北京,1963),23页。

所遇,而杜门之计始决,于是首尾十事矣。①

在此期间,陈亮深入研读了道学大师的著作和五经。

陈亮的道德观与朱熹、吕祖谦的看法类似。1181年后回顾这一段时,他致信一位朋友说朱、吕和张栻是1165—1174年间三位主要的学者;因此,他也要研习他们的文章。② 在1172、1173两年的作品中,陈亮展示了与他们相同的抱负,即通过道学大师的著作与弟子,成为道学的传承者。所以这些作品都在讨论张载、周敦颐、二程尤其是程颐的思想。陈亮在一篇讨论道统传承的跋文中赞扬周、张二人,表彰他们以其成果与二程一起为形而上学与修养论奠立了基础。二程进一步发展了这一传统。陈亮认为,程颐——陈亮意识到他比大程进展得更为深入——的《易传》和《春秋传》标志着他思想最终的成熟。关于学术传承(从周、张至二程,尤其强调小程)的这一陈述与朱熹的观点相近。③ 吕祖谦的影响渗透进了这篇跋文。在发表前,陈亮曾将草稿递呈吕祖谦,吕反对他将张载与二程的关系比作孔、孟。对此批评,陈亮采取了淡化类比的处理方法,将张载与孟子相联,二程与孔门另一高徒颜回(前490年死)相联。④ 从更宽泛的意义上说,陈亮主要对张载与二程感兴趣,碰巧与吕祖谦调和道学内两种趋势的努

---

① 《中兴论》1178年跋文见陈亮,2:7上—下,30页。Lin Mousheng,175页中有此段大部分文字的译文。
② 陈亮,21:4下,322页,该信一定写于1181年后,因为他说只有朱熹还活着。
③ 陈亮,14:1上,162页。与朱熹观点的主要区别在于陈亮对张载的强调,因为朱熹将张载置于道统传承中二程之后。关于朱熹的观点,特别见陈荣捷的 Introduction (PP. xxxii—xxxiii) to *Reflection on Things at Hand*;及其"Chu Hsi's Completion of Neo-Confucianism", in Francoise Aubin, ed., *Etudes Song/Sung Studies: In Memoriam Etienne Balazs* (Hague,1973),Ser. II, Volume 1,73—81页。
④ 见吕祖谦致陈亮书,《陈亮集》,上册,162—163页,将它与陈亮14:1上,162页的序文相比较。

力相同,也同于永嘉学者如郑伯熊等的看法。陈亮在《三先生论事录序》中明确强调了他们的制度讨论,这也是吕祖谦和永嘉学者对张载的主要兴趣点。①

陈亮非常敬重这些道学大师,所以他请人重印了他们的著作,尽管此时他的经济状况特别不好。其母亲与祖父母在1165、1167两年相继过世,但是直到1173年末他才有钱举行体面的葬礼。亮父在葬礼上生了病,一些天后也去世了,这时候陈亮不得不借钱来为父亲下葬,而且只能葬在一个很差的地方。1172、1173年间,陈亮出版这些道学著作一定花费了不少钱财;出版儒家著作显然比为了母亲、祖父母的葬礼而节衣缩食的孝行更加重要!除了我们已经讨论过的两篇跋文外,陈亮还发表了另外一些序跋,其中向我们展示了道学著作的一些具体内容以及该学派的演进情况。例如,在《书伊川先生春秋传后》中,陈亮合理解释了为什么在程颐是否完成更多的《春秋传》仍有争论的情况下,现在印行这部只涵盖20年《春秋》传注的原因。② 一个更恰当的例子应该算《伊洛礼书补亡序》了。陈亮赞成传统的看法,认为《伊洛礼书》——这是一部归于程颐的著作,但现未存任何版本——确实存在过,只是在程颐的一位弟子(他曾在致薛季宣书中提及这部著作)死后才失传的。陈亮希望通过自己的编辑有助于保存程颐注礼遗文并激励大家去搜访佚文。③

陈亮自己承认服膺伊川理一分殊思想。在《西铭说》中,陈亮细致讨论了程颐对张载《西铭》的看法。张载在那篇著名的文章中宣称仁爱者与天地万物为一体:

---

① 陈亮,14:1下,164页。
② 同上,16:7下—8上,194页。
③ 陈亮,14:1上—下,163页;16:7下,194页。

> 乾称父,坤作母;予兹藐焉,乃混然中处。故天地之塞,吾其体;天地之帅,吾其性。民吾同胞,物吾与也。①

程颐认为《西铭》就缘何及如何将理贯彻到道德实践提出了极有价值的解释。"理一分殊"就是鼓舞人们以仁贯通万物的关键概念。②

陈亮对《西铭》的评论接近朱熹对早期道学舍用逐体态度的反应,陈亮就"理一分殊"的作用提出了一些观点。首先,虽然人会随着环境的变化而变化,但人心却是永恒不变的,就如同理只是一理。人在应事接物中会生出喜怒之情,而心却不受任何感染。在此,他借用了禅宗明镜(心)照物而不住物的例子。第二,他用人体为喻,主张身体的部分以及社会成员要有"定分"。如果各当其分,则理一。一个人必须减少欲望,履行义务:"寡欲所以敬身也,养善所以广孝也,自尽而有所感通,则生足为法。"③在这里,陈亮把程颐对用的讨论引入一个更明确的层次,即强调社会责任。强调用而不是抽象之体贯穿陈亮的道学阶段。吕祖谦在一封信中指出了这一点,这封信是讨论《三先生论事录序》的:"固知来意……若有体而无用,则所谓体者必参差卤莽无疑也。"④陈亮研读的道学大师的著作包括了五经本身。

京城的挫折也使他沉心经籍,尤其是《孟子》一书。大约1172年,陈亮致信同乡三位少时好友之一应孟明(1195年死)称,京城应试的阅历使他放弃了中举入仕的念头。挫折之后,于《孟子》一书沉潜往复,方悟《孟子》所谓"人之所以异于禽兽者几希"。

---

① 张载:《西铭》,"Western lnscription",译文在陈荣捷,*Source Book*,497 页。
② 见陈荣捷,*Source Book*,498—500 页,Leventhal,50—67 页中的译文及讨论。
③ 陈亮,14:3 下—4 下,167—168 页。
④ 印于《陈亮集》,上册,196 页。

陈亮认为,仁在我为无常,因为每一个人都能在一日内由善变恶,朝可夷而暮可跖也。鉴于此种无常之性,他引用关于道德调治的经典中语以强调修养的重要。在这一背景下,他声称行年三十始知孟子之诚:"苟不志于仁,终身忧辱,以陷于死亡。"①1172 年,陈亮写的一系列文章,涉及《尚书》《诗经》《周礼》《春秋》《礼记》《论语》《孟子》和《易》,只是论《易》一篇现已佚失。②

陈亮与孟子一样关注净化人们的功利计较之心。陈亮的理由是,个人自私的利益追求破坏了公众利益和责任心。在古代,公私是一致的,因为行为准则深入人心,且人人皆有固定的社会角色。每个人心中都知道行为的界限;因此他们的本心一直处于和谐之中。不幸的是,待周室崩溃、王政不施之后,功利主义的计较开始蔓延并引发人们的残酷与破坏:

> 利害兴而人心动,计较作于中,思虑营于外。其始将计其便安,而其终至于争夺诛杀,毒流四海而未已。③

孟子生当此计较功利之时代,竭其一人之心智引导人们通过复其本心而回归和谐。人们在找到回归和谐的途径之前,首先必须矫正其功利之心。《孟子》一书的首要目标便是正心;所以,孟子在义利之间作了严格区分。陈亮在一篇讨论《周礼》的文章中以孟子的立场指责无数统治者放弃圣贤之道而追逐"功利苟且之政"④。

---

① 陈亮,19:8 上—9 下,259—261 页。
② 同上,10:1 上—4 下,100—105 页。关于他写过一篇论《易》的文章的证明,见 1212 年版本,上册,卷 19,1 页上。*Sung Bibliography*,426 页认为这些文章作于 1170 年,以取代颜虚心认为的 1172 年,但未给出理由。
③ 陈亮,10:4 上,105 页,译文见 Wilhelm,"Heresies of Ch'en Liang",108—109 页,译文经我修改。
④ 陈亮,10:2 上,102 页。

孟学主题甚至还渗透进陈亮对《礼记》的讨论。《礼记》是儒学中荀子一派的经典。礼能够作为教化人们产生善的行为的手段,荀子哲学就建立在这一基础上。由于相信人没有天生善性,道德需要培养,所以荀子甚至比孟子或孔子更多依赖礼的作用。荀子论道,先王体大思精,制礼义以分万民;因此礼与人性相反,在任何意义上都不是人内在本性之延展。陈亮含蓄地反对了这种礼的起源观点。按照陈亮的看法,礼"天则也",而"非圣人之所能为也"①。与荀子的第二个观点相反,陈亮声明他在日常行为中发现三百三千之仪"无非吾心之所流通也"。如果他尽心行礼,则动容周旋无往而不中。像孟子一样对人的动机和态度感兴趣表明陈亮接近经典主观主义取向的一派。

陈亮讨论五经的文章还包括了宋代学者的评论。其论《春秋》的短文就怀疑孔子作《春秋》的传统看法,虽然在别处他仍以孔子作《春秋》为立论前提。② 在其他文章中,陈亮承认《礼记》部分章节有汉儒的窜改;《尚书》大多所作时间与描述的事件相隔久远;且《周礼》在公元前3世纪秦焚书之后也非全本。③ 虽然这些评论并未使陈亮成为考证学者,但他在此阶段显然对当时经学具有相当浓厚的兴趣。由于宋学勘落注疏、专意经典,实际上陈亮比他同时代的大多数学者走得更远。在其他学者研习《春秋》仍信赖那些注疏——如《左传》——时,他就坚持认为只要进行经典材料的编排、分析就能正确理会《春秋》之大义,而无须诉诸经注。

---

① 陈亮,10:3 下,103—104 页。
② 怀疑见陈亮,10:2 下—3 上,102—103 页。但在《问答》第六篇,3:6 上—下,38—39 页及其与朱熹论辩(卷20)中,他肯定孔子是五经的编辑者,在其《问答》第十二篇,4:6 上—下,47—48 页中,他仅说《春秋》的作者是"圣人"。
③ 陈亮,10:1 上—3 下,100—104 页。

当陈亮还在沉思这类文章时,从朋友处得到一份手稿,他确信为婺州沈氏所著。陈亮不同意沈氏的一些观点,但是他仍然非常敬佩其对《春秋》的独立探索,故而为这部手稿作了序并以《春秋比事》为题刊行问世。① 陈亮在他后来讨论《春秋》的著作《春秋属辞》中采用了沈氏的方法,由于其他著作的引用而留存下来的很少段落充分显示出这一点。② 对《春秋》(被王安石排除出科举系统)有如此浓厚的兴趣并未妨碍陈亮拥护《周礼》的经学思想,王安石用它来为改革作辩护。

陈亮论《周礼》的文章宣称《周礼》含有先王发现的永恒治道。按照陈亮的观点,《周礼》保存了西周以前圣王之遗制,他们为人类关系与社会运行立下法度,不视一国为其私有。公元前12世纪周公集百圣之大成,于是人道得以周备。因为人道周备,故足以周天下之理,通天下之变;因此,周公之道与天地同流而无穷。周室虽然自绝于天,也因坚持周公之道而绵延800余年。秦之一统中国,尽弃周制,不知若无周公之制,其朝代决无久存之理。陈亮大声疾呼:"人道废,则其君岂能独存哉!"③孔子承继了周统,因为他懂得这一遗产对后代是如何重要。汉高祖惩天下恨秦之残暴,而以周制建立汉家王朝。后世朝代无不追逐功利之政,以至于"人极之不亡者几希"。自周室之衰迄今虽已有1500余年,《周礼》之书也已非其全,然而陈亮仍相信能重行周制,因为天尚未弃绝周代之政。

陈亮对《周礼》经学思想的欣赏并未延伸到王安石的变法,他留恋宋朝在王安石用《周礼》激烈变革宋代开国传统之前的那一

---

① 陈亮,14:2上—下,164—165页。
② 这些文段保留在王应麟的《困学纪闻》。见《陈亮集》,下册,443—444页。
③ 陈亮,10:1下—2下,101—102页。

段光阴。在开国君主奠立的仁爱与宽厚的气氛下,仁宗奉行放任、无为之政,域内万民过着平静的生活。只是在文体领域内,宋初与古代相反。而在 1057 年欧阳修说服学者转向古文时,宋代达到鼎盛极况。不过,欧阳修还是遗憾大宋未尽施先王法度,所以他提出了按《周礼》治国的观点。而其他一些政治家,满足于宋朝已经达到的繁华景象,阻遏欧阳修施展抱负。《周礼》复古问题一经提出,王安石就抓住时机扩大宣传,使得众人尽知。当神宗渴望回归三代理想时,王安石"以霸者功利之说,饰以三代之文"①。起初,皇帝曾经试行王的政策,但不久便发现王安石思想的某些方面甚至连管仲都未提过。神宗决定改革王安石变法的内容,然而功利主义已成为一股不可阻挡的潮流。文人学士愈加迷恋于追问王安石所宣扬的经典意义;于是,他们的精力日渐衰竭,最终导致抛弃欧阳修所倡导之古文。陈亮希望能够扭转时代的方向,出版了欧阳修政论文集。如果人们都来研读这些文章,便会对汉、宋初以及三代的制度与统治有更明晰的认识。简而言之,陈亮想在《周礼》古典崇拜与汉宋初期承平之治的历史经验间找到平衡。

陈亮讨论汉代君主的文章中流露出的道学思想倾向与该时期其他著作相同,这就证明了我在此所讨论的问题:陈亮生活的过渡时期是其发展中的道学阶段。五卷《汉论》是为学生做的范例,这些学生于 1172 年向他问学。若是这些范文的主题在他 12

---

① 陈亮,16:8 上—9 上,194—196 页,尤其是 8 下,195 页。Wilhelm,"Heresies of Ch'en Liang",105 页从这部分引用这段的一个句子以表明陈亮受王安石影响之深,但是整个跋文都把王安石说得很坏。不过,陈亮并未像吕祖谦在一封信中敦促的那样否定王安石,吕祖谦的书信见《陈亮集》上册,196—198 页,也参见陈亮,11:12 下—13 下,129—130 页中陈亮 1169 年对文学改革的讨论。

世纪 70 年代初期及中期的其他序跋、书信、论文中不很常见的话,那么只保存于 1212 年版本中《汉论》的道学思想和政治保守主义就不值得如此重视了。这些主题在这一时期占据着主导地位,否定了侯外庐主张的陈亮的道学思想与传统儒家注疏只是偶一流露的观点(虽然在中国近期出版物中,学者们比侯外庐要重视道学及传统儒家思想对陈亮的影响,但是他们还支持侯外庐强调陈亮在 1172 年致应孟明信中表示出的敌意而将陈亮与道学区分开来;这是在我所称之为他的道学阶段的期间内。按照他们的看法,陈亮抱怨"玩心于无形之表"的"得之浅者",只是贬低陆九渊一派,而以"得之深者"特别攻击朱熹之流。可是,陈亮当时对此两个极端的批评也只是类似于朱熹对二程弟子的攻击。[①] 而且,牢记那个时代广泛的道学之分歧特质以及陈亮与朱熹在 12 世纪 70 年代初期与道学运动的关系非常重要)。如果在具体历史史实的背景下,便可以详细讨论陈亮的道学倾向;那么,《汉论》为我们提供了那些具体的细节。

　　陈亮赞成这样一个主观主义前提,即王者之心是善政的基础。虽然孟、荀派的思想家都对心的意志层面与思想层面作过区分,而陈亮对"心"的使用比较自由,包括了这两个层面的内容。按照陈亮的看法,人主之心必须专务德化,而不能间杂其他计虑(如功利)。如果人主之心有间杂之病,则治道纷然而无所底里,"一人之心,万化之原也,本原不正,其如正天下何? 是故人主不

---

① 侯外庐,第 4 卷,下册,718—719 页。任继愈,第 3 册,269—280 页,尤其是 271 页。北京大学哲学系,下册,100—112 页,尤其是 102 页。陈亮,19;8 上—9 下,259—261 页。关于朱熹的批评,见第一章中的讨论,56—58 页。关于陈亮早期的学生,见童振福附录的表,106—109 页。虽然童振福在 15 页上说此阶段陈亮有许多弟子,但表上在 1174 年前只列了两名。在 1175 年(26 页),11 个学生与陈亮一起参加了陈的第一位弟子孙贯的葬礼。

可不先正其心也。"①因为心对于统治来说是那么根本,所以统治者必须培根固本,发现治国之道,执德不回,而不为它虑所扰。治国之道的根源就在于心。心无论发向何方,具体的政令与行为皆趋之若鹜,这就是传说中舜、禹讨论政治时只讲"惟精惟一"的道理。虽然他们的话听起来似乎缺乏政治智慧,但陈亮却坚持认为:"及穷其理,则治道复无出乎此。"②其结论建立在《大学》那个链条式的推理之上:如果人主不在道德上有所进步,便无法教化万民,因为纯德之心对调协民众来说非常关键。宽厚仁慈是政治特别要求的素质——同样因为"心者治之原"。

心是治之根源,如同"治者心之影也"③。在这一精心的类比中,陈亮声称心有定向,而治无定体。在此,陈亮加进了一个绝对保守主义的推论。追随前代明君有助于治理天下,而政出于苛刻之君,其治亦难矣。所以,治无定体则因为后代人主由于情感而损益之。发现善政的本质,在于探索人主之心,而不是仅仅观察其外在行为。宽厚仁慈的君主可能有忿怒之情,但其宽仁不会因忿怒而失去。同样,刻薄之君也许有贳贷之行,但如此仁爱也不可能胜其忌刻。这一看法引出了一个告诫:"苟舍其心而论其治,则治之粗安者可以盖其情实。"④文化之精致与制度之动人或许也会掩盖君主的内在本性;但是,如果不培育善政的内在资源,文化与制度也形同虚设。事实上,陈亮就称赞古圣具有只将文化看作达到宽简之政方式的智慧。

许多统治者忽视先圣的为政原则而踏上通向毁灭的功利之

---

① 陈亮,1212年版,下册,卷9:3页下。
② 同上,卷9:4页上。关于舜给禹的告诫,见《尚书》第二部分,第二书,卷15;译文见 James Legge,第三册,61—62页。
③④ 陈亮,1212年版,下册,卷9:5页下。

途。陈亮运用了秦始皇这一传统例证。这位公元前3世纪统一中国的暴君没有认识到"务"道德修养之"本"的重要,一意于严刑酷法,而如此统治只能使人民震栗一时,不久便有反抗者推翻秦的专制王朝。"夫岂他哉?"陈亮反问道:"必蠹于功利,视德化为不急之务故尔!"①他将功利主义者关注结果与暴政联系起来:"夫急于效者有术中之隐患,详于禁者有法外之遗奸,求备于民者,民将至于不能自胜也。"②急于功效导致了秦的灭亡。相反,古代圣人宁纡徐容以待民自化,而不敢强其必从。在别处讨论相同主题的文章中,陈亮提倡研究古人以正"谋利之心"③。

功利之君与天道自然原则相对立。陈亮再次以秦始皇为主要反面例证。秦始皇是企图以人力压倒天理的罪魁祸首,与天理相争使他的残暴达到像坑儒那样的极点。而如此抗争是愚昧的,因为"人力愈至,则天理愈亏"④。伴随秦朝灭亡而崛起的一位勇士——项羽(前202年死)是另一个漠视天理的反面例证。项羽从不恭顺地遵循天理,而是通过戮杀对手、攻城略地来谋求统一与征服。悖逆天理最终导致了他的失败,尽管他从未输过一场战役。其对手刘邦(前247—前195年)却连吃败仗,而当他性格被锤炼到足以接受天命时,便成了后来的汉高祖。每每在项羽军队似乎就要赢得最后胜利时,天的直接介入给了刘邦一条生路。一次,大风折木扬沙,在一片尘土的掩护下刘邦才得以生还。另一次,天使河水结冰,恰好使刘邦顺利渡河到达安全地带。这些事

---

① 陈亮,1212年版,下册,卷9:4页下。
② 同上,卷9:6页下。
③ 同上,卷14:10页下—11页上。
④ 同上,卷11:1页上—下。

情表明"天心属意于汉高,而假手于三杰",所以他的敌人"其如天何"①!就在人力穷尽之时,天意或天心便会在行动中表现自己。陈亮在太学时的一篇文章也指责说,虽然汉儒之学溺于灾异,但是宋代学者却又过于理性,漠视了天的存在。②

天干涉国运也是陈亮《西铭说》一文提出的观点。不易更改的人格和在社会的定分是天然的。秦朝很容易就追杀了第一位举起反秦义旗的陈涉(前208年死)。按照陈亮的说法,这个所谓的起义者不过是,并且从来都只能是一名普通佣工。"以荷篑笠之佣工,而胼手胝足则其常分也。"③如此粗人没有什么战术概念,更缺乏制订策略的能力。由于天生的耕地念头,其唯一抱负不过欲已富贵耳。对于这样一个耕夫来讲,即便想成为小国之君也是企图"越分"。为给自己鼓气,他制造了狐鸣假鬼的征兆,而其诈绝不可与刘邦赤帝断白蛇的祥兆相提并论。的确,陈涉只起着上天用来唤醒民众造反精神并鼓舞刘邦拿起武器的作用。在这里,陈亮显然认定,虽然刘邦起初也是一无名之辈,但因其具有宽厚仁爱的性格和得英雄之心的技巧,天才垂爱于他。

陈亮定分思想中明显的社会政治保守主义成分多次表现为提倡与民休息。无为而与民休息优于有为之政,这部分是因为人的才智无法将整个国家运转得井井有条。征服与统一需要才智,但秩序一经形成,才智便应当退藏。如果君主恃才而治,其一人的智慧总是无法比及国内无数聪颖之士。君主若愈恃其智,社会因天下之奸猾者取巧于法规内在的漏洞而丧失愈多活力,受到更大挫折。假如君主使用暴力,狡诈之人仍有一些小的诡计应付;

---

① 陈亮,卷11:5页上、6页下。
② 同上,卷14:4页上—下。
③ 同上,卷11:2页上—下。

而且,后世统治者更将无法控制他们。聪明的君主显于外的是平庸,藏于内的是智慧,于是有才之士便为他所用。这样的君主容忍社会与朝廷的缺点,因为去除弊端就破坏了自然进程,白白地浪费资源。王并不急于追求结果,而是养其耐性,这样治效便不会来得太快,早于它应该来到的时候。这就是古圣"宁受不足之名"而遗后人以可为的智慧。① 聪明的君主追求朴素恭俭,建立维持社会秩序所需要的最小政府。

以无为作为标准来评价汉代君主,为我们衡量宋代的变法运动提供了参照。汉文帝是一位"不求富国"的理想君主。而且,他起居节俭——陈亮在别处曾以这一美德赞扬过宋仁宗。② 文帝不仅不事奢华,还通过除租税、开籍田来促进农业生产。汉武帝是一个代表有为政府的反面例证,在宋代则以王安石为象征。王的反对者司马光认为汉武帝与秦始皇并无太大区别。陈亮声称武帝在许多方面远比秦始皇腐败堕落,如武帝固执而残暴;通过政治垄断和贸易管制牟取私利;征募民众从事劳役;自负而容易激怒;赋税过重;迫害那些反对其政策或惹他生气的人。③ 这些责备与保守派对王安石的指控非常类似,无疑陈亮希望读者能从中发现二者的相似来。简而言之,《汉论》增强了他的政治保守主义特点以及见于 12 世纪 70 年代初、中期其他著作的主观主义道学倾向,并为它们加入了不少详细的内容。

《汉论》与宋代政治思想的许多相同点也进一步发展了陈亮从 12 世纪 60 年代开始的早期主题——中兴与抗金。《汉论》中

---

① 陈亮,10:1 上—2 上。卷 9:6 页下—7 页上;卷 10:1 页上—2 页上。
② 同上,卷 12:2 页上—下。参见《宋元学案》卷 56,1038 页中编者的评论,他说陈亮认为汉文帝与宋仁宗是自三代以来最仁慈、最公正的君主。
③ 陈亮,1212 年版,下册,卷 12:8 页下—9 页上。

经常提出朝代持久性的问题。例如,汉代在武帝繁重剥削下仍能支撑下去,而秦朝却在同样的重负下崩溃。陈亮认为其原因在于汉代初期统治者德泽于民,虽有武帝长期的压迫统治,人民戴汉如故,所以不至于亡。① 汉光武帝在王莽篡权之后,于25年光复汉朝,它作为特别丰富的资源,给陈亮复兴大宋提供了经验。这些历史教训说明要遵循早期统治者如文帝的谦退、放任做法,避免武帝那种政府过分干预和有为的政策。② 但陈亮却赞扬武帝抗击外族侵略者,他们使汉代初期君主蒙受了屈辱。在抗击中亚匈奴并摧毁沿境的匈奴兵力一事上,武帝"其功大矣"③! 不幸的是,他背弃了陈亮所认为的德行和放任政策,这使陈亮不能将之列入真正伟大的汉代君主中。陈亮还激动地指责那些有德行的汉代君主采取和亲政策。例如,他猛烈抨击汉景帝将公主下嫁匈奴单于:

> 丑类愈骄……彼匈奴……真犬豕之不若……夫以中国衣冠之民,一旦邻于腥膻之境,犹且怨咨,况以公主之贵而失身于犬豕,纵得为阏氏,辱中国多矣!④

所以,《汉论》仍坚持着陈亮前期作品,如《酌古论》《中兴论》中的中兴与抗金主题。

道学阶段的著述中也有一些思想萌芽,将在陈亮作为功利主义者的成熟阶段开花结果。虽然陈亮特别强调汉代君主的道德,他仍旧对性格与才能的实用主义方面表现出强烈兴趣。他谈论

---

① 陈亮,卷12:9页上—下。
② 同上,卷10:1页上—2页下;卷12:6页上—9页下。
③ 同上,卷12:8页下。
④ 同上,卷12:4页下—5页上。

宽厚的现实意义与治民之术(尽管很少功利主义的色彩)的时候确实与谈论传统儒家仁义道德一样多。虽然陈亮承认汉代君主并未达到古代圣人纯粹道德的水平①,但是讨论汉代君主是为了用较近历史以寻求宋代政治所需的教训或榜样。重视从古代开始的历史变迁在他论五经的著作中也有所表现。经典告诉我们要"因时立制";而且,孔子的忠恕之道并不是回避实际问题的抽象借口。② 陈亮再三肯定说,经典讨论的只是政府与社会的日常事务。虽然陈亮仍是批评执着功利的人,但其政治论述已经开始表现他后来对获得政治结果的重视。

吕祖谦阻碍了陈亮接受功利主义象征的更为激进的做法。在《汉论》导言中,陈亮以赞同的口吻提到,王通(584—617)敬重汉朝7位皇帝,以他们为后代之楷模。③ 1174年,陈亮重新编定《中说》(又称《文中子》),传统认为这是王通(谥号文中子)的著作。《中说》因为有王通家属及门生的发挥和窜改而显得混杂。陈亮将它分类编排,定为16卷。他之所以重编《中说》,是想在道学内道德家的指责声中为这位功利主义主张的代表人物正名。在跋文中,他表扬王通为继承孔子开创的经典传统作出了贡献,并且称赞王通的著作比荀子及汉代注家扬雄(前53—后18)的作品更为精深。换句话说,王通是孟子之后最伟大的儒者。世俗之人绝对不能欣赏王通的贡献。吕祖谦反对这种过分的赞美,他表

---

① 陈亮,尤其是卷9。
② 陈亮,10:1上—4下,100—105页。参见其1172年致应孟明书,同上19:8上—9下,259—261页。
③ 陈亮,1212年版,下册,卷9:1页上—2页下。关于王通,见Howard J. Wechsler, "The Confucian Teacher Wang Tung(584?-617):One Thousand Years of Controversy", T'oung-pao 63:225-272(1977);Ch'en Ch'iyun, "The Wen-Chung-Tzu Tradition in T'ang and Sung Times"(未刊稿)。

示出的强烈异议使陈亮直到 11 年后,即吕去世 4 年之后才刊行论王通的文章。① 同样由于来自吕的批评,陈亮还修改了为欧阳修政论文集写的跋文。不过,这一次,他对其中某些建议未作考虑便径直发表了他的跋文。吕祖谦原本希望陈亮删去一句谈到神宗试图实施王安石变法的话,而加上另两句话,神宗罢黜王安石并要彻底放弃变法,只是由于疆事方兴,才没有作大的政策转向。吕祖谦从更保守的倾向出发,要求陈亮抛弃对欧阳修温和改良的兴趣,而赞同张载的观点:"经世之名,却不若论事之实也。横渠之学,恐不必立一语指名之(因为张载平实讨论了政治社会的具体事务)。"②

陈亮对宋朝中兴的持续热情使他的注意力从道学的伦理问题转向更具功利色彩的政治学。中兴及相关的军事问题决定了他在土地改革上所持的急切态度。在一篇早期的学校论文中,他指责土地私有制是造成农民经济困厄的根源;然而,在其一生的第三阶段,他主张"富民"(豪民与商贾)对国家财富、力量、安全的重要性。③ 1176 年,他称赞南宋政治家林勋(12 世纪)提出的限制土地所有权的设想。按照林勋的设想,拥有土地超过 50 亩(约合 6.85 英亩)者只许卖地而不许买地,不足 50 亩者可以买地到 50 亩。虽然陈亮同情这一设想,但是他的两个批评突出了他担心这一设想对朝廷抗金军事力量的影响。首先,陈亮反对把徭役

---

① 陈亮,14:4 下—5 下,168—170 页;16:6 下—7 下,192—194 页。吕祖谦的信见《陈亮集》,上册,170 页。
② 吕祖谦的信见《陈亮集》,上册,197 页。比较陈亮,16:8 上—9 上,194—196 页中陈亮所写的跋文。
③ 陈亮,1212 年版,下册,卷 14:10 上—下。见任继愈,第 3 册,101 页所引文字及讨论;另见北京大学哲学系,下册,269 页。这些段落写于陈亮经济状况改善之后,但此处主要论点在于国家安全。参见吉原文昭,107—109 页。

与兵役的负担完全加在那些不足50亩地的农民身上,他们原本是要免除赋税的。第二,他希望将土地的三分之一——而非林勋建议的十五分之一——拿出来支撑朝廷,尤其是军队和官员的开支。① 过了不到10年,当陈亮比较富裕以后,他提出要购买以前属于他家的200亩土地;而且,他对自家园亭的描绘表明他并不想抑制购买土地的做法。② 如此聚敛土地暗示他对林勋设想的兴趣只是出于其对朝廷军事力量的潜在影响。

对政治的兴趣使他于杜门读书将近7年后,在1177年重返太学。陈亮再次参加礼部考试,主考官何澹(1209年后死)没有录取他。为了发泄失望之情,陈亮痛骂何澹是"小子",随即带着憎恨离开了太学,离开了京城。③ 道学阶段多年的读书与修养仍未改变他的性格。

道学阶段为陈亮早期的政治军事抱负提供了一个较哲学化的发展方向。《酌古论》与《中兴论》讨论了具体政策,但没有运用其他许多宋代学者使用的那种哲学语言研究政治问题。1177年,他开始阐述一些哲学观点,这些观点能够支持他在12世纪60年代所著文章中一般性或常识性的经验主义。在评论《周易》、扬雄的两篇文章中,陈亮称赞扬雄比其他学者更能把握抽象与具体之间的关系。当汉代学者仍迷失在八卦中时,独扬雄一人擅长于利用他们描述的数字与变化找出事物中的原理或准则。陈亮反对道学中直接重理的趋向,他不取"十翼",十翼传统上认

---

① 陈亮,16:10上—11上,169—171页。关于林的建议参见周金声《中国经济思想史》(台北,1965年),第2册,594页;陶希圣,第4册,140—141页。
② 陈亮,20:4下,278页;20:8上—9上,283—284页。他的描述给朱熹留下了深刻印象,见《朱文公文集》,卷36:22页。
③《宋史》,卷436,12940页;童振福,27页。

为是孔子所作,为《易》作了更具哲学性的抽象评论。陈亮像荀子一样,引出易卦来支持他的论断。① 虽然道学学者利用《易》进行道的形而上学沉思,但是《易》更经常的是被用来强化对政治社会现实问题采取比较功利性的取向。《易》中的变易思想为陈亮欣赏永嘉学者关注制度的时代适应性及吕祖谦强调历史变迁提供了基础。而且,《易》使他倾向于赞成功利观点,因为利能与义相和谐:"利物足以和义。"对这句话,陈亮评论道:"乾无利,何以具四德?"②换句话说,功利对实现儒家仁义礼智四个基本德性非常重要。叶适刻画陈亮思想实质时用《易》"开物成务"③一语指出了他的功利主义倾向。在论扬雄及《易》的哲学论文里,陈亮含蓄批评了道学中流行的形而上学与伦理学,它们统治其思想几达十年之久。

一篇相关的文章公开为那些偏离儒学之道的政治家辩护。在其他文章中,他已经赞扬汉高祖的谋士张良(?—前186)、文帝之臣贾谊(前200—前168)、蜀汉宰相诸葛亮(181—234),以及唐太宗的宰相魏征(580—643),认为他们是大大的忠臣。④ 在一

---

① 陈亮,9:3下—5上,95—97页;11:9上—下,123—124页;侯外庐,第4卷,下册,716—717页中的讨论。冯友兰,《中国哲学史》,上册,381页讨论了荀子并引《荀子》第五章(四部丛刊本,卷3,9页),第二十七章(四部丛刊,卷19,9页,10页)为例。
② 《易经》被Richard Wilhelm译成德文,被Cary F. Baynes译为英文(Princeton,1967年),见英文本376页。陈亮评述引自侯外庐,第4卷,下册,726页。
③ 叶适是在给陈亮文集作的序中作出这一概括的,叶文见《陈亮集》,下册,469页。黄宗羲(转引自吴春山书,63页)也以此语描述浙江功利主义中永嘉学派。
④ 关于贾谊和魏征,见陈亮11:16上—17上,134—135页;9:2上—3下,93—94页。关于诸葛亮,见同上,7:1上—3上,70—73页;12:2下,7上—下,139页,147页。陈亮取名"亮"大概出于他对诸葛亮的敬重。陈亮的《汉论》也讨论了贾谊和张良,见陈亮1212年版,下册,卷9—13。顾立雅(Herrlee G. Creel)讨论了除张良外其余四人,得出的结论与陈亮的论断相近,见其 *Shen Pu-hai, A Chinese Political Philosopher of the Fourth Century B. C.* (Chicago, 1974),4页,252—258页,277—278页,301—311页。关于魏征,见Howard J. Wechsler, *Mirror to the Son of Heaven: Wei Cheng at the Court of T'ang T'ai-tsung* (New Haven, 1974)。

篇文章中,陈亮把他们称为"学异端"者,陈亮问人们为什么要怀疑这些人的正统地位呢?他们对现实的建议是那么具有价值。他们基本的行动原则合乎正统的儒家之道;不过,其才智与能力引导他们从其他资源,尤其是法家关于现实政策的著作中寻求治术。孔子曾经思考过应当约束才气与豪情以归于正道;而且,孔子仅对其中某些人,尤其是管仲,给予高度赞扬。陈亮只能为这些豪迈而忠诚的"学异端"者发一声哀叹。如果后来儒道未裂,经典未散,这些实践型政治家们也许就没有必要越过儒学界域去追求政治智慧了。① 陈亮仍旧反对王安石,但其关于道统的看法与王安石类似。两人都认为经典时期之后的年代是道的分裂时代,而非道统失传的时代。此时陈亮也欣赏对问题采取更为功利化的取向。

为什么陈亮要离开道学走向功利主义呢?1178年初他易名为同之后写下的三段自传性文字为此提供了答案。

1178—1194:陈同甫在功利主义与相对主义阶段

易名为同后不久,陈亮记下了他所受的挫折,尤其是科举的连续失败以及未能获任朝廷重要官职的遭遇。1178年陈亮为1169年《中兴论》写了一篇跋文,其中反映出他思想与情感的变化:

> 此己丑岁余所上之论也,距今能几时,发故箧读之,已如

---

① 陈亮,11:15上—16上,132—133页。颜虚心,22—23页认为该文作于1169年,但是这组近似的文章中的一部分定为1177和1188年所著。颜虚心未给出理由。我觉得这篇文章与陈亮1177年左右的思想相合,而不是1169年。

隔世。追思十八九岁时,慨然有经略四方之志。①

接着,他回忆起年轻时酒酣之际,谈论一些军事将领以及他们的功绩时是如何令他手舞足蹈、亢奋不已的。他憎恨世人对他们的毁誉总是言过其实。陈亮因为难以忘怀自己的抱负,所以他对此耿耿于怀。在这种心境下,读到了杨时劝人读书的话。杨时认为,读书是发挥才智的先决条件。陈亮在没有得到任何关于中兴之论的回响后,才意识到的确需要修养与读书。在其道学过渡阶段,他闭门读书,长达10年。如今,10年已过,而"虚气之不易平也如此"!陈亮引用《孟子》中的谚语,强调说,如果不能让他在朝廷任职以实现抱负,他便是百无一用之书生。

在一封私人信件中,他毫无愧作地描绘出他情感的波动。这是写给吕祖谦的信,信中,陈亮解释了自己的感情:

> 亮本欲从科举冒一官,既不可得,方欲放开营生,又恐他时收拾不上;方欲出耕于空旷之野,又恐无退后一着;方欲俯首书册以终余年,又自度不能为三日新妇矣;方欲杯酒叫呼以自别于士君子之外,又自觉老丑不应拍。每念及此,或推案大呼,或悲泪填臆,或发上冲冠,或拊掌大笑,今而后知克己之功、喜怒哀乐之中节,要非圣人不能为也。②

陈亮科举失败,无法在政治上发言,这引他走上了道德修养之路。但是接连的挫折以及未能及时掌握修养方法使他确信追求成圣是无益的。

另外的个人因素或许对这些思想转变起到了作用。首先,除

---

① 陈亮,2:7上—下,30页;Lin Mousheng,175页,有该跋文的部分散译。关于陈亮易名陈同,见《宋史》,卷436,12929页。
② 陈亮,19:10下,262页。

了吕祖谦外,陈亮其他的以道学为宗的老师都死于1172到1174年间:芮烨死于1172年;薛季宣死于1173年;周葵死于1174年。这几年标志着陈亮道学著作所达到的高峰。吕祖谦在1181年去世前访问过他几次,朱熹于1182年来过一次,陈傅良于1187年来访。除此之外,自郑伯熊1176年过访以来没有其他重要道学人物拜访过陈亮。1178年的重要交流则是在他与叶适及爱国词人辛弃疾(1140—1207)之间进行的。这些主张经世思想及抗击金人的学者都是陈亮一生最后阶段中最亲密的朋友。朱熹与陈亮在1182年就开始互访并通信,但他们之间的关系复杂而特别。其次,陈亮在1172年开始执教,而在从学人数逐渐增多之后,他便研究其思想中隐含的与传统不相契合的因素,这也许并不仅仅是巧合。再次,他的经济状况最终得到改善,虽然这种相对改善的原因至今仍是一个谜,但无疑其中有学生的资助。1176年他最小的弟弟陈明从在1160年寄养的张家回来了;也许他弟弟带回一笔钱财。陈亮经济条件的好转大概有助于他1177年返回太学,致力于科举成功以及向皇帝上书这些事的发生。他的挫折感仍是因为中举入仕的破灭。

陈亮甚至在1178年上书中表达了对皇帝的不满。在第一书中,他称自己年轻时有经略四方之志以及探讨从汉至唐朝代盛衰之究竟的抱负。对皇帝王霸的研究拓宽了陈亮的理解,他认识到那些从事"正心诚意"空谈"性与天命"①的学者是如何肤浅而不切实际。这些腐儒漠视金人侵略带来的君父之仇。朝廷之臣也并不更让人满意,尽管他们希望富国强兵,却不去研究立国之本

---

① 陈亮,1:6下,8—9页。这篇上书以及相关的讨论收复华北的文章也收入《宋史纪事本末》,冯琦编(北京,1977年),卷79,847—866页。

末,这表明他们实际上忽视了财富与力量。因此,陈亮感到有责任上呈中兴抗金的计划,在 1178 年所上的第三书结尾,他刻意描绘了所受之挫折,虽然他未能在科举中成功,仍请求孝宗起用自己。奏书中重复了他早些时候对科举的指责,向皇帝吐露了他对 1177 年主考官的恶感。1177 年满怀恨意地离开太学之后,为皇帝效劳的愿望驱使他再次回到京城以干帝听。由于秦桧为反对太学生上书皇帝而立下的规定,陈亮不敢上呈他有价值的建议。并且的确如此,他易名为陈同便是为了能向皇帝上书。①

上孝宗皇帝的三书重复了陈亮早期的主题,但是议论却有大的变化。首先,如在《酌古论》与《中兴论》里一样,他提倡采取强硬政策从金人手中夺回北方。重要的是,他为号召复仇与反击所作的补充讨论——哲学与历史的——证明了道学过渡时期研读的深刻影响。中国北部中原地区得天地之"正气",培育了中国人民和中国文化的特殊品格。南宋朝廷偏于中国之一方,只能得其偏气,但虽然远离正气之地,南宋仍旧试图维持其正统统治。如果宋朝不迅速收复中原,那么天命将难以维系。历史表明帝国统一者总是出自西北而不是南宋偏安之东南。如果宋朝移都南京、武昌这样的国家中心地区,那么南宋还有希望,因为这些地方的气不是"偏方之气"。在历史上以此与中原相争有许多成功的例子。其次,陈亮仍然坚持必须在与金人进行军事较量之前阻止并扭转宋朝中央集权化的趋势。这里他更多地直接指责王安石的变法,王安石从根本上将州的军队与经济资源抓在朝廷手中,以至各州无力反应,豪杰也耻于为役。王安石"不知立国之本末者,

---

① 陈亮,1;10 下—11 上,14—15 页;《宋史》,卷 436,12929 页。关于秦桧所下禁令,见童振福,页 29。

真不足以谋国也"。陈亮还具体谈到如何能在不背朝廷开国者祖训的精神下改革过分的中央集权和国家控制军队的状况。像王安石那样,一些官僚们将宋太祖国家控制和权力集中原则发挥到一个极端,这一极端是宋的开国者从未预见的。再次,陈亮仍特别注意君臣关系,但这里他痛斥朝臣和学者头脑糊涂而且全无用处。他声称自己能救国之弊,所以坚持要求亲自得到皇上的召见。①

陈亮在一个月内就上书三次。第一书引起了孝宗的注意,令人将它张贴在朝廷上,暗示要依照旧例提拔没有功名的陈亮。一位朝臣曾觌(1109—1180)明白了皇帝的意图,想安排与陈亮会面。陈亮鄙视曾觌,所以拒绝接见他派来的特使。朝中大臣对他侮辱曾觌和在上书中作出的强烈批评感到震怒。除了向孝宗进上谗言外,他们还力阻皇帝起用陈亮,并劝说皇帝派宰相与他见面。陈亮拒绝回答宰相特使提出的问题,再次向孝宗上书陈述他不愿意在皇帝外的其他人面前说出他的想法。孝宗看到第三封上书后,决定授予陈亮官职,但陈亮傲慢地拒绝了皇帝的安置,原因是职位太低——他必须处于决策者的地位。陈亮对此职位嘲讽道:"吾欲为社稷开数百年之基,宁用以博一官乎!"②他的希望破灭了,他回到家乡,从此借酒浇愁。

有一次陈亮在妓院喝醉了酒,他模仿起皇宫的排场,便以冒犯皇室之罪被捕下狱。陈亮醉后对妓女行皇后之礼,一个想陷害陈亮的嫖客怂恿他模仿朝廷礼节,这位嫖客与陈亮扮成左、右宰

---

① 陈亮,1:1上—11上,页1—15,吉原文昭,页98—99。
②《宋史》,卷436,12930—12940页;《宋史纪事本末》,卷79,859—860页;童振福,27—35页;何格恩,《宋史陈亮传考证及陈亮年谱》,1977—1978页,1994页,注46;颜虚心,49—64页;吴春山,33—36页;关于奏请谥陈龙川的札子收在《陈亮集》,下册,463—464页。在一封信中(陈亮19:15上—下,269—270页),他承认对姓赵的官员言语唐突。

相;而且,那个妓女扮成皇后使他们两人向陈亮的一个学生行大臣礼,高呼"陛下万岁"①。随后,陷害者向刑部侍郎何澹告发,而何澹正是陈亮1177年侮辱过的考官。因为早年受到陈亮侮辱,何澹一直就想清算个人旧账。为了发泄私愤,他将陈亮下狱拷打,直到陈亮自认有意贬低皇上尊严。孝宗听说后,派特使调查,随后便释放了陈亮。孝宗认为陈亮当时正醉着酒,所以谈不上有什么冒犯之事。

虽然陈亮有点不如早年那样能够接受自我修养的忠告,但是他仍然听从了吕祖谦让他读书的劝诫。在1177、1178年的书信中,吕指责他的朋友行为不合常理。在1178年回信中,陈亮表示感激吕祖谦的教导,但又暗示说吕祖谦也许错看了他。他相当大胆地把自己比拟成孔、孟,陈亮指出,当诸侯国的臣子拒绝他们将思想付诸实践时,这两位圣人也遭受过被当作局外人的打击。虽有很强的洞察力,这些被排斥于政府外的英伟杰士也应当意识到他们无法成功:"彼皆以身任道,而执寸莛以撞万石之钟者,可笑其不知量也。"②按照陈亮的看法,吕祖谦本应该指出他的另一个错误——不自量力。而吕祖谦对陈亮在1177、1178年与朝臣发生冲突之后的进步很感满意。他写信给朱熹说:"陈同甫近一二年来,却幡然尽知向来之非,有意为学,其心甚虚。"③吕祖谦对他的约束力明显表现在吕氏一生的最后3年内陈亮没有在著作中发展他的功利思想。但在吕氏死后约一年的时间,陈亮就写下一

---

① 吴春山,36—37页;《宋史纪事本末》,卷79,860页;《宋史》,卷436,12940—12941页;童振福,42页;何格恩:《宋史陈亮传考证及陈亮年谱》,1995—1997页,注68。吉原文昭,51—54页。
② 陈亮,19:11上,263页。
③ 《宋元学案》,卷56,1043页。

系列文章,表明其思想已从道学阶段发生转变。

1182年的文章显示了陈亮的变化,即抛弃过渡阶段的一些孟学与道学观点。首先,他引用《孟子》是为了宣扬一个根本上非孟学的观点,即人性完全是生理性的。陈亮援引孟子对人性与五官相关联的评论,不过忽略了该段将性视为仁义礼智四德之端的部分。① 在另一篇文章中,他在一个论断中展示了人性的这种定义。这一论断为:实际的事物(如水和衣服)对道德非常重要,因为它们与道不可分离。第二,陈亮称赞君主所拥有的奖惩大权对社会有积极的作用。他指责说只有那些不切实际的儒生才力图贬低并排斥这种权力。这些重要权力的行使所以没有达到其社会目的,原因在于君主们容易在奖善惩恶时滥用自私之情并将这些权力当作牧使民众的鞭子。第三,此时陈亮更加明确地反对认为三代黄金岁月与汉唐帝国之间有根本不同的看法。必须更正道学学者作出的基本区分,人们才能把握住道。②

在随后的几年内,陈亮寻求扭转贬低汉唐的潮流。他抬高汉唐作为道德与政治的楷模,这使他与朱熹发生争论。在论争的高潮中,陈亮还于1185年印行了他那部论王通的主要作品。11年前,为尊重吕祖谦的反对意见,陈亮没有将他编定的《中说》(又名《文中子》)予以出版。到1185年,陈亮准备印行这个分类编次的版本;而且,还附录几篇有关《中说》的文章。③ 虽然这一版本现已佚失,但留下来的序、跋及扉页还能见出他对王通作为一个象

---

① 陈亮,4:1下,40—41页;4:3上,43页。在1177年,他赞扬荀子;同上,9:4上,75页。吴春山,尤其是57—59页深入讨论了陈亮对孟子语言的运用及其对孟子思想的反对。参见杨向奎,下册,307—309页。
② 这些文章按顺序为,陈亮,4:3上—下,43—44页;4:1下—2上,40—41页;3:1上—2下,31—33页。
③ 陈亮,14:4下—5下,168—170页;16:6下—7下,192—194页。

征所作的评价。

除了与功利主义政治思想有关,王通还是一个重建儒学以适应当前历史条件的儒者象征。王通政论著作相当程度上影响了唐太宗贞观之治那一辉煌时代的魏征以及其他主要大臣。但是王通的儿子和他的门生都未得到官职,挫折之后,他们编辑《中说》,将其老师提高到第三圣的位置。周公为国家奠立基本制度;孔子以经典形式保存了这些制度;而王通又通过使其适应时代之需要继承了经典传统。像《中说》中表述的那样,王通不仅继续经典的写作,而且模仿孔子的生活方式。王通还称赞前秦苻坚及其重臣王猛(324—375),他们在3世纪帝国秩序崩溃后数世纪的分裂下为建立统一帝国提供了很有价值的教训。王通的政治著作适应于7世纪的特殊背景,正如孔子所编的经典针对周代的情况一样。两位圣人的著作只是为后人面对不同环境时提供富有启发性的范例,而远非给他们指出未来之蓝图。神化使王通的情况变得复杂,就是说,《中说》使人们很难区分历史上的王通与被他的儿子及门生加上传奇色彩之后的王通。[①] 道学领袖因为反对宋代支持王通的那些功利主义及具有乌托邦理想的思想家,对王通逐渐生出了敌意。虽然程颐和朱熹都称赞王通比荀子、董仲舒或韩愈要伟大,但《中说》提倡者坚执之功利态度和王通胆敢模仿孔子的鲁莽行为总起来说阻碍了道学人物对他的好评。宋代任何一派学者基本上都不注意《中说》本身,因为问题在于王通的思想及其象征价值,而非文本。[②]

陈亮通过文本分析批驳了学者对王通的指责。例如,陈亮通

[①] 陈亮,参见 Wechsler,"Wang T'ung", and Ch'en Ch'i-yun,"Wen-Ch'ungTzu"。
[②] Wechsler,"Wang T'ung",225—272 页。

过比较不同弟子对王通言行的描述,说明其弟子在其中插入了出自《论语》的词句和相应内容。这些弟子既不理解他们的老师,也不懂得他们涂在王通身上的神话色彩将引起的后果。由于无知,他们对王通的美化以及渗入的佛教内容给理解王通思想造成了麻烦。而陈亮坚持说,王通思想本身"如日星炳然",因此,弟子们造成的麻烦不应当成为对他理解的障碍。① 这样的文本讨论力求增强人们对王通的接受和重编本的可信度。

陈亮还为王通续经之作在哲学上作了辩护。通过简短回顾西周以来的历史,他论断说,孔子面对当时的政治分裂状况时为尊崇王制不得已而作《春秋》。接着,不可遏制的政治腐败促使孟子提出自己的理论;所以孟子并不是为了标新立异而标新立异。他的思想把握了《春秋》之用,并将它运用于解决他那个时代的危机之中。多少代过去了,对于经典的理解异说纷呈,天地之经,纷纷然不可以复正,而王通开始矫正这天地之经,接着五经而作,这就是孔子之志啊!②

陈亮为王通的辩解表明其思想逐渐激进。12 世纪 70 年代陈亮较早的作品中强调政治与社会制度适合时代之重要性。制度必须与时代相适应,儒学内部重视适时性以符合变化之环境是一个相当传统的态度;它并不一定提出变迁对道或经典中原则的影响的问题。到1182 年陈亮写作他的第六篇论文时,意识到历史变迁对那些学者认为固定不变的道会有影响:

> 孔子之作《春秋》,其于三代之道或增或损,或从或违,必取其与世宜者举而措之,而不必循其旧典。然于君臣之大

---

① 陈亮,16:6 下—7 上,192—193 页。
② 同上,14:4 下—5 下,169—170 页。

义,未之有改也。①

虽然君臣关系的原则仍然根本不变,但是孔子大概自由增损三代之道的其他方面以吻合当时的迫切要求。陈亮为王通的辩解继续沿用这个逻辑,断言后来学者(孟子与王通是其中最著者)需要继承孔子事业,专意于时代危机之解决而不受经典中旧的框框的限制。对王通的热情肯定本身就表明陈亮已经逐渐认同这位颇有争议的功利主义象征。12世纪70年代早、中两期,他还指责对功利主义的执着,而12世纪80年代的著作已经主张追求政治结果与功利。

陈亮最后阶段中功利主义的诉求并不意味着必然放弃政治保守主义。例如,1190年的《送王仲德序》就反映了与第二阶段的政治历史著作相同的保守主义立场:

> 昔祖宗盛时,天下之士各以其所能自效,而不暇及乎其他。自后世观之,而往往以为朴陋,而不知此盛之极也。其后文华日滋,道德日茂,议论日高,政事日新,而天下之士已不安于平素矣。②

宋代士大夫已不再安于平素,带着变革的冲动,陷入无谓地争夺政治与意识形态的统治地位之中。所以陈亮接着回顾了变法前宋朝的那段比较无为而自由的时光。虽然他愿意更激进地发挥他的事功伦理以及变迁概念,但是在他生活的第三阶段(1178—

---

① 陈亮,3:6上,38页。
② 同上,15:5下,178页。在16:11下,202页中,他说从1038年到1040年是极盛期,重要的是,这在仁宗统治时期,而前于范仲淹、欧阳修的吏治改革。在颜虚心、童振福书中我找不出该文写作的时期,但我相信它可能作于12世纪80年代。参见《宋元学案》,卷56,1038页中编者评论,他说陈亮认为汉文帝和宋仁宗是三代以来最仁慈、最公正的君主。

1194)已经改善的经济状况可能阻碍他离开过渡阶段所坚持的保守主义政治立场。

陈亮所为之奋斗的政治结果一直都是抗击金人。献身于收复华北支配着他的朋友选择,并激发了他的诗情。如,1188年冬,他与辛弃疾一起游玩了10天。辛弃疾是一位词人,同他一样对抗金具有责任感。陈亮离开鹅湖后,辛弃疾非常想与他再次见面,但鹭鸶林中雪地泥泞使他未能追上陈亮。沮丧失望之余,辛弃疾口诵一词。5天后,陈亮寄来一首和辛弃疾韵的《贺新郎》,词中表达了他们对外族占领中原的共同焦虑,以及他们永不消歇的复仇之情:

> 父老长安今余几?
> 后死无仇可雪。
> 犹未燥当时生发。
> 二十五弦多少恨!
> 算世间,那有平分月。
> 胡妇弄,
> 汉宫瑟。①

那一年早些时候,陈亮呼吁雪宋廷所受之耻,但朝廷没有倾听他的呼声,失望之余,陈亮拜访了辛弃疾。一名金人使节激起陈亮再度上书,请求开战。1188年,金廷遣使吊唁高宗,而宋朝在此前曾派出3人使金,所以陈亮认为金廷只遣一名使节是对大宋的

---

① 陈亮,17;3下,208—209页;译文见 Wilhelm,"Ch'en Liang's Tz'u",81页,讨论见78—79页。译文文体经我修正。参见 Irving Yucheng Lo, *Hsin Ch'i-chi* (New York,1971);刘乃昌:《辛弃疾论丛》(济南,中国,1979年),125—134页。

侮辱:金廷视大宋为小邦。① 他愤怒地赶往京城,于上书中坚持给金廷以迅速反击。同以前向孝宗上书一样,他恳求发动战争将中国北部从夷狄的统治下解放出来;而且,他再次运用了相同的宇宙论、地缘政治学的策略以及历史类比论来论说。陈亮在京城等了20多天,想听一听朝廷的反响,然后他回到家乡。

陈亮上书的遭遇类似于他在官司上遇到过的一些麻烦。1184年,一个人的死亡使他被捕入狱。在一次宴会上,陈亮怂恿一些客人用他刚买的一种草药(也许是一种胡椒)加强菜肴的美味。陈亮邻座的一位客人回到家就死了,人们便怀疑那种发出怪味的食物有毒。县官把陈亮羁押了约3月之久。陈亮声称卖草药的人骗了他,然后才获释,但在回他妻子家的路上,又遇到一伙暴徒中途拦截,陈亮遭到毒打。投毒杀人的嫌疑罪名一直纠缠着他,因为在一些人尤其是那些他冒犯过的人心里总是残留着不少疑虑。②

1190年,由于牵连进一件谋杀案使陈亮的境况愈加复杂。有两位姓何、吕的平民,他们有时为陈亮干活,在一次争吵中痛打了吕天济(1190年死)。吕天济死前声称这是陈亮的唆使。县官王恬调查后没有发现什么确切证据,但是当局无论如何要关他入狱,因为其敌对者欲置他于死地。虽然陈亮的学生和朋友呼吁释放陈亮,但是直到郑汝谐力请光宗阻止处死这位极富天才而且无辜的人后,他们的呼吁才起到了作用。皇帝的干涉使陈亮于

---

① 《宋史》,卷436,12941—12942页;林耀曾,8页;何格恩:《宋史陈亮传考证及陈亮年谱》,1980页;童振福,65页;颜虚心,113—116页;吴春山,42页。他的上书见陈亮1:11—15下,15—20页。

② 《宋史》,卷436,12942—12943页;陈亮20:8上,283页;何格恩:《宋史陈亮传考证及陈亮年谱》,1987页;1995—1998,注68—69;童振福,41—42页;颜虚心,84—86页;吴春山,41页;林耀曾,10页。

1192年2月获释,结束了数月的监禁生活。① 这两起杀人案困扰了陈亮约9年时间。

在这9年中,陈亮身体越来越坏,而科举的挫折仍然缠绕着他。他抱怨说两个月不能进食,还要受脚病的不断折磨。1187年春,陈亮进京赶考,在那里感染上那年京城猖獗的流行病。他不顾政府严禁走动的禁令,回到家后他弟弟陈明也被传染。陈明在照料他时染病而死。在那年冬天,陈亮满含着悲伤和内疚,葬下年仅28岁的弟弟。② 显然,陈亮的沮丧使他第三次断然放弃参加科举考试。在1189年一封致朋友的信中,他声称要顺从命运安排,与田夫野老为伍,自认对入仕已不抱丝毫希望。虽然他在1187年从太学生中被提拔到较高的级别而得些好处,他仍是感到绝望。陈亮的级别使他有资格参加一个与廷试差不多的特别考试;而其病躯竟无法支撑到考试结束。③ 对生活满足并不符合他的脾性,并且入仕的抱负促使他再次参加考试。其动因也许还出自这样一个事实:仅是一位朝官劝说皇帝予以干预,他就结束了牢狱生涯;这个经历使他回想起学位与官阶的好处。几乎在25年前,另一位朝官也曾通过说情使其父安然出狱,然后不久,陈亮就参加了乡试并获得成功。1192年,当时陈亮刚获释不久,他一个人在京口待了一个夏天,准备次年回京参加已失败多次的礼部会试。

---

① 何格恩:《宋史陈亮传考证及陈亮年谱》,1989页,1998—2000页,注97;颜虚心,125页;童振福,67—69页;吴春山,43页。
② 陈亮,28:4下—5上,414—415页。童振福,64页。颜虚心,118页。关于该次疫病及宋代其他疫病,见 Mark Elvin, *The Pattern of the Chinese Past* (Stanford, 1973),184—192页。
③ 陈亮,21:6下—7上,325页。关于1187年他在太学中的特殊地位的讨论,见吴春山,42页。

陈亮终于在1193年成为进士,他一生中的大挫折得到了抚慰。按照叶适的说法,官司及个人困境长期使陈亮不能专心科举;而且,失败使别人视他为疯子。① 他在考试中强烈地表达了自己的观点,以至于只有一位富有同情心的考官能完全欣赏他回答的价值。幸运的是,他的朋友陈傅良主持这次考试,所以他获得成功。然而在殿试中,他阐发了关于宫廷礼节的意见,这使陈傅良非常恼火,以至于在次年他拒绝为陈亮写作祭文。②

陈亮在参加皇帝主持的殿试时提出了当时最有争议的问题之一。光宗没有像孝宗想念高宗那样对待孝宗,这种不合礼节的事使那些文士感到愤慨,他们希望皇帝能够成为遵守礼节的楷模。众大臣多次请求皇帝不再违礼。但是依陈亮的观点,这一问题只是把人们的注意力从现实的政治问题上转移开,在肯定了父子情分的背景下,陈亮称赞光宗热心政治事务,而不拘泥于敬奉孝宗的朝廷礼节:"臣窃叹陛下之于寿皇,莅政二十有八年之间,宁有一政一事之不在圣怀? 而问安视寝之余,所以察词而观色,因此而得彼者,其端甚众,亦既得其机要而见诸施行矣。岂徒一月四朝而以为京邑之美观也哉?"③光宗对此富有说服力的辩解非常欣赏,他(并不知道陈亮的身份)把陈亮从第三名调到第一,而且孝宗也对这样的解释感到高兴。④

雄辩使陈亮登上一个有职权的位置,光宗授予他金书建康府

---

① 叶适:《叶适集》,卷20,207—208页,收入《陈亮集》,下册,469—470页。
② 关于该文,见陈亮,9:5上—6下,97—99页;讨论见吴春山,44页;颜虚心,129页。童振福,70页,72页,讨论了陈傅良因此事而发怒,但陈傅良本人声称因过于悲痛而无法写祭文。
③ 陈亮,11:2上,113页。
④《宋史》,卷436,12943页;童振福,70页;吴春山,44—45页;何格恩:《宋史陈亮传考证及陈亮年谱》,1981页,1989—1990页,2000页,注105。

判官公事的职务。陈亮一直强调文、武、道德相统一的重要性,但死亡使他——就在他要实现一生抱负之时——失去了将其思想付诸实践的机会,在1194年3月以后任职的路上,他因生病而死去。①

在一生的最后阶段中,陈亮表现出对道学不断增强的恶感。1178年所上的第一书就首次明确攻击道学大师的不肖之徒:

> 今世之儒士自以为得正心诚意之学者,皆风痹不知痛痒之人也。举一世安于君父之仇,而方低头拱手以谈性命,不知何者谓之性命乎!②

1178年致吕祖谦信中,陈亮鄙视道学,以为追求成圣是不可能达到的。1182年他写的第一篇文章也批评了一些近代儒者的观点,他们美化三代而贬低汉唐之治。在12世纪80年代,当道学人物反对他的思想时,陈亮愈加讽刺说,这些人声称进道有特殊门径,其行为"一似结坛"③。从数量上看,1190年的三篇文章可能代表了他对道学最为集中的攻击。④ 最后一次进攻是1193年的殿试:

> 而二十年来,道德性命之学一兴,而文章、政事几于尽废,其说既偏,而有志之士盖尝患苦之矣。十年之间,群起而

---

① 《宋史》,卷436,12943页;吴春山,47页;颜虚心,135页,139页;何格恩,《宋史陈亮传考证及陈亮年谱》,1981—1982页,1990页,2000页,注106。童振福,72页,注37,估计陈亮死于该年3月。
② 陈亮,1;6下,8—9页,译在Wilhelm,"Heresies of Ch'en Liang",106页。译文文体经我修正。
③ 陈亮,20;15上,293页。1178年信及1182年论文在稍前有过讨论:同上,19;10上—11上,262页;3;1上—3下,31—33页。
④ 同上,15;5下—6上,178—179页;15;6上—下,179—180页,19;3上—4上,251—253页。第二段文字部分译文见张君劢,下册,313页。

沮抑之，未能止其偏，去其伪，而天下之贤者先废而不用，旁观者亦为之发愤以昌言，则人心何由而正乎！①

在这里他虽然站在了道学反对者的立场，但并未走到与他们一齐呼吁朝廷禁止道学的地步。

在陈亮死后两年内，道学反对者掀起了一场大规模运动，最终促成了1197—1202年间朝廷实施颁布反对道学的禁令。朱熹是首要目标，而陈傅良和叶适也是打击对象。陈亮既未列在道学支持者中，也未列入反对者一方。② 虽然榜上无名也许仅是因为他已经死去，但他被忽略掉恐怕还是反映出一种想法，即他确实不属于任何一方。很难将陈亮的性格和思想齐刷刷地纳入任一群体中，他在两方都有朋友，最著者为叶适和王淮，并且他与位于不同立场的何澹、朱熹都有过冲突。

陈亮与朱熹的冲突表明陈亮到1180年初期已体现出他的人格力量和思想的独立。与朱熹的争论也提高了陈亮在历史上的重要性。有趣的是，即便是对那些20世纪的朱熹道学批判者来说，这个争论实际上也给了他们不少灵感，因为陈亮攻击朱熹预示了他们对朱熹的批判。朱熹和陈亮的性格因素构成了他们关系中各自阐明思想与彼此批评的部分背景，因此必须在讨论他们的争辩之前揭示出陈亮与朱熹个人间的冲突和友谊之诸方面。

---

① 陈亮，11:2下，114页。
② 见谢康伦，"Neo-Confucians Under Attack"，以及 Haeger，"Intellectual Context"中的讨论。

第三章　争论过程中的性格因素及二者关系

陈亮在不同场合用"人中之龙"指过两个人,一个是他自己,另一个就是朱熹。① 考虑到陈亮喜爱坚强的性格,这种称呼证明了他对自我价值的认识及对朱熹的敬重。如果没有这样的自信,陈亮就不可能在1182—1193年间的通信和会面中与朱熹发生争执。

两人会面前的一些年中,朱熹两位密友就抱怨朱熹容易责难、威胁别人。张栻评论说:

> 又虑元晦学行为人尊敬,眼前多出己下,平时只是箴规他人,见他人不是处多,己是处多;他人亦惮元晦,纵有所疑,不敢以请。谀言多而拂论少,所偏不加省察,则异日流弊,恐不可免。②

吕祖谦也指责朱熹对人的态度:"但详来谕,激扬振厉,颇乏广大温润气象。若立敌较胜负者,颇似未弘。"③这样的批评虽然反映了长期友谊中出现的令人不安的时刻,但是朋友们还是指出了朱

---

① 吴春山,162—163页;陈亮19:12上,264页;其"自我刻画"见四部备要本目录的背面;Lin Mousheng,177页。
② 《宋元学案》,卷49,889页;也引在吴春山,189页。
③ 《吕东莱文集》,卷3,48页;转引自吴春山,189页。

熹与别人交往中的一个问题。当陈亮面对朱熹时,他承认朱熹是人中之龙,不过他也自视为龙。他们的个性在交流中发生冲突,这虽然非常尖锐,但却促成了两人的相互尊重。在一些书信中谈及的私事能为我们描绘出两者之间的关系。

吕祖谦起到了朱熹与陈亮沟通的桥梁作用。尤其在12世纪70年代,他与两位学者一直保持范围广泛的通信,并经常与他们会面。早在1174年,他就鼓励朋友之间进行思想交流。在那一年,他向陈亮转达了朱熹对他著作的兴趣,特别是那篇论二程的文章。相当可能的是,计划中的交流由于陈亮在1178年与朝臣作对时的傲慢行径而推迟。吕祖谦告诫他要检点行为,并向朱熹通告了陈亮后来的变化。① 虽然做了那么多的努力,朱陈两人在吕祖谦1181年去世之前从未有过私人性的会面,也没有直接通信。两人共同朋友的死亡决定了他们第一次相遇。陈亮在《祭吕东莱文》中指出他反对儒者与英豪的传统划分。在夜晚的星光下,他和吕祖谦曾哀叹古来学者不能论两汉以下的英雄;而且,他们逐渐对创造英雄的环境有了深刻理解。朱熹见到这一祭文后,对此很不喜欢,他严厉指责了陈亮的奇谈怪论。②

与吕祖谦的私人关系沟通了两人对话的渠道。葬礼后的几个月,朱熹顺路到永康拜访了陈亮。除了祭扫吕祖谦之墓,朱熹还参观了附近的一个山洞,陈亮与吕祖谦曾在此念书。1182年1月,陈亮回访朱熹,两人在一起有10天时间。一年后,陈亮作了一首词回忆两人会面的情景:

---

① 《增补宋元学案》,卷56,9页。
② 朱熹:《朱子语类》,123:7下—8上,4748—4749页;此段记录应在1188年后。关于祭文,见陈亮,24:1上—下,364页;童振福,37—38页,82页,注27。

第三章 争论过程中的性格因素及二者关系

去年今日,倚楼还是听行藏。未觉霜风无赖,好在月华如水,心事楚天长。讲论参洙泗,杯酒到虞唐。人未醉,歌宛转,兴悠扬。太平胸次,笑他磊魂欲成狂。①

两次会面后,朱熹在第一封致陈亮信中,附上自己一篇论土地改革的文章,征求陈亮的意见。

朱熹的公开职责是浙江的地方官员,这为他与陈亮的联系提供了基础。作为救治该地区旱灾与饥荒的外来官员,朱熹希望得到当地文士的合作与建议。在这第一封信中,他对不能按原定安排拜访陈亮表示歉意,不过他说之所以要违约是因为他为官的职责以及当地居民对近期的一次出行表示了不满。他恳求陈亮来看他,或在附近的刻溪见面,共同过一段日子。在信的末尾,他谈到在陈亮拜访之后他的伤感以及他渴望进行更为深入的探讨。②

朱熹几个月后的一封信更公开地谈及他遇到的麻烦。天气持续酷热,而且非常潮湿;由于不下雨,干旱威胁着田地。这些麻烦混合了他与唐仲友争吵及弹劾唐所带来的怒火。信中强调说明了他的困境:

贱迹孤危,力小任重,政恐旦夕便以罪去耳。旱势已成,三日前犹蒸郁,然竟作雨不成。此两日晨夜凄凉,亭午惨烈,无复更有雨意。虽祈祷不敢不尽诚;然视州县政事无一可以召和而弭灾者,未知将复作何究竟也。本欲俟旬日间力恳求

---

① 陈亮,17;3上,208页;译文见 Wilhelm,"Note on Ch'en Liang's Tz'u",80页,关于洙和泗参见 Wilhelm 的注释,译文经我修正。关于这次拜访的叙述,见王懋竑,111页;颜虚心,72页;童振福,38—39页。论土地改革的文章可能是朱熹的《朱文公文集》卷68;27页上—29页下的那一篇。
② 朱熹:《朱文公文集》,卷36;16页下—17页上。该信及另外致陈亮书见《陈亮集》,下册,297—315页。

去,缘待罪文字未报,未敢遽发。今遂遭此旱虐,如何更敢求自便!但恐自以罪罢,则幸甚,不然则未知所以为计也。不审高明将何以见教也?①

陈亮很快就朱熹所问回了一封长信讨论灾情和朱熹辖内各官员之业绩。在旱灾问题上,陈亮力求给朱熹一点安慰,这只是朱熹命中注定要在旱灾时为官此地。"雨不雨,皆非人力所能为也。"②在婺州灾情的叙述中,他注意到池塘皆未蓄水,而且还有完全干涸的池塘。麦田尚未下种,是细民占卜的结果。他们把今年秋尖发赤、梅树无花都看作了不宜下种的征兆。疫病又肆虐婺州;邻近的衢州米价高涨,其祸将逐渐侵害到婺州。如果6月还不下雨,今年就没了收成。陈亮在信中着重谈了婺州地区官员的能力问题。一位姓赵的官员是唯一在救荒中奔走上下不遗余力者。他生活简约,分文不取,穷民所请无不遂愿。他还在疫中处置收养了五六十名孤儿。这样颇有积极性的官员却因某些人的抱怨而解职,如果他不官复原职的话,婺州便不知所倚,因为其继任者高子演实为无能之官。陈亮敦请朱熹以钱太守为榜样,上书皇帝表示对赵的支持。③

陈亮赞赏像朱熹这样在困难中仍积极奔忙的官吏。虽然陈亮自言有老死园中之计,但那被挫伤的积极性无疑使他羡慕朱熹受命于危急之际。在一封致周必大(1126—1204)的信中,他称赞朱熹为朝廷效力。④ 虽然朱熹已在1183年1月辞去官职,但是

---

① 朱熹:《朱文公文集》,卷36:17页上。
② 陈亮,20:1下—2上,274页。
③ 同上,20:2上—下,274—275页。
④ 致周必大书,见陈亮,21:2上—下,318—319页。颜虚心,70页,定其写于1180年5月后不久。关于他声称有终老庭园之计的例证,见陈亮,20:3下,227页;20:4下,278页。

陈亮仍相信他这位有才干的朋友将被迫重返政治生涯:"秘书虽决意荒野山岩之间,政恐缓急依旧被牵出来,无可辞之处耳。"① 不过第二年陈亮就透露出他对朱熹乐意退出现实政治多少感到一点悲伤:

> 体备阳刚之纯,气含喜怒之正。睟面盎背,吾不知其何乐;端居深念,吾不知其何病。置之钓台捺不住,写之云台捉不定。天下之生久矣,以听上帝之正命。②

朱熹辞官并离开浙江之后,两位学者的关系开始出现紧张。在朱熹 1182 年以腐败为名弹劾唐仲友时,就有流言说其中有陈亮的影响。人们猜想陈亮由于想要一名歌女受到唐的阻挠而怂恿朱熹指控的。唐仲友对这位歌女灌输恶感,认为她如果跟陈亮一起生活,就可能因陈亮不能给她提供足够的生活保障而挨饿受冻。实际上,唐可能在陈亮拒绝劝说朱熹放弃弹劾后瞎编了这个故事。③ 陈亮在 1183 年秋季的信中批评朱熹前一年处事不当,尤其表现在唐仲友一事上。朱熹无意中为那些奸猾小人所利用,陈亮唯一所愿就是希望朱熹举措洒然。虽然陈亮努力置身事外,但唐仲友仍对他进行诽谤;而且,他曾向吕祖谦从前的一个学生潘景愈问过学,所以朱熹疑心他的动机。陈亮辩解说:"某非多事者。"如果连朱熹都误会了陈亮,大概就不会有任何人相信他了。④ 朱熹根本不理会他:"附托之戒,敢不敬承,然其事之曲折

---

① 陈亮,20:4 上,277 页。
② 同上,10:6 上,110 页;译文见张君劢,上册,312—313 页,译文经我修正。
③ 关于此事,吴春山,38—40 页有特别不错的研究。在一封致朱熹的信中,陈亮(20:3 下—4 下,277—278 页)否认与此事有关,并抱怨受到唐的诽谤。关于较为同情唐的研究,见石田肇:《唐仲友觉书——南宋思想史の一齣一》,《社会文化史学》12:23—37(1975 年 7 月)。
④ 陈亮,20:3 下—4 下,277—278 页。

未易纸笔既也。"①

尽管有这么多的紧张,朱熹仍然鼓励两人之间的交流。他答应待副本录好后就送一些诗词和其他文章给陈亮,他也向陈亮索要诗词。朱熹虽然对陈亮送来的论文颇有批评,但是也渴望继续他们的对话:

> 去年十论大意,亦恐援溺之意太多,无以存不亲授之防耳。后生辈未知三纲五常之正道,遽闻此说,其害将有不可胜救者,愿明者之反之也。妄意如此;或未中理,更告反覆,幸幸。②

两人坦率地说出了对彼此性格和观点的新看法,并且1182年信中极其礼貌的语气到1183年末开始发生显著变化。陈亮秋季对朱熹的拜访也许促进了这种坦率,因为在这次拜访之后,朱熹的来信就比以前要直白得多,开启了1184年通信中较多争论的时期。

朱熹将陈亮的思想与他的不端行为及个人问题关联在一起。1184年夏,他就陈亮不幸被羁押与诽谤写了一封信。在表达了听闻陈亮事件已经辩白的喜悦后,朱熹严厉箴规道:"凡百亦宜痛自收敛……然观老兄平时自处于法度之外。"③他承认在以前谈论时不够坦率是他自己的错,但又说对别人每有规讽,总感到有必要用一些婉转的字眼来表达。他认为陈亮过于鲁莽(叶适多少也有相同的判断;他后来也承认陈亮对抬高自己、贬斥他人之事

---

① 朱熹:《朱文公文集》,卷36,17页下。
② 同上,卷36,18页上一下。救溺水者的比喻提出了境遇伦理的问题;见第一章,29页的讨论。
③ 朱熹:《朱文公文集》,卷36,17页下。

第三章　争论过程中的性格因素及二者关系

不感到丝毫害臊)。① 虽然陈亮性格中有这点缺陷,朱熹还是想待到空闲时与他见面,以便能当面问候陈亮。但陈亮近期的麻烦表明了朱熹不该迟疑与推迟对他进行劝告。朱熹在声明他不愿冒险估量陈亮目前官司中是否有罪的同时,特别指出陈亮"平日之所积,似亦不为无以集众尤而信谗口者矣"②。在救治陈亮问题的药方中,他规劝陈亮放弃错误观点,约束冲动的情感,改正任性的行为。另外,陈亮应当放弃否认义利之辩的努力,而"粹然以醇儒之道自律"③。

陈亮为自己的性格和思想作了辩解,他肯定地说世人无法理解和欣赏他的才干,"盖未易以常理论。"④他作了一些生动的比喻——如木出于嵌岩欹崎之间,赤梢鲤鱼齑甕可以浸杀⑤——来描绘同时代人对他的态度。他承认自己没有遵从社会传统的繁规缛节,但是宣称,别人应当欣赏他有推倒一世之智勇,开拓万古之心胸。⑥

陈亮对两个指责作了答复。第一,朱熹指责他对待吕祖谦的做法越出了社会的常规。⑦ 陈亮辩解了他与吕祖谦的关系。当他20岁时,同试漕台便列名于吕氏之上(漕台是地方运输与财政官员)。数年之间,吕祖谦已经成为进士,同时是一位著名学者,但仍然敬重陈亮。吕祖谦晚年尤其将陈亮置于他的保护之下。吕氏对他无话不说;而且,箴切诲戒,无所不尽(暗指说朱熹也不

---

① 叶适,《叶适集》,卷20:207—208页;见《陈亮集》,下册,469—470页。
② 朱熹:《朱文公文集》,卷36:19页。
③ 同上,卷36:19页上一下。
④ 陈亮,20:5上,279页。
⑤ 同上,20:5上一下,279页。
⑥ 同上,20:5下,279页;20:6上,280页。见张君劢,上册,314页。
⑦ 朱熹:《朱文公文集》,卷36:18页下。

必在劝诫他时含糊其词)。所有这些触怒了吕氏的朋友、弟子,他们视陈亮离经叛道,非其等辈。陈亮承认因此而嘲笑侮辱过这些人,同时暗示说朱熹的指责或许就出自那些受过陈亮侮辱的人的口中。① 这些人还诽谤陈亮利用吕祖谦的名声抬高自己。在《祭吕伯恭文》中,陈亮谈到他与吕氏交往的真正背景,表达了永别之悲伤。但那些不能理解他们关系的人视这篇祭文是陈亮为抬高自己玩的一个花招。陈亮意识到朱熹对这篇祭文的态度,因此委婉地予以反驳。②

第二,陈亮驳斥了认为其性格和想法给他招来官司的指责,"如亮今岁之事,虽有以致之,然亦谓之不幸可也。……亮滥膺无须之祸。"③那些憎恨陈亮的人数次指控他,却未能证实一条罪状。"初欲以杀人残其命,后欲以受赂残其躯,推狱百端,搜寻竟不得一毫之罪。"④陈亮唯一承认的就是在其公开的辩解中用词随意,那些官员便抓住这一点加以迫害,认为他在影射着什么,而这却是陈亮从未想过的事。

陈亮想从朱熹那里得到更多的理解。陈亮断言由于他对同时代人的诽谤、恶意毫不挂怀,所以感到非常自由;然而,他不得不承认,这种独来独往能够招致灾祸。⑤ 有一些学者和朋友的评

---

① 陈亮,20:5 上—下,279 页。
② 同上,20:7 上—下,282 页。他知道朱熹的态度。牟宗三:《道德判断与历史判断》,《东海学报》1.1:223(1959 年 6 月)。
③ 陈亮,20:5 下,279 页。他以"无须之祸"一词来表明他受到的不公正的对待;而且,他在 1191 年的一篇序文中再次提到该词。同上,15:6 下,179 页。这一常为人引用的词见范晔:《后汉书》(北京,1965 年),卷 69,2252 页,在书中当 2000 多名无辜百姓(有的有须,有的无须)被杀戮时,范晔以此来表示这件事。这从科学院哲学研究所编:《中国哲学史资料选集》(北京,1959 年),第 4 册 349 页,注 2 中得到启示。
④ 陈亮,20:5 下,279 页。
⑤ 同上,20:6 上,280 页。

价的确重要,吕祖谦就是其中之一。如今,按照陈亮的说法,他唯一期待的便只能是从朱熹那儿获得理解,这无疑带有夸张的成分:

> 秘书若更高着眼,亮犹可以舒一寸气;若犹未免以成败较是非,以品级论辈行,则途穷之哭岂可复为世人道哉!①

以此来反对朱熹对他思想的攻击,陈亮是在暗示朱熹恐怕运用了一种权宜的成败标准衡量陈亮,而朱熹曾经指责过他用这一尺度来抬高汉唐英雄的地位。

陈亮巧妙地把朱熹的"醇儒"降为较低一层的典范。陈亮宣称,子夏(前507—?)和其他早期儒者用仁义之教——伴随着传承古代格言和定则以便后学有所持循的告诫——分出一派学者并称之为"儒",但是有一个更宽广的"成人"之道:

> 成人之道,宜未尽于此。故后世所谓有才而无德,有智勇而无仁义者,皆出于儒者之口。才德双行,智勇仁义交出而并见者,岂非诸儒有以引之乎! 故亮以为学者,学为成人;而儒者亦一门户中之大者耳。秘书不教以成人之道,而教以醇儒自律,岂揣其分量则止于此乎?②

按照《论语·宪问》的记载,孔子谈到过"成人";所以陈亮就从夫子那里抓住这一词语,反对醇儒理想。

陈亮对自己观点的诠释使通信中的争论提高到较为学术化

---

① 陈亮,20:6上,281页。
② 同上,20:7上,281—282页。牟宗三:《道德判断与历史判断》,226页中注意到陈亮声称子夏分出一派称之为儒的说法是不正确的。关于朱熹认为成人是次要的、有限制的典范的观点,见邱汉生《四书集注简论》(北京,1980年)111—113页中的引文及讨论。

的高度。虽然以前的信件对特定观点有过简单附注,但对自己的观点以及争论深入中的很多问题缺乏如此系统的注释。朱熹在浙江时,他们信中提到了两人希望以后一起研读讨论的著作,并且他们的书面批评也限制于一定的范围与内容。例如,朱熹特别要求陈亮带给他王通著作的重编本,表达了他对讨论某些如《战国策》《论衡》等著作的兴趣。① 朱熹确实评说过陈亮十论,而陈亮也对朱熹关于土地问题的解释作过评论。② 不过,到1184年时,朱熹对他十论的反应使陈亮进入更大范围基本问题的争论。较远的空间距离使讨论更多地依赖书信往来,但是分离并不必然导致争论。争论的主角越来越相互熟悉;而且,显然双方都多少受到对方人身攻击的困扰,这种气氛使双方更愿意提出自己的反对意见。

  1184年秋,朱熹又写了两封信,第一封实际上是对他听说陈亮狱事已结后表达喜悦之情的简短便条。一位朋友途经朱熹家,和他谈了这一案件较多的细节。朱熹重述道,整个事情非常复杂,并的确令人遗憾,但是没说他站在陈亮一边。在敦促陈亮从事道德践履的同时,他指出静坐冥想对陈是不适当的。③ 朱熹回答陈亮信中的批评时,否认他在用是非、成败的标准来判断陈亮一事。朱熹承认这个便条写得匆忙,它并没有真正将讨论推向深入。

---

① 朱熹:《朱文公文集》,卷36:16页下—17页上。
② 同上,卷36:18页下;陈亮,20:1上—下,273—274页。
③ 朱熹:《朱文公文集》,卷36:19页下—20页上。在这儿反对从事静坐的说法与他所谓"半日静坐,半日读书"的规定相反。一些学者以此规定作为每个人的总的原则,但是至少在这里显然不是朱熹的本意。见狄培理"Neo-Confucian Cultivation and Enlightenment",在其编的 *The Unfolding of Neo-Confucianism* (New York, 1975),170—172页,以及导言,14页。关于这个观点,他依据的是冈田武彦:《坐禅と静坐》(长崎,1965年),82页,92—99。

朱熹 1184 年写的第二封信首次深入反驳了陈亮的观点,但这一反驳仍然纠缠于道德修养的诫条之中:

> 事远日忘,计今处之帖然矣。……而细读来书,似未免有不平之气。区区窃独妄意:此殆平日才太高,气太锐,论太险,迹太露之过;是以困于所长,忽于所短。虽复更历变故,颠沛至此,而犹未知所以反求之端也。尝谓"天理""人欲"二字不必求之于古今王霸之迹,但反之于吾心义利邪正之间。察之欲密则其见之愈明,持之欲严则其发之愈勇。孟子所谓"浩然之气"者,盖敛然于规矩准绳不敢走作之中,而其自任以天下之重者,虽贲育莫能夺也。是岂才能血气之所为哉!①

朱熹以孟子为例,回答了陈亮自视英雄的说法,并进一步告诫陈亮要用儒家规范来约束自己。

朱熹再次要求陈亮百尺竿头,更进一步:

> 老兄人物奇伟英特,恐不但今日所未见,向来得失短长,正自不须更挂齿牙,向人分说。但鄙意更欲贤者百尺竿头,进取一步。将来不作三代以下人物,省得气力,为汉唐分疏,即更脱洒磊落耳。②

这一要求将道德修养问题与陈亮对汉唐英雄历史地位的解释及他以"成人"作为典范联系起来。

陈亮想从朱熹的声望中受益。两人信函中所用尊称和词句清楚地反映出朱熹作为一名资深的、获得较多认可的学者地位。

---

① 朱熹:《朱文公文集》,卷 36:20 页上一下。他指责陈亮不遵循孔子之教:"君子求诸己,小人求诸人。"(《论语》15:20)《论语》译文见陈荣捷,*Source Book*,43 页。
② 朱熹:《朱文公文集》,卷 36:21 页下。

陈亮请朱熹书写 6 字条幅作为送他岳父的贺礼,他还为其亭阁向朱熹求诗词、书法。① 陈亮给一些人看了朱熹的来信以表明他们之间的亲密关系,保护他不受别人的陷害。②

陈亮也希望得到朱熹的理解,并且如果可能的话,希望得到他的学术支持。当想起自己遭到暴徒毒打时,陈亮感到伤心,"设死后,谁当为我明之?"③他的体力一经恢复,就写给朱一封深入地辩解其个人与思想的信。他经常抱怨朱熹没有理解自己,不明白他的真正意图,但他还是请求朱熹与他一同重写近世历史。④其他一些呼吁理解的请求仅仅是对朱熹指责的反应。例如,有一次,朱熹对这位较年轻的对手完全失去了耐心,在一封晦涩难解的便信中,朱熹抱怨陈亮像孙楚(293 年死)一样玩弄文字以展示他的辩才。⑤ 陈亮回答说,他并非专意争辩,只是希望向朱熹一个人阐明自己的观点。以前,他只与吕祖谦进行思想讨论,陈亮之所以积极选出吕、朱两人则是因为他们有献身真学问的热情,并且两人都很关心他。陈亮声称,当吕祖谦弟弟(吕祖俭,1196年死)和潘景愈等学者来访时,他们之间不过是寒温常谈。⑥ 即便有人认为这一段文字有些夸张,而陈亮希望得到朱熹的理解却非常明显。

两位思想家各自担心对方不能充分考虑自己的观点,并且各人提出的理由反映了其对双方关系的看法。朱熹呼吁陈亮不要

---

① 陈亮,20:8 下,283 页;20:9 上,284 页;20:17 上,296 页。
② 同上,20:16 上,294 页。他未指明哪一些权势者。
③ 同上,20:8 上,283 页。
④ 同上,20:11 下,277—278 页;20:12 上—下,279 页;20:15 上—下,293—294 页。
⑤ 朱熹:《朱文公文集》,卷 36:28 下。孙楚是一位希望过隐居生活的英雄。当他说欲"漱石枕流"时,他的朋友对此提出异议。他反驳说,枕流,是想洗其耳;漱石,是想厉其齿。见房玄龄的《晋书》(北京,1974 年)卷 56,1543 页。
⑥ 陈亮,20:16 上—下,294—295 页。

拒绝他回到正统的告诫而视其为陈词滥调:"试一思愚言,不可以为平平之论而忽之也。"①朱熹关心自己的思想是否被接受缘于陈亮所作出的反应。在一封致陈傅良的信中,陈亮抱怨朱熹思想缺少原创性:"元晦之论只是与二程主张门户。"②

陈亮也认识到自己古怪不经的特性成了阻挡别人虚心倾听其观点的障碍。一方面,陈亮为自己的创造力感到骄傲:"近有《杂论》十篇,聊以自娱……尤与世论不合,独恐秘书不以为异耳。"③另一方面,他也尝到了因好发怪论而无法与人沟通的苦头:"顽悖为众所共弃,而嗜好之异乃有甚于伯恭者邪!既以自幸。"④陈亮悲叹自己的名声和地位使别人不能公正地听一听他的想法:

> 惜其胸中之区区不能自明于长者之前,人微言轻,不为一世所察,秘书虽察之而不详。⑤

在另一封信中,陈亮责怪朱熹不能以孟子为榜样,辨清楚一个人的真实性格与动机。孟子就能理解敬重受世人指责的匡章(大约公元前300年人):

> 亮辈根本工夫自有欠缺,来谕诚不诬矣。至于畔去绳墨,脱略规矩,无乃通国皆称其不孝而因谓之不孝乎!……亮不敢有望于一世之儒先,所深恨者,言以人而废,道以人而屈。⑥

---

① 朱熹:《朱文公文集》,卷36:19页下—20页上。
② 陈亮,21:9下,330页。参见同上,20:13下,290—291页。此处他指朱熹之论为"常言",而《陈亮集》的编者却据一本改"常"为"名"。
③ 陈亮,20:1下—2上,274页。
④ 同上,20:1,273页。
⑤ 陈亮,20:14下,292页。
⑥ 同上,20:13上—下,290—291页;见《孟子》,4下:30。

总而言之,陈亮请求朱熹好好考虑他的来信,把它当作是位受到世人尊重的学者写的。①

陈亮的担心有相当充分的理由。叶适和李贽(1527—1602)都批评朱熹不能或不愿去理解陈亮。② 朱熹与陈亮的争论虽然非常严肃,但他还是将陈亮的观点和他缺乏道德修养联系起来;而且,朱熹甚至暗示说,争论本身也是出于陈亮的不平之气。③ 陈亮大胆提出新的观点,令朱熹非常反感;这个缺点,消磨了汉唐儒生许多的光阴,即他们"不肯低心下意做儒家事业圣学功夫"④。朱熹虽然不对每个新观点都表示敌意,但他批评那些猎奇之士,因为思想应当通过充分地、训练有素地阅读已往文献而自然产生。⑤

到1186年底,争论基本结束,但交往却未终止。由于每人都站定自己的立场,所以争论最终陷入僵局。在1185年末,陈亮承认无法说服朱熹,但他还将辩论延续了一段时间,以使后来者能够就这一完整事件作出评判。⑥ 到了1186年年底,他以相当抱歉的语调说,他只是想补充——而非从外部攻击——朱熹的正统立场。陈亮仍然在朱熹过寿时呈上诗词与礼品,朱熹回信表示了感激。⑦ 两位朋友还计划1188年在紫溪会面,不过朱熹却未能

---

① 陈亮,20:15下,293—294页;20:11下,287—288页。
② 叶适:《叶适集》,卷20,207—208页;见《陈亮集》,下册,469—470页。见李贽所写关于陈的小传,《陈亮集》,下册,464—466页。
③ 朱熹:《朱文公文集》,卷36:22页上,28页下。
④ 同上,卷36:24页上;译文见张君劢,上册,323页。译文经我修正。
⑤ 钱穆:《朱子新学案》,第1册,160—168页。
⑥ 陈亮,20:15下,293—294页;20:16下,295页。
⑦ 同上,17:5下—6上,213页;朱熹:《朱文公文集》,卷36:20页下—21页;颜虚心,111—112页,138页。

成行。① 虽然1186年后陈亮仍保持他那坦率的姿态,但是却没有什么材料表明他再一次积极地希望说服朱熹。

现存的陈亮致朱熹的信函中,没有一封写于1186年后,但仍然有充分证据显示出1186年后他们的信件来往不乏学术讨论。在一封写给朋友的信中,陈亮引用了一封给朱的信中的一段文字,这封信现已佚失。② 而且,除去朱熹1193年致陈亮的信这一突出的例外,很难确定他在1186年后写给陈亮信件的具体日期。虽然这些信主要讨论一些个人私事,朱熹也仍然就一些问题给陈亮以指导,如寻求入仕时所应有的态度等。朱熹信件的内在证据说明他仍能接到陈亮陈述自己观点的信函。例如,朱熹在回复陈亮的信中说:"又如今书所喻过分不止之说,亦区区所未喻。"③朱熹致陈亮的最后一封信写于1193年,证实了我对1186年后两者关系的看法。在这封信中,朱熹祝贺陈亮近日名列进士之首,从这封信明显可以看出朱熹仍能接到陈亮的来信和寿礼:

> 自闻荣归,日欲遣人致问,未能。然亦尝附邻舍陈君一书,于城中转达,不知已到未也?专使之来,伏奉手诲,且有新词厚币佳实之贶,感纫不忘之意。④

朱熹又一次提及陈亮在信中表述的观点,并对之作了评论。主要的问题是道德修养和入仕为官,与该时期另一封信的主题相关。⑤ 后来信中讨论的不多问题并没有为1183—1186年间的观

---

① 颜虚心,116—117页。
② 陈亮,19:16上,291页上致吕祖谦信。吴春山,189页,207页,注48有此观察。
③ 朱熹:《朱文公文集》,卷36:30页下—31页上。
④ 同上,卷36:31页下。
⑤ 朱熹:《朱文公文集》,卷36:30页下—31页上。

点添加多少内容；因此，陈亮后期信件的佚失实际上无损我们对争论的复原。学者们按照传统只研究从1183年到1186年的书信，尽管这种做法很适当，但是人们不应当产生这样的印象，即两人间的学术与个人交往到1186年就停止了。拜访与信函建立了对手之间的私人友谊；而且，尽管彼此严厉抨击对方的观点与个性，但是他们仍然保持着友谊。

陈亮和朱熹虽有尖锐对立，且措辞严厉，却能够继续他们的对话，但他们的同盟者却感到越来越不可容忍。陈亮就抱怨朱熹弟子拒绝与他来往。① 而且，陈亮的亲密战友叶适从未像陈亮那样与朱熹建立起友谊，虽然朱熹感激1188年叶适在朝廷上为他辩护，他仍对叶适与佛教的暧昧关系感到不安。而且，朱熹曾就叶适的抱负及其必须研读儒学经典的问题给叶适以告诫，这导致了他们之间学术讨论的中断。朱熹后来对一位朋友说他已有相当长时间未能收到叶适的来信，可能是因为叶对朱熹的指责耿耿于怀。②

朱熹对陈亮去世的态度表明两者关系的性质。陈亮的儿子请朱熹为其父作一篇祭文，而朱熹却临时立了不作祭文的规矩。不过，他还是为陈亮的墓碑题写了12个字："有宋龙川先生陈君同父之墓。"③虽然陈亮从来都不可能得到朱熹的完全肯定，但他却因为与朱熹的著名辩论而在历史上有了许多听众。性格因素与讨论的问题相交织并且为他们的意见表达方式增添了色彩。

---

① 陈亮，20:16下—17上，295页。
② 朱熹：《朱文公文集》，卷54:7页下；卷56:6页上—8页上。参见钱穆：《朱子新学案》，第3册，605—607页中的讨论；罗文，Yeh Shih，81页中的讨论。朱熹的信可能写于约1189、1190年。关于叶适在朝廷为朱熹辩解，见《叶适集》，卷2,16—20页。
③ 朱熹：《朱子语类》，107:16下，4256页。

不过,两者根本差异仍是观点的不同。虽然性格冲突影响他们表达自己的观点,但是讨论的问题必须主要放在他们自己的文化与学术术语的框架内加以考察。现在,把握辩论本身的门径已经被开启。

第四章　政治中的道德问题

朱熹和陈亮讨论了他们经由儒学两极化而发展出的基本政治倾向,在此过程中,他们使绝对目标伦理与政治所得伦理、道德伦理与事功伦理之间的紧张具体化了。从陈亮的角度来看,道德建立在结果之上。陈傅良这样概括陈亮的观点:"功到成处,便是有德;事到济处,便是有理。"①陈亮试图克服义——一定情况下须有特定道德审慎地决定对策——与利——在当下利益的基础上判断行为的对错——之间的二分局面。但是,孔子在《论语·里仁》中说过:"君子喻于义,小人喻于利。"据此,朱熹批评了陈亮等浙江学者不能区分伦理原则与当下利益。② 在他的绝对伦理学中,德性或义包含着无上命令的应然性,即:人必须行善的原因是由于这样做是善的,而不是因为计较了社会政治的功利结果。仁义道德也与权相矛盾。他对仁义道德与权的关系的看法与陈亮及《文中子》有所不同。朱熹认为:

> 盖义是活物,权是秤锤。义是秤星,义所以用权。今似它说,却是以权为"嫂溺援之"之"义",以义为"授受不亲"之

---

① 陈傅良:《止斋先生文集》(四部丛刊本,1929年),卷36,2页下—3页上。译文见张君劢,上册,327页,译文经我修正。
② 朱熹:《朱文公文集》,卷53:33页上,也引在庄司莊一《朱子と事功派》,467页。

"礼",但不如此。问:"义便有随时底意思。"曰:"固是。"①
显然,权要比义低一级,权必须为义所用。不能把权提高为义,把义提高为礼。那么,这里的问题就是道德是否能化约为一种情境判断。对于陈亮而言,增加社会政治功效的境遇伦理本身就是善的,但他必须反驳这样的指责:境遇不过是机会主义与权宜的遮羞布。

陈亮:功利主义的事功伦理学

在反省当时学术氛围下伦理思考的主流时,陈亮用实用主义伦理观支持他的事功伦理学。南宋的学术与政治危机将其注意力转移到寻求现实问题的解决上来,并且他希望这种诉求不要受到动机伦理学及其道学的形而上学基础等成见的束缚。由于这些伦理与哲学考虑在当时思想界具有中心地位,陈亮便在道德倾向和社会政治问题解决的层面上立论;因此,他的功利主义伦理观面临着当时在文化层上的反对意见。术语含义和象征的性质对于这种文化上的对立来说非常关键;所以,陈亮与儒家二分法及象征概念的术语系统苦苦争斗,以便能越出当时的流行用法的框框。北宋和南宋许多哲学家对霸的象征的思索以及对汉唐君主的评价增加了其使命的困难性。他为了能予追求结果的思想倾向以更强的合法性,不得不与针对实用主义倾向而生出的否定性意涵相抗争。

陈亮寻求为功利主义倾向树立楷模,其中最重要的两个便是

---

① 朱熹:《朱子语类》,137:19 上,5252 页。

霸和汉唐的几位君主。首先,他合王霸为一体,否定了王霸二分。通过将王与实用主义政治学联系起来,陈亮使功利关怀成为王道这个道德概念的一部分;因此,他的王霸统一弥合了手段与结果之间的鸿沟。陈亮运用这种伦理主张,能将注意力集中于政治行为的效果,而不被行为的道德问题所束缚。其王霸统一论否定了功利的否定性涵义,为社会政治效果的主要取向提供伦理上的支持。他首先希望自由地运用实用主义象征和功利主义术语构筑一套理论,有助于宋朝恢复权力和领土。其次,对汉唐君主中英雄人物的历史修正体现了支持入世思想及关注结果的思想倾向,同时增强了它们的合法性。像这样,对将近世历史运用于讨论社会政治主张的兴趣表明他与历史类比论的宋代提倡者有共同的前提。但是陈亮也还试图创设出得到伦理支持的功利典范,他通过研究汉唐开国者的英雄业绩,设立其功利取向的楷模。

为了将汉唐拔高为历史典范,陈亮不得不反对儒学给予三代黄金岁月的特殊地位。按照一般的儒家信念,三代是一种象征,在那个黄金时期,历史上的基本价值得以成功实现。三代的黄金岁月在传统上赋予基本价值以真实性,并为相信这些价值的有效性提供了基础。如果陈亮能够铲除这一信念的话,他就可以随意用后来君主的英雄业绩构建更多的功利象征,这些象征将为其关注社会与政治效果提供伦理支持。

攻击三代的崇高地位比肯定三代与后世性质相同更加复杂。朱熹批评陈亮通过否认三代和汉唐的区别使三代降到汉唐的水平,陈亮在回答中指责朱熹没有理解他的意图和观点。陈亮承认两个时代有完满程度的不同,他写道:"某大概以为三代做得尽者也,汉唐做不到尽者也。"其例证便是三代"无一人之不遂其性",

而汉唐"人遂其性亦有时而乖戾者"①。在别处,他以另外的语言表达了这一观点:

> 亮大意以为本领闳阔,工夫至到,便做得三代;有本领无工夫,只做得汉唐。②

陈亮表面上在主要问题上向朱熹作了让步,其主要立论就在这一退让的基础上展开了。

陈亮想要朱熹承认五经把历史上的三代理想化了,并且这一先例使他有理由以同样方式将近世历史改造成一种典范。按照陈亮的看法,把古代与近世历史绝对分开使朱熹断言在三代时不存在利益追求和对富贵的欲望。陈亮认为,《诗经》和《尚书》的记载的确洁净,但这不过是三代的"正大本子"。经典在编定时,经孔子"洗净",便得如此洁净的正大本子。因为现实的人及其行为总是不合理想,所以只是孔子在编定中才赋予了三代以较高的特殊地位。孔子有一个崇高目的:通过编定净化这些文献,保卫政治的价值和人们为保持适当社会关系所需的准则以抵制道家的诽谤。由于后人没有理会孔子工作的真正意图和特征,就将他的目的歪曲了。如果人们理解了保存在经典中三代楷模的性质,他们就能摆脱错误的看法;而且,做到这一点将会使汉唐开国君主的理想抱负在当代得以阐明。③

陈亮相信这就是他的历史使命,但是他仍然希望朱熹诸人

---

① 陈亮,20:12 上—下,289 页。朱熹的指责见《朱文公文集》,卷 36:22 页下—23 页上。
② 陈亮,20:14 下,292 页。
③ 陈亮,20:9 下—10 上,285 页;20:14 下—15 下,292—293 页。朱熹在正式著作中,如《大学》注的序言等,的确将三代作为理想,此时人人皆能尽其性。见朱熹《大学章句·序》(四部备要本),1 页上—下。

"相与洗净二千年世界,使光明宝藏长长发见"①。虽然朱熹没有接受这个请求,陈亮已经着手进行主要的论证。他通过赞扬孔子创立正大本子,揭露三代黄金时期特殊地位的真相,而且使他自己建立典范的工作具有合法性。由于有孔子的支持,他能够为政治价值以及较近的相关历史阶段的规范作辩护。他把自己的作用间接地与孔子联系起来,实际上是将道家诽谤三代政治与道学人物对汉唐的指责相比拟。②

应当明确的是,陈亮实际上并不希望打破三代神话。每一位现代的经典读者都将意识到战争、计谋等许多事件能够证明陈亮断言经典描述的三代完美无缺是错误的;然而,他没有注意到这一明显突出的矛盾。按照传统的理解,三代被用来——选择性的——为政治和社会智慧提供正面指导,这一选择只包括那些被认为是典范的王者和活动者,视点集中于被定型为道德榜样的开国帝王及其重臣。陈亮在学校时写的论文就有这样的例子,将德性与优点归于理想三代。③ 在他与朱熹争论的情况下,美化三代——如果承认是神话的话——使陈亮企图从较近历史中构建楷模具有合法性。

陈亮阐明了他对王霸对立概念的看法以回应朱熹对其思想的描述。在一封早期信函中,朱熹敦促陈亮刬去"义利双行,王霸并用"④之说。虽然陈亮承认这一概括使他的观点系统化了,但

---

① 陈亮,20:15下,293页。
② 同上,20:9下—10上,285页。
③ 陈亮,1212年版,下册,卷14:2页下,3页下—4页上,9页上—下,10页上—下,11页上—下;其他例证见卷15、16。
④ 朱熹:《朱文公文集》,卷36:19页上。

是他建议说朱熹并没有把握其全部观点。他又继续重申了自己的立场。

陈亮概括了传统的观点,认为这种观点对汉唐英雄不太公正。他解释说,由于孟荀的专断区分,汉唐学者从来都不曾理解义、利、王、霸的概念。二程及后学进一步将这些概念两极化,达到天理、人欲严格二分的程度。按照这一学派的思想,三代以道治天下,而人欲却主宰了汉唐两代。汉唐君主以智力把持天下,他们的某些措施维持了和平与稳定,也只是因为其间有与天理暗合之处,犹如修补漏水的房屋,这些君主依权宜来行事,便是支撑其中一点,却任其他部分倒塌。陈亮承认道学学者的论说对篡夺汉朝皇权的曹操这样的暴君来说比较合适,而要将这种说法运用于汉唐英雄,就很不公平了:

> 以断汉唐,岂不冤哉!高祖太宗岂能心服于冥冥乎!天地鬼神也不肯受此架漏。谓之杂霸者,其道固本于王也。诸儒自处者曰义曰王,汉唐做得成者曰利曰霸。一头自如此说,一头自如彼做;说得虽甚好,做得亦不恶:如此却是义利双行,王霸并用。如亮之说,却是直上直下,只有一个头颅做得成耳。①

唐太宗这样的君主如同伟大的英雄一般治理着国家,其动机不是霸;指责他只是一个霸道实践者是不公道的。

朱熹对陈亮观点的概括暗示了王霸两种成分的机会主义混合,这一概括就像汉宣帝描绘汉代政治时所说的:汉家"本以霸王

---

① 陈亮,20:6上—7上,281页;部分译文见张君劢,上册,317页。译文经我修正、扩充。

道杂之"①。朱熹在别处讨论过这个说法,还指责管仲以同样方式杂王霸而为一。② 任何王霸并用都容易引起人们想起荀子视霸为"杂"的看法,该看法认为,霸作为政治行为的典范在道德上并不完全合乎儒家的伦理价值。③ 当陈亮指责朱熹以此指称他的英雄唐太宗时,努力回避杂或机会主义与其立场混合的涵义。陈亮强调,如此英雄之道以王为基础,并且建功立业的动机也并不是出于霸。按照他的观点,所有功绩都是现实世界中人心的创造,不存在抽象的评价领域。陈亮把王霸合而为一,反对其二分的观点,然后将唐太宗归为王——不是霸或王霸混杂。从本质上看,朱熹将王、霸或义、利当作并列概念,而陈亮只把它们看作一个。

陈亮一贯运用综合方法来支持他对社会功效的强调。从他18岁时写《酌古论》到临终前几个月的殿试,都主张将对立概念重新联合起来。文武之道实际上只是一个,而且是完全相同的,所不同者只在名称上,它们只是到了近世才被一分为二。④ 君道、师道必须同时培养和运用,以便仁义和秩序能够广泛奉行。陈亮在太学时写的一些论文也运用综合方法来得到对立的统一以在肯定德性的同时强调结果的重要性。例如,三代之道的分裂

---

① 汉宣帝的陈述部分用以指责其后代的。见《汉书·元帝纪》开头说:"汉家自有制度,本以霸王道杂之,奈何纯任德教,用周政乎!"《汉书》,班固(北京,1962年),卷9,277页;译文见江炳伦,105页,译文经我修正。
② 朱熹:《孟子或问》,卷1,5页上—7页下,见《朱子遗书》(台北,1969年);朱熹:《论语集注》(台北,1966年),卷2,8页上—下。
③《荀子》,卷7,8页上—下;参见卷18,10页。关于将陈亮的观点解释并歪曲为"王霸杂用"的例证,见《增补宋元学案》,卷56,9页上。
④ 陈亮,5:1上,49页;11:1下,113页。前者部分译文见 Lin Mousheng,179页。参见对李纲类似观点的讨论,John W. Haeger, "1126 - 1127: Political Crisis and the Integrity of Culture",在其编 *Crisis and Prosperity in Sung China*,155—160页。

引导孟、荀等儒者主张王道，贬低霸道；然而儒学内部这种注重统治的道德基础的趋势驱使其他学者走向追求富强的法家理论"以济儒道之所不及"。儒家关于统治的道德本质的思想与法家所谓信赏必罚的理论皆有所不及，因为它们都建立在道的分裂之上。① 陈亮的综合方法以达到社会与政治结果为目标。例如，如果一个君主能使人民满足物质需要，他就实现了儒家的王道理想。②

陈亮致朱熹的信函体现了以多种方式取得社会效果的倾向。他通过重新诠释《孟子·滕文公下》中的御者比喻来阐明他对社会结果的关注。在这一段中，那位高尚的御者拒绝拦截猎物使射者能大量捕杀，他不愿违背打猎的规则。陈亮承认这位可怜的射者依赖御者，既可能满载而归，也可能一无所获，同时他断言人们以一种迂阔的方式理解孟子对御者的讨论。虽然高尚的射者确实想用正当的规则来约束御者，但他从来都不想空手而归。陈亮进一步问道："以正御逢正射，则'不失其驰'而'舍矢如破'，何往而不中哉？"③正直的射者加上正直的御者就使这一比喻转变为强调"明道谊而计功利"，即转换为坚持关注功利成为道德的一部分之主张。这一说法是对汉儒董仲舒那句著名格言的挑战。董仲舒认为，所有努力都应集中于阐明道谊，而不应当计较实际的功利。董仲舒的论说基于如是背景：告诫统治精英避免使用高压手段，不要只关心自己的地位。而陈亮是向处于任何一种情况下的人们提出其主张的。他还用御者比喻为汉唐君主

---

① 陈亮，1212 年版，下册，卷 16；8 页上，9 页下—11 页上。
② 陈亮，9；6 下，99 页；吴春山，57—71 页的讨论。
③ 陈亮，20；10 上—下，286 页；译文见张君劢，上册，320 页，译文经我修正。

辩护。① 将后世的开国者改造成英雄人物与在王的讨论中把他们打扮成功利主义象征相对应。

陈亮提出管仲作为社会事功的英雄象征,管仲的德行曾得到孔子本人的赞扬。正是通过管仲的影响,而不是诉诸武力,使桓公能够在公元前651年为所有的诸侯建立规则。而且,孔子甚至还称赞管仲将汉人从中原外来的压制和野蛮中拯救出来,孔子欣赏管仲做出的成绩,赞扬他是一个真正的"人",并称许他具有"仁"的德行。陈亮论说到,不管后来学者作出了什么样的批评,也不论管仲本人还有什么值得争论的问题,这一评价是不可改变的。② 由于注意到孔子对管仲的赞赏,所以他就在致朱熹的信里引用了《论语》中孔子的评论。后世儒者在谈到霸与管仲时总是很为难,孟子也强调指出五霸以武力假借仁义;不过,孔子本人对管仲的高度评价却是事实。传统注家论证说,"如其仁"只是指管仲像仁,实际上还不是仁,想以此巧辩孔子的赞辞。陈亮反驳说,通过"观其语脉",就能知道那些注家的说法肯定是错的。程颐曾经说过,"如其仁"称赞管仲体现了"仁之功用"③。虽然陈亮或许

---

① 董仲舒语见《春秋繁露》,卷9,3页上—下;《汉书·董仲舒传》中有不同的表达;《汉书》,卷56,2524页。陈亮,20:10下—11上,285—287页。参见张君劢,上册,321页。
② 陈亮,20:11上—下,287页;20:12下—13上,289—290页;牟宗三:《道德判断与历史判断》,219—261页。当陈亮承认关于管仲仍有争议时,他可能想到孔子对管仲"器小"的批评;而且,这与他自己所认为的宽大之心是首要的观点相一致。陈亮,20:7上,281页;20:10下,286页。吴春山,74页也解释以这种方式对管仲的保留意见。
③ 陈亮,20:12下—13上,289—290页。《二程全书》,卷18,1页下—2页上,以及卷22,6页上用"仁之功"一词,但我无法找到提及"仁之功用"的文字。陈亮引用的是这些段落的思想。

知道朱熹并不完全同意程颐对管仲的评价①,但是他仍然用程颐的观点来批评朱熹:若如程颐所云,那么夫子便是计较功利,这就像朱熹嘲笑过的"喜获禽之多"而不考虑用何种方法。按照陈亮的说法,孔子承认管仲具有仁德,他给天下人带来了秩序。② 伟大的功绩和社会结果证明了他的道德。

陈亮寻求为他的伦理观建立一个基础,这种伦理观主要倾向于社会结果和政治功效,但他有时会滑入使其更易受到抨击的相关问题中。在讨论管仲时,他运用了搅金银铜铁熔作一器的类比,却在其中迷失了方向。这一类比体现了他的功利倾向,因为他的容器"要以适用为主"③。朱熹注意到这一类比,得出结论说,"可见其立心之本在于功利"。朱熹通过论证陈亮"不唯坏却金银而铜铁亦不得尽其铜铁之用"④,企图打破容器的类比。在下一封信中,陈亮承认此类比"盖措辞之失耳"⑤。朱熹抓住这样的机会便使争论指向道德修养的问题。

朱熹:个人德性与动机伦理学

朱熹为儒学两派的传统区分作辩护,论证说,当基本的道德原则面临危险时,精微的区别便是关键。虽然他赞成陈亮认为圣人能平其心、大其目的观点,但是仍然增加了一个条件,即"于本

---

① 朱熹多少比程颐对管仲的评价较高,例如,他没有遵从程颐的观点,程颐认为管仲原应如召忽(约公元前684年死)一样自杀,而不应事杀其主者。朱熹指出,孔子曾赞扬过管仲的政治功业甚于对召忽形式上行忠的赞赏;《朱子语类》,44:11下—13上,1791—1794页,以及《论语集注》,卷7,14页上—15页下。
② 陈亮,20:12下—13上,289—290页;11:16上,133页。
③ 陈亮,20:11上,287页。
④ 朱熹:《朱文公文集》,卷36:26页。参见张君劢,上册,325页。
⑤ 陈亮,20:13上,290页。

根亲切之地,天理人欲之分,则有毫厘必计、丝发不差者"。如果抹煞那些明显差别,朱熹惟恐后人"一旦舍吾道义之正,以徇彼利欲之私也",人们便不能区别义、利二字。①

在辩论中,朱熹还把这些区分用于另一目的。他对王霸二分论没有作细致的辩解,而且将观点从历史背景中抽离出来,当作给陈亮的道德劝诫。在指责陈亮的"不平之气"时,朱熹敦促他承认社会道德的根源在于个人的道德品质:

> 尝谓天理人欲二字不必求之于古今王伯之迹,但反之于吾心义利邪正之间。②

朱熹相信陈亮尤其需要进行道德修养;故而,这一观点压倒了霸作为历史概念的问题。

作为一位学者,朱熹承认在古代有霸这个术语的使用;而作为道德家,他更多地将霸看作一个象征性的概念。这一分别在辩论中不如在他的注释和语录中明显。作为学者,朱熹讨论了经典中这一术语的意义和用法,如,他写道,"霸与伯同,长也。"③他还注意到前人从王、霸的身份或地位的角度讨论王霸问题:王者兼有天下,霸者能率诸侯。虽然他最终承认前人依据地位作出的区分当然是正确的,但朱熹仍然继续从伦理基础对它进行解释。他问,如果天下之正、诸侯之正出于至公,无一毫自私之心,那么虽然在下位,又能有什么妨碍他们实施王道呢?从这个角度来讲,霸的身份或地位并不是最关键的因素。当霸希望自己因为取得

---

① 朱熹:《朱文公文集》,卷36:26页下,27页上。
② 同上,卷36:20页上—下;译文见张君劢,上册,317—318页。译文经我修正。
③ 朱熹:《论语集注》,卷7,14页下—15页上,在回答什么是霸时,他说霸就是伯。他注意到《汉书》中引"哉生魄"时写作"哉生霸",所以推论说霸、伯、魄三字在古代是通用的。朱熹:《朱子语类》,53:1下,2028页。

功业而受到称赞时,问题就起了变化。因为在历史上,他们自己国家的富强是主要目的,所以霸的财富和声望掩盖了天子。霸的行为与动机表现为自私的功利之心而非至公之心。① 霸没有认识到仁本来就在自己身上,这使他们走向了恶。霸假借仁义掩饰自私之心,久而久之连自己也相信假借之德就是真的。朱熹承认以前注释《孟子·尽心上》的学者认为这一段暗示了"久假而不归,恶知其非有也"②? 朱熹在另外的解释中,因霸以力假仁而将其与武力联系起来。在解释他和孟子所指的"以力"是什么意思时,朱熹说它就是"土地甲兵之力"。霸必须恃其甲兵之强、财赋之多,以欺骗人民,强迫他们服从。为了努力显扬其使命,达到他们的目标,霸假借仁义之名愚弄人民。由于霸的镇压,民众们战战兢兢地匍匐在他们的强力之下。与霸者不同,王者之心具有仁之实,所以人民对他们的反应也不同。虽然人民也服从以德治国的王,但王却无意于服人。王霸之别表明仁与力的差别太大,而仁与德却是根本相同的。③ 朱熹坚持他自己的解释,扩大了霸和行仁之间的鸿沟。

朱熹在承认其观点与前人不同时,用孟子强调主观动机以及《孟子》中某些文字证明他和前人的不同是有道理的。对霸的历史背景的学术性研究并不妨碍他增强宋代将霸的象征与利、力联结得越来越紧的趋势。在朱熹这样的道学人物看来,霸的象征所关联的否定性道德涵义玷污了功利与实用主义的取向。

---

① 朱熹:《孟子或问》,卷1,5页上,以及《朱子语类》,25:24下—25下,1011—1013页。
② 朱熹:《孟子集注》(台北,1969年),卷13,12页上;《朱子语类》,60:25上—26下,2298—2301页;《孟子或问》,卷3,7页下。
③ 朱熹:《孟子集注》,卷3,11页下—12页下;《朱子语类》,53:1上—下,2027—2028页。

在辩论中,朱熹没有细致阐述他对霸的看法,但事实上他抨击了陈亮的英雄象征和功利主张。朱熹没有直接回应陈亮认为孔子为了建立楷模而洗净三代史实这富有挑战性的描述,而是灵活地将争论引向他觉得更为关键的地方。他固守着三代理想合法性的前提,攻击陈亮打算从汉唐历史中重寻典范的做法。

朱熹认为,当有更好选择时,却从汉唐找寻一种较低的不完全的标准是愚蠢的,满足低于儒家政治社会理想的任何东西就相当于认为不完全欺民就是伦,不完全罔世便是制。只有圣人才能完全设立规则调节人们之间的关系,也只有王才能充分掌握制度方面的控制。然而,普通民众不能臻于如此完善,这不应当导致放弃完美的标准。① 不过,汉唐学者却抛掉了这些完美标准,他们通过假定标准与时代相关,便容易满足于后世豪杰做出的丰功伟绩。这部分学者中一些人没有充分认识到他们英雄的缺陷是如何危害天理的;另一些人,认识到后来统治者违背了天理,却为这些统治者寻找借口,因为他们认为,英雄的功绩并未受到什么不良影响。相对标准使这些学者迷迷糊糊地追逐低层次的理想,与更高的理想和道德标准产生分离。②

按照朱熹的观点,善政依靠统治精英的道德与思想修养,以分清是非之别,并按照这个区别来行动。因建立汉唐而受到称赞的英雄人物(汉高祖和唐太宗)没有这种基本的修养,也无什么道义可言;但其天纵之才及对功利、权力清醒的算计使他们在政治上获得相当的成功。对什么是利的认识并不意味着他们有仁义

---

① 朱熹:《朱文公文集》,卷 36;25 页上。参见《大学章句·序》,1 页上—下。在这里他说三代理想秩序是建立在公共学校的德化与伦理之教之上的。
② 朱熹:《朱文公文集》,卷 36;25 页上—26 页上,27 页下,23 页下—24 页下。参见张君劢,上册,323—324 页。

之心。欧阳修曾将唐太宗推翻混乱的隋朝与商汤、周武王相比拟,后两人也颠覆了当时的无德之君,建立新的王朝。按照朱熹的说法,作出如此比拟的人没有认识到他们在动机上的不同以及道德和思想修养上的差异。① 朱熹对唐太宗个人道德的强调反映了孙复(992—1057)、范祖禹(1041—1098)及程颐等 11 世纪著作家们的评价。另一方面,陈亮跟得较紧的官方史书更注重太宗的政治功业和他乐于听从魏征提出的儒学诫条的事迹。②

　　朱熹敦促陈亮放弃将汉唐君主树立成英雄象征的努力。按照他的意见,历史记载说明汉高祖和唐太宗不值得被拔举为后世标准。例如,汉高祖颁布约法三章,因废除暴虐的秦律而值得称赞;然而,汉代君主却不能废除三族之令,而且,有许多有功之臣被迫害致死。这些都证明约法三章实际上是如何的空洞,人们应当弄清楚这些英雄的动机。以唐太宗为例,"无一念之不出于人欲也"。唐太宗在才能智术上胜过对手;而且,他们"不知有仁义之可借",只有太宗才擅长假借道德为自己目的服务,因此而达到结果,建立了持续好几代的王朝。如果谁要以他的功业来断言其得天理之正,这便是以成败论是非。对功业的极度欣赏,而不管所用之手段,正是整个汉唐时代的精神气质。在这种忽视道德动机和天理的精神气质主宰下,汉唐两代就在平庸中架漏牵补过了

---

① 见钱穆在《朱子新学案》,第 5 册,9—11 页中的讨论及引用朱熹文集中的文字。
② 孙甫:《唐史论断》(学津讨原本),卷 1,3 页下—21 页下;范祖禹:《唐鉴》(国学基本丛书本),卷 2,12 页上—13 页上,以及卷 3—6;程颢、程颐:《河南程氏遗书》,朱熹编(国学基本丛书本),197 页,259—260 页。Wechsler, *Mirror to the Son of Heaven* 讨论了唐太宗的人格及其君臣关系。虽然在 12 世纪 70 年代陈亮强调主要大臣的作用,但此时在一封致朱熹信中已断言因朝廷之富美而受到称赞的是君主而非大臣。陈亮,20:10 下,286 页。

时日。①

朱熹用陈亮点铁成金的譬喻批评他将汉唐英雄当作理想象征。按照朱熹的观点，古人的遗产，无论是金还是铁，都有确定的性质，不会因后世学者的争论而改变。多少世纪过去之后，陈亮"追点功利之铁以成道义之金"。如果汉唐以下果真如陈亮所言皆是真金，固不必点化。圣人就是纯粹的标准，正如真金为天命之固然，非由外铄一般。那些试图模仿圣人却没有完全达到圣人层次的人是掺了铁的金。汉高祖与唐太宗与理偶合之处则代表铁中的一点金，陈亮努力将这些统治者转变成理想象征就像舍弃自家光明宝藏而奔走道路，向铁炉边矿渣中拨取碎金一样。②

朱熹也利用了陈亮承认三代做得尽而汉唐不尽的看法。对朱熹来说，这和他的观点一致。他也认为后世英雄只是有所"暗合"，故都不能尽善，陈亮问题的产生在于他只是讨论了尽与不尽，而没有追问所以尽与不尽的原因，结果是，仿佛相似处的比较，使他错误地得出圣人的样子也不过如此的结论。③ 朱熹相信这一问题非常重要，在致吕祖谦弟弟的信中，朱熹指出了他非常看重这个问题：

> 最后，只问他三代因甚做得尽，汉唐因甚做得不尽？见顿著圣贤在面前，因甚不学而必论汉唐觅他好处？④

朱熹论道，不去追问三代与汉唐之所以不同这一明显的小错误就

---

① 朱熹：《朱文公文集》，卷36：25页下，20页下—21页上。参见张君劢，上册，324—325页。
② 朱熹：《朱文公文集》，卷36：27页下。
③ 同上，卷36：27页上。
④ 同上，卷47：26页上。

是所谓"毫厘之差,千里之谬"。①

他用道德培养解释了三代与汉唐之间的差别,声称后世统治者缺乏圣人之道德修养以坚持天理。陈亮争论说,两个时代尽与不尽之别在于孔子努力将三代改变成了正大本子。朱熹并不信此解释,他指责陈亮想扩大自己的观感,批评他在没有首先解决道德原则与人欲自我中心对立的主要问题的情况下就想去判断历史史实的正确性(朱熹所指的特定历史史实就是有关管仲的问题;不过,管仲的例子是随着讨论两个时代的差别而来的,而这两个问题在朱熹对陈亮运用历史的抨击中互相关联)。陈亮的历史观受到了歪曲:"宜其指铁为金,认贼为子,而不自知其非也。"②按照朱熹的判断,陈亮没有资格从汉唐历史中建构模范倾向和英雄理想,即便这一工作是可行的。

作为个人德性和动机伦理学的主张者,朱熹不能支持功利主义取向的效果伦理学。他对关注社会结果、个人利益或功利有一种孟子式的反感,告诫弟子要避免"先有个利心",因为它容易侵害伦理原则。③ 朱熹抱怨浙江学者通过提倡回互助长了这种意识:

> 浑厚自是浑厚。今浙中人只学一般回互底心意,不是浑厚。浑厚是可做便做,不计利害之谓。今浙中人却是计利害太甚,做成回互耳,其弊至于可以得利者无不为。④

虽然这是一种理想的市民社会的伦理学,但按照朱熹的判断,分

---

① 朱熹:《朱文公文集》,卷36:27页上;见张君劢,上册,327页。
② 同上,卷36:27页上—下。
③ 朱熹:《朱子语类》,51:1上,1931页。
④ 同上,122:9下—10上,4734页。

析到最后,这种回互伦理鼓励人们去做每一件对他们自身有利的事。

真正利益如果没有个人道德,最终是不能得到的。朱熹相信利是义的结果,但利不应当成为一个人追求的方向:"义未尝不利,但不可先说道利,不可先有求利之心。"①如果谁将利视为目标,他的心就会追逐功利而陷入迷途②,古代圣人认识到了这一点。圣人讨论治术时,总是把仁义看作是首要的,从不渴望获得结果与功利。圣人的丰功伟绩证明了那些断言道德取向是不切实际的学者的愚蠢。③

通过划清仁之功用与道德自身的界限,朱熹用他对管仲的评价表明并解释了对效果伦理学的异议。他勉强同意陈亮的说法,认为孔子曾高度赞扬过管仲。从他的另外文章看,很显然,朱熹与陈亮一样反对早期注家的观点,这些注家将赞扬管仲解释为承认他"只似仁"④。朱熹接受程颐的解释,认为管仲有"仁之功用"。管仲在保卫中原国家免受野蛮楚国的武力侵略、召集诸侯为其政治行为设立指导原则中,建立了对他人有益的功绩;因此,他体现了仁之功用。⑤朱熹将管仲与宋太祖、太宗的著名宰相赵普(922—992)相比,甚至还将他与汉高祖、唐太宗相比,所有这些

---

① 朱熹:《朱子语类》,51:1上,1931页;参见《孟子或问》,卷1,3页上。
② 朱熹:《朱子语类》,51:1下,1931—1932页。由于朱熹的邀请,陆九渊就此主题向朱的弟子做了一次讲演。见张君劢,上册,299—301页中对此讲义的讨论。
③ 朱熹:《朱子全书》(渊鉴斋本,1713年),卷63,9页上—下。
④ 朱熹:《朱文公文集》,卷36;26页上,27页上,朱熹:《朱子语类》,60;26,2300页。
⑤ 朱熹:《论语集注》,卷7,14页上—15页上;朱熹:《朱子语类》,16:10下,519页;33;19上—下,1358—1359页;20;22上—下,754—755页;29;4下—5上,1173—1174页;44;11下—13上,1791—1794页;48;1下—2下,1892—1893页;48;3上—下,1894—1895页;53;1上—下,2027—2028页;60;25下—26下,2299—2301页。公元前651年葵丘之会为诸侯国奠定了指导原则。《孟子》,6下:7。

人在为中国带来统一与和平上都有业绩,但他们的心却非仁慈。① 他们体现仁之功用,但缺乏成仁的主观动机。朱熹在肯定仁有不同层次、种类的同时,论证管仲只处在较低层次上,因为孔子不会将管仲之仁等同于颜回之仁。朱熹也同意一位弟子的看法,这位弟子认为,如果孔子被人问及管仲仁否时,其回答就会不同于被问及管仲是否不仁时。②

按照朱熹的观点,管仲有限的标准以及他缺乏高尚动机导致其功绩不高,如果他的标准高一些,并且如果经过道德修养后将其道德影响扩展到全国的话,他的事业就不会在他死后不久便毁掉。实际上,管仲的功绩只是以他自私的动机为基础的,缺乏理想标准与高尚意图使孟子指责管仲辅佐其君只成为霸而不是王。"管仲不知王道而行霸术,故言功烈之卑也。"③实际上在管仲与霸之间有一个重要的哲学性的区别:前者的错误是出于选择,而后者本质上依据定义就是错的。虽然朱熹承认制度上的合法性标准,这决定了霸按定义就是错误的,但是他对霸的主要抨击在于指责他们的动机:他们的心倾向于增大自己的利益,获得功利性的结果。因此,他将管仲和霸一起当作事功伦理学的象征。

对管仲动机和标准的严厉指责反映出朱熹反对陈亮的效果伦理学。因为他相信功利取向将摧毁在其他方面具有真正价值

---

① 朱熹:《朱子语类》,33;19 上一下,1358—1359 页,44;12 下,1793 页;48;1 下一2 下,1892—1893 页。洪业讨论了赵普的生平,还提到朱子对赵普事功的称赞,认为这体现了仁之功用(在《名臣言行录》中);洪业:《半部论语治天下辨》,《清华学报》8.1 和 2;306—339(1970 年 8 月),尤其是 322 页。
② 朱熹:《朱子语类》,16;20 下,519 页;33;19 上,1358—1359 页;44;12 上一下,1792 页;44;13 下,1793 页;48;3 上一下,1894—1895 页。
③ 朱熹:《孟子集注》,卷 3,1 页上一下;朱熹:《论语集注》,卷 2,7 页下一8 下;朱熹:《朱文公文集》,卷 36;27 页上;朱熹:《朱子语类》,25;24 上一28 上,1010—1017 页;37;1 下一2 上,1566 页;44;14 上一下,1795—1796 页;55;9 上,2088 页。

的成就,所以朱熹恳求并劝说陈亮放弃把管仲等人当作自己的理想。① 按照朱熹的观点,管仲完全热心于功利主义的伦理使他的成就显得空洞。管仲增强了其国家的力量;但是,通过使功利主义考虑完全主宰这一国家,他发动的这一场剧变使国家必然走向衰败。朱熹得出结论说:"管仲非不尊周攘夷,如何不是王道?只是功利驳杂其心耳。"② 他批评管仲和陈亮两人具有相同的悲剧性的缺陷:他们的道德与才能不符。③ 这样的才能由于不受儒家道德的约束反而有充分自由的空间去追求功利主义,必将用力甚大而收效甚微。建立在关注结果、利益和功利基础上的标准或理想只是颠倒了后代人的道德观感,并且还要摧毁真正功业的道德基础。

---

① 朱熹:《朱文公文集》,卷 36:21 页上,26 页上。
② 朱熹:《朱子语类》,33:1 下,1328 页;93:5 上,3739 页。在《论语集注》卷 2,7 页下—8 页下中,朱熹同意杨时的看法,认为管仲之功没有基础,因此在他和桓公死后便崩溃了。
③ 朱熹:《论语集注》,卷 7,11 页下—12 页上;朱熹:《朱文公文集》,卷 36:20 页上—下。

第五章 历史中的道与其他价值

中国思想在三个不同但却有机地关联的层次上展开：哲学思辨、文化价值和社会政治体制与议论。这些层面为理解不同哲学思想的背景提供了一个框架。一般说来，这三个抽象层面之间的关系通过文化价值这一中间层得以调整，它们的关系不具有因果性，但事实上却是有机关联的。由于三者之间的有机联系，一个层次的问题可以从另一抽象层次的角度加以研究；不过，在处理道这样的概念时，我们必须首先确定讨论所指向的层面。

在与陈亮的争辩中，朱熹使用的道这一术语隶属于历史与文化领域，而非哲学思辨的层面。在文化、历史范围内，朱熹用它来代表社会的价值与道德秩序。如，他说："愚谓道者，仁义礼乐之总名，而仁、义、礼、乐皆道之体用也。"[1] 道就其形而上学意义来讲是秩序或理的同义语，然而，在严格的意义上，道指一切可知之理的总合，而理则显示一种分析性的取向。[2] 这种区分形而上学与文化的道的用法与钱穆的研究相一致。钱穆认为，在讨论形而

---

[1] 朱熹:《朱文公文集》，卷 72，25 页上；译文见 J. Percy Bruce, *The Philosophy of Human Nature by Chu Hsi* (London, 1922)，289 页。译文经我修正。
[2] "道字包得大，理是道字里面许多文脉。""道是统名，理是细目。"见朱熹:《朱子语类》，6:1 上，159 页；译文见 Graham，12 页。卷 6 还有许多相关的论述。参见张伯行(1651—1725)编:《续近思录》(丛书集成初编本)，第 643 册，4 页，21—22 页，25 页。

上学与本体论时,朱熹倾向于使用理、气两字。另一方面,当指向历史文化领域时,他通常说道和器。① 不过,这种倾向不应被看作是绝对的划分:朱熹能在一篇短文内就两个方面同时使用"道"②,这两种用法是相关的。

道具有不同层面,但传统学者却错误地理解这一论辩只是在形而上学层面上对道的理解不同。中国文化历史学家和哲学家们所达成的一点共识为:形而上学领域是朱熹与陈亮论辩的基本问题,或是基本问题之一。不同的政治文化领域的学者,从早期传统的传记作家到最近的讨论陈亮思想的著作,从中国的马克思主义者到较为传统的中国知识分子,包括那些受过西方哲学训练的,都赞同这一看法。③ 除了因为道具有不同层次外,这些学者未能抓住关于道的辩论的主要问题的另一个原因则在于他们只将注意力集中到那些包括论辩内容的书信,而没有仔细思考陈亮所写的一些论文,而这些文章推动了讨论的深入。将论文与书信并观提示了陈亮视道为一个复杂概念,这一概念将历史背景的变

---

① 钱穆:《朱子新学案》,第1册,244页。
② 如,他在攻击苏辙《老子解》时从两个方面使用这一术语;朱熹:《朱文公文集》,卷72:23页下—27页上。该文部分收入《朱子全书》,卷46:12页上—下,部分译文见Bruce,289—290页。参见《宋元学案》,卷99,1863—1865页。关于苏辙著作的讨论,见 *A Sung Bibliography*,388—389页。
③ 张君劢,上册,第14章;吴春山,尤其是192—194页;侯外庐,第4卷,下册,722—724页,728页,732—733页;杨向奎,下册,277—278页,311—312页;萧公权,第4册,500—502页中有所暗示;冯友兰:《中国哲学史》,下册,562—566页;童振福,"序";范寿康:《朱子及其哲学》(台北,1964年),175—177页;Wolfgang Bauer, *China and the Search for Happiness: Recurring Themes in Four Thousand Years of Chinese Cultural History*, Michael Shaw, trans. (New York, 1976), 208—209页。在我的一篇质疑对此辩论的哲学解释的文章中,我已经运用了该章中的许多材料;而且,我还论证说陈亮的思想是"历史主义的"。我仍然坚持这一观点,但在此该论题没有被重复,因为它对于本章的目的来说不相关。见我的 "Divergent Philosophic Orientations toward Values: The Debate Between Chu Hsi and Ch'en Liang", *Journal of Chinese Philosophy* 5.4:363-389(December 1978)。

第五章　历史中的道与其他价值

迁与道内在于历史事件的观点连结起来。他对道的解释与朱熹超历史的看法相反,而且,朱熹在论辩中对道的陈述应放在回应陈亮挑战的背景下加以诠释。

关于道的争论,关键在于价值的性质,尤其是历史变迁对价值的影响。陈亮用道来摧毁绝对不变的儒家道德价值的可靠性,而朱熹却用它来主张这些基本价值。对陈亮来说,道的延续性意味着一个固有的道受特定时代和环境下人们活动的限定;按照朱熹的观点,道的延续性则表示永恒的道义和道德价值的有效性。从理的角度看,人们在伦理上即便不合道的要求,也一定有超越这个腐败时代的恒常之道。如果没有这些恒常的价值,就不会有什么东西来制约暂时性准则的不确定性。朱熹这样为道德价值作辩护,并从这些价值的角度来评判历史的有效性。

陈亮所要论证的是内在之道随时间的推移而发展变化,但是致朱熹的信中似乎显示了与这一观点不甚相容的地方。他在信中讨论了道在历史中的不断开展,并且论证说,中国历史中的主要朝代大体上都合乎道的要求。陈亮的观点看起来也许只是在为近世王朝的道义辩解,并弃绝一种以超越的理想道德评价近世历史的抽象的形而上学,但是它远远超出了这些。在送呈朱熹的论文中,陈亮描绘出一幅变化的暂时性的道的图景,这看起来与他在信中声称的道在历史中连续展开的观点相矛盾。

陈亮在1182年写的第一篇《问答》认为,道随着时间而变化。这篇讨论应用于不同朝代的政治原则的论文说,正是尧具有了圣人为公众利益而治的信念才使他从默默无闻中提拔了舜、禹,并和他们共享权力。不幸的是,这种圣王之道"未可继也",后来禹建立了一个王朝,以平息公众对朝代继承的不安感。由于并非所有禹的后代都是圣人,所以王朝失去了它原本具有的天下为公之心,不过,一位君主仍然不能够仅仅以个人私利来治理国家。企图仅用智力把持天下者,定会像秦朝一样因失去人民的支持而覆亡。汉唐英主没有丧失为民的初心,因此人民认为他们建立了伟大的功业,具有高尚的品德。道学人物认为这些朝代靠智力进行统治,所以就将他们从自己的视野中清除出去,由此道学学者贬低了汉唐之义;这种看法不被破除,君主便无法体现圣人之道,天下之乱亦无时而息。①

陈亮在1184年致朱熹的信中不再让道的性质的问题仍像第一篇论文(《问答》)中提到的那么简单。首先,他通过指责道学家,把对道的连续性的解释复杂化了。陈亮说,如果他的道学对手在贬低汉唐之义方面是正确的话,则1500年之间成为一个道的"大空缺",在此之下,天地只是架漏过时,人心亦是牵补度日。这样,道又何以长存呢?陈亮在承认时有转移,道有渗漏的同时,仍然肯定即使是像篡夺了汉朝皇位的曹操这样的人也以有限的功业证明了有分毫天理行乎其间。在这一封信和后面的信中,陈亮断言道存在于所有阶段。② 其次,通过主张气一元论,陈亮将其对道的讨论扩展到哲学思辨的领域。他解释说:"如亮所说,却

---

① 陈亮,3:1上—2下,31—33页。根据同上,20:1下—2上,274页,他开始送了5篇文章;但同上,20:7上,281页暗示后来又送了另外5篇文章。朱熹:《朱文公文集》,卷36:18页下中索要了其他论文。这10篇文章似乎至少部分在陈亮《龙川文集》的卷3、4。尤其是第一篇讨论王霸的《问答》对我的这个研究非常重要。他在1184年信中(陈亮,20:7上,281页)注意到他论王霸的政治文章与他在信中重述的论证相同。这当然指的就是第一篇《问答》。他的一篇应试文章也有近似王霸之论;陈亮,1212年版,下册,卷16:7页上—8页下。
② 陈亮,20:6下,281页;20:13上—下,290—291页;20:14下—15下,292页。但是他还在论文中宣称道的非连续性。另外,他在对宋代政治家林勋的土地政策的评论时写道:"古道卒不可复";同上,16:10下,200页。这些矛盾可以从一个既包括其对历史情势的意识,又包括其道的内在性观点的角度加以解决,但他没有明确提出这种解决方案。

是直上直下,只有一个头颅做得成耳。"数行后他又补充道:"夫人之所以与天地并立为三者,以其有是气也。"按照陈的观点,孟子之所以将这种力量描写成浩然之气在于"担当开廓不去,则亦何有于仁义哉"①。在1185年春的论文中,陈亮又回到了论题的形而上学部分:人只是气在发动,其结果依赖于人如何调理气,孟子所论浩然之气,只是百炼之后的血肉之气。②

我们已经在上略说,陈亮的观点具有复杂性。以较宽广的视界来看他的著作会明白他关于道的观点,这个观点将道的内在性与对历史情势的意识连结起来。

陈亮:相对与内在的道

在陈亮的文集中,道是一个什么样的概念呢？他将道看作真理——内在的、相对的、以人为中心的、现实的。道从不独立于人的行为或感情,也不是深奥或抽象的。从哲学上来讲,除了认为道与具体事物不可分离,陈亮还将道当作气和情发而中节的代名词。道是事物本身合适性的标准;它不是一个形而上学的价值或规范。道,就像陈亮认识到的,也许可以概括为内在于事物中、随着事物的发展而展开的秩序、准则。③

陈亮反对同时代人对道德性命之学具有强烈的嗜好,而忽视文章、政事。他将自己看作是有志于纠正道之一偏的一分子,明

---

① 陈亮,20:6下—7上,281页。见《孟子》,2上:2。关于第一句有不同的翻译,见张君劢,上册,317页。
② 同上,20:11下,288页。
③ 同上,4:3下,43—44页;10:3下—4上,104页;11:2下,114页。关于第二段文字的译文,见 Wilhelm,"Heresies of Ch'en Liang",107—108页。

确指出在他那个时代,人们对道的理解非圣人之所谓道。① 与南宋流行的观点相反,"夫子之道,忠恕而已,非设辞也。"②陈亮在讨论孔子《论语》的文章中精心论证了如是观点:孔子所论无非道德修养和现实学问,后来那些只抽取了听起来既微妙又神秘并使他们走向形而上学的教义的人失去了《论语》的完整涵义。如果孔子在内在的个人领域与外在的社会政治领域之间作出二分并努力张扬前者的话,就打破了道的基本统一体。③ 如果道是深奥的、遥远的或抽象的,它便与人类无关。"夫渊源正大之理,不于事物而达之,则孔孟之学真迂阔矣,非时君不用之罪也。"④

陈亮在许多方面发展了道的主题。首先,他的哲学思考通常以反问形式重复这一主题:"天下岂有道外之事哉?"经过细致的讨论,陈亮说:"夫道非出于形气之表,而常行于事物之间者也。"⑤其次,陈亮关于道的内在性概念增强了他强烈的以人为中心的观念和入世精神。按照他的看法,人能弘道,非道能弘人,所以人在天、地、人三才中是活跃的方面。⑥ 英雄业绩证明了人的行为对于道之存亡来说是关键的:

---

① 陈亮 9:6 下,99 页;11:1 上—5 下,112—118 页。
② 同上,19:9 上,260 页。参见庄司莊一:《朱子と事功派》,473—474 页。
③ 陈亮,10:3 下—4 上,104 页;译文见 Wilhelm,"Heresies of Ch'en Liang",107—108 页。他将"下学"译为"practical learning"。除了实学指向社会—政治领域外,陈亮还在一篇为友人学习所作的铭文中使用了这一词语,陈亮 10:5 下—6 上,107—108 页,这反映了道德修养的含义。关于道学运动中"下学"的意义,见邱汉生:《四书集注简论》,115—118 页。
④ 陈亮,9:6 下,98 页。
⑤ 如,同上,4:3 上,43 页;9:5 上,97 页;9:6 下,99 页;20:14 下,292 页。同上,9:5 上,97 页中细致讨论了这个问题。参见 Wilhelm,"Heresies of Ch'en Liang",105 页。
⑥ 陈亮,4:6 下,48 页。在一篇已经佚失的应试文章中,他说天下大势之所趋,只能为人所易,而天地鬼神不能易;《宋元学案补遗》卷 56,16 页,《陈亮集》,下册,443 页。译文见 Wilhelm,"Heresies of Ch'en Liang",105 页。

152

> 高祖太宗及皇家太祖,盖天地赖以常运而不息,人纪赖以接续而不坠;而谓道之存亡非人之所能预,则过矣。……道非赖人以存,则释氏所谓千劫万劫者,是真有之矣。①

再次,由于他对人性持一种心理生理学的看法,故而将道等同于发而中节之情,而不是一种抽象的规范。"夫道岂有他物哉!喜怒哀乐爱恶得其正而已。"②与道学人物坚持僵死的道德教条相比,陈亮主张更广地抒发情感,尽管他希望人们所关心的要超出个人之所欲。例如,君主好货好色只要不至于陷溺,并能与民共享便是允许的,即只要其享受不妨害治理好他的人民。③

由于道内在于生理—物理世界中,所以它也内在于历史发展之中。陈亮在否认道有一个绝对恒常的性质的同时,肯定孔子编定五经是为了适应他那个时代的需要。他论证说,五经使古代圣王之治下的社会政治状况看起来是一个理想的、绝对的标准,这只是因为孔子为满足他那时代社会和政治需要而建构了一个"正大本子"④。孔子选择以前历史中适合他那个时代的道的某些方面,并据以编定经典文本。作《春秋》时,孔子并未跟随旧的记载,而是按君臣关系的基本意义自由地删削历史。⑤ 古代圣人"时行而已矣",并且"因时制法"⑥。在陈亮时代的背景下,汉唐每一位英主都是为他那个时代而生,而且他们都具有"真心",这一点通

---

① 陈亮,20:10下—11上,286—287页;部分译文见张君劢,上册,321页。译文经我修正。陈亮认为朱熹说道之存亡非人之所能预。牟宗三:《道德判断与历史判断》,229页,指出陈亮在这一点上误解了朱熹。
② 陈亮,9:5下,97—98页。关于他的人性观,尤其见同上4:1下,40—41页;4:3上,43页;吴春山,57—59页;杨向奎,下册,307—308页。
③ 陈亮,9:6上—下,98—99页。
④ 同上,20:15上—下,293页;20:9下,285页。
⑤ 同上,3:6上—下,38页。
⑥ 同上,20:16上—下,295页;10:1下,101页。

过其宽宏的度量和政治功业得以体现。①

陈亮的讨论提示了道是经常的或连续存在的,看起来似乎与他对历史情势的变迁的意识相矛盾,但是矛盾只是表面性的,这可以从他以赫日为喻说明道的性质中看出:

> 亮与朱元晦所论,本非为三代、汉、唐设,且欲明此道在天地间如明星皓月,闭眼之人开眼即是,安得有所谓暗合者乎?②

这个类比反对朱熹的观点,朱熹认为汉唐时代只是与道暗合。陈亮用此来表明一个观点的荒谬,该观点认为,除去一些被选出的儒者之外,所有人都忽视了道。道就像太阳一样,每天都能见到,只要人们睁开自己的眼睛。③

人们也许疑惑这样的文字是否就将道看作永恒的实体或价值呢?答案曰"否",因为陈亮在此是回应朱熹的一个批评并且是为道与人类生活不可分离作辩护的。由于道内在于世界万物,并与人类活动交织在一起,所以它们远非与道暗合,因此,陈亮对历史情势的自觉实际上增强了随着历史而开展与变化的内在性道的概念。

朱熹:基本价值的永恒完善

朱熹反对陈亮认为道是内在的与相对的观点,他集中于这一

---

① 陈亮,20:13 上—下,290 页;20:6 下—7 上,281—282 页;20:10 下,286 页;最后一段文字的译文见张君劢,上册,321 页。
② 陈亮,21:9 下,330 页。
③ 同上,20:14 下—15 下,292—293 页;译文见张君劢,上册,327—328 页。

问题,即道作为价值是否(如果是,在何种意义上)永恒? 在批判陈亮的相对主义过程中,朱熹肯定地说,在过去的 1500 年中天下无道,该说法脱离了辩论所处的广阔背景,这一点提示出朱熹相信道在形而上学的领域是独立的,与历史、事物相分离。实际上,他将永恒不变的道德规范意义的道与在人类历史中不能常常具体实现的道作了区分。汉唐时代道的缺失原因在于思想上未能延续孔子之教和政治原则,汉唐君主自行其是,最多也只是达到与圣人之道暗合的程度。

从争论一开始,朱熹就明确声称道具有永恒不变的性质。按照他的看法,后代英主的政治功业无法表明个人仁义或天理之正,此 1500 年间的学者皆以成败论是非。以结果作评判标准忽视了伦理准则,而从事于权宜之计。人们按照权宜的指导,虽然有时可能达到中上水平,但决不会得到道的全面。尽管人们与道背行,但是永恒不变的道德规范意义的道却殄灭不得。永恒常存之道表明它"自是亘古亘今常在不灭之物"①。

朱熹将陈亮否认古代道德标准的永恒性当作中心问题。论辩中,朱熹一封写于 1185 年的信函最为详细地解释了道的性质。在信中,他注意到陈亮对历史与价值的看法是他的根本观点:

> 其大概不过推尊汉唐以为与三代不异,贬抑三代以为与汉唐不殊。而其所以为说者,则不过以为古今异宜,圣贤之

---

① 朱熹:《朱文公文集》,卷 36:20 页下—21 页上。在另一封信中(卷 36:26 页下—27 页上),他减弱了使论辩成为历史的与道德的问题而不是形而上学的努力,说道:"亘古亘今,只是一体;顺之者成,逆之者败。"这样使"体"进入"道"的讨论中,为别人以哲学术语来解释这一问题提供了一些理由,但是,我仍然确信书信的背景表明他是在历史与文化术语的意义上讨论"道"这一术语的。

事不可尽以为法。①

朱熹指责陈亮为了回避承认其所谓英主不能达到古圣的标准而走向贬低古代圣人和三代黄金岁月的极端。

他批评说,正是陈亮的相对主义价值观决定了其道的思想:

> 故又须说天地人并立为三,不应天地独运而人为有息。今既天地常存,即是汉唐之君,只消如此,已能做得人底事业,而天地有所赖以至今。②

朱熹并不是否定天地人并立为三和自然的不断展开能共同表明道的永恒不变的性质,因为两位学者都同意传统中国人通常所持的一个前提:社会政治领域与天地自然之间是和谐合一的。但是朱熹却独对人类道德上的不可靠生出一些焦虑:天地无心,故天地之运行无穷,而人的欲望和情感使他们做出了不合道德的选择,迷失了道的方向。按照朱熹的观点,人类社会的动荡与人心之虚妄摧毁了陈亮的论证,陈亮认为天地之运行不已证明汉唐英主的行为与道相合。③

朱熹指出其观点与陈亮分歧的地方。虽然两者都承认人类、人心、法度的根本延续性或持久性,但是他们却对那种连续性的性质和意义认识不同。他们一致和不一致的关键在于陈亮认为心无常泯,法无常废。陈亮从自己的角度出发曾做过这样的评

---

① 朱熹:《朱文公文集》,卷36:22下—23上;译文见张君劢,上册,321—322页。译文经我修正。
② 朱熹:《朱文公文集》,卷36:23页上;译文见张君劢,上册,322页。译文经我修正。朱熹是在回应我们前面讨论过的哲学陈述;陈亮,20:6下—7上,281页;20:11下,288页。
③ 朱熹:《朱文公文集》,卷36:24页下—25页上。关于人与自然关系的传统概念的讨论,尤其见 Joseph Needham(李约瑟),*Science and Civilization in China* (Cambridge,1956),第2册,279—303页,490—505页。

论,他说道寓存于人类行为中,所以它随着历史背景的变迁而发展,相对于历史背景而存在;不过,朱熹转而攻击这种相对主义观点。他在反对陈亮所谓"心无常泯,法无常废"时,断言陈亮的说法包含心有时而泯,法有时而废的意思。现代学者侯外庐批评朱熹在这里只抓住一些字词玩弄文字游戏。① 正相反,朱熹强调这一点是恰当的,并不是随意为之,这可以从他对陈亮的第一篇《问答》的反驳中得到证明。这篇论文论证了尧所秉持的道不能在历史中长存。朱熹说:

> 盖有是人则有是心,有是心则有是法,固无常泯常废之理。……谓之无常废,即是有时而废矣。盖天理人欲之并行,其或断或续,固宜如此。至如论其本然之妙,则惟有天理而无人欲。……若心则欲其常不泯,而不悖其不常泯也。……岂任人心之自危而以有时而泯者为当然,任道心之自微而幸其须臾之不常泯也哉?②

因此,朱熹区分了永恒不变的道德规范意义的道与在历史中不能常常具体实现的道。

朱熹的观点在哲学上既依赖道的同一性,又凭靠道在两个角度发挥作用的有效性。按照他的看法,就道的本质而言,永恒有效的道不是人类的行为所能干预的;而从人道的角度看,道的现

---

① 侯外庐,第 4 卷,下册,722—723 页。
② 朱熹:《朱文公文集》,卷 36:23 页上—下;译文见张君劢,上册,322—323 页。译文经我修正。人心与道心的区别不应当被理解为指存在两个心,因为二元论对心的道德条件提供了两个视角。这一分野来自《尚书》。《尚书》中圣王舜训诫其继承者禹说:人心"惟危"而道心"惟微",正因为道心"惟微",所以内在此分野中的就是关于道德完善的困难的告诫及需要将人心转变为道心。朱熹:《朱子全书》,卷 42,7 页上—下;卷 44,11 页上;卷 44,15 页上—下;卷 44,20 页上—21 页下;卷 44,26 页上—27 页下。

实化建立在人的活动之上：

> 夫三才之所以为三才者,固未尝有二道也。……盖义理之心顷刻不存,则人道息,人道息则天地之用虽未尝已,而其在我者,则固即此而不行矣。①

在朱熹看来,陈亮所谓"道之存亡在人,不可舍人以为道"的确说出了一个真理:虽然道为永恒,但人们对道的体现或认识却有至有不至。他敦促陈亮不要以这一说法来表明道的本质存在依赖于人的干预。朱熹认为,并非人人皆可以为尧舜,但是必须贯彻圣人之道,然后纲纪方可修齐。虽然不是人人皆可以为桀纣,但只要有一人为桀纣,便可令天道不立。若有人行不似尧舜,却依桀纣来做,其心就与道不合。道未尝消息;只是人没有循它。②

对道的主观主义的评价和相对主义的看法引出了不尽完美的标准。朱熹承认只有圣王才能达到理想,但是人们应当以尽伦尽制的圣王为楷模。不幸的是,许多人因未能做成圣人事业便产生幻灭的感觉,从而宣称道是相对于特定的时代和环境的东西。如果他们仍以相对的不完美的标准欺骗别人,国家或许也能达到有限的目标,但终不及三代之盛。③

朱熹提出了他的批评,说 1500 年间学者皆把道看作是相对的概念,他们在思想上没有听从孔子的教诲,道因此变得隐晦不显,而汉唐君主皆自行其是,个人的野心和情欲占据了他们的心灵;而且,这些君主的大多数行为都与道德相悖。虽然

---

① 朱熹:《朱文公文集》,卷 36:24 页下;译文见张君劢,上册,324 页。译文经我修正。
② 朱熹:《朱文公文集》,卷 36:24 页下—25 页上;见张君劢,上册,324—325 页。朱熹所指陈亮语,见陈亮,20:10 上,285—286 页;见张君劢,上册,319—321 页。
③ 朱熹:《朱文公文集》,卷 36:25 页上;见张君劢,上册,324—325 页。

一些学者未能看出这些统治者严重违背了道德原则,但那些认识到这一点的人却也仍然相信违背道德并不有损他们做出的政治社会上的功业。这些学者像陈亮一样修正了历史,企图将后世君主转变成圣人兼英雄。他们也提出了陈亮所谓的道无常废的口号,然而这个口号不过是一个幌子,在此之下,道呈现相对主义色彩,并且他们认为自己的时代与黄金三代其实也没有什么不同。这些学者将道的相对主义观点与追求结果的意念相结合,而最终与自己的意图相反,只达到不完美的目标,做成不完全的功业。①

朱熹提出了一个解答:承认道作为价值的独立性,并从事于道德修养。人们必须认识到在所有时期人是相同的,也只有一个道,"夫人只是这个人,道只是这个道,岂有三代汉唐之别?"以一个绝对的准则,人们就能评价后世君主的言行,如此,庶几"天地之常经、古今之通义有以得之于我"②。朱熹在人类的不懈奋斗中寻求自信与确定性,但是他否认道本身依赖于人的活动。认识道需要认真地格物、读书与反省,严格的道德修养,以及入世的热忱。道的真理与价值超越了人类不可信赖的行为;否则道就会沦丧。从朱熹的角度看,陈亮的观点是矛盾的,因为陈亮认为道既与人常在,又依赖于他们的活动。朱熹认为,承认人类的过失与道的完善这种伦理二元论保存了永恒而神圣的价值标准。

---

① 朱熹:《朱文公文集》,卷36:21页上;以及卷36:24—26页;张君劢,上册,323—324页中有简短的摘译。
② 朱熹:《朱文公文集》,卷36:25页上—下。

陈亮的相对主义与某些政治原则的绝对性

陈亮的确将绝对主义扩展到一些传统的政治原则中,但他的相对主义和对历史情势的敏锐认识决定了绝对主义的性质。虽然其他的主题和文字表现出较为一致的相对主义,但是他在讨论《春秋》的文章中最好地体现了他的相对主义同对某些政治观点采取的那种绝对性的混合。① 因为《春秋》主张攘夷,所以他发现这部经典和它所包含的思想对他那个时代中国蒙受外侮的情形非常适用。把金人逐出中国北方以恢复大宋的权力与荣耀是他主要的政治抱负;因此,他要把《春秋》中的夷夏之辨看作是永恒的。在某种意义上,他所相信为绝对的永恒的价值只是不同于朱熹所认为的价值,这种差异反映出这样的事实:陈亮欣赏政治结果,而朱熹则坚持伦理哲学。不过,与此同时,朱熹除了反对陈亮的政治结果倾向外,再三抨击他的相对主义,因为相对主义对道学的伦理与标准起到了腐蚀作用。陈亮寻求建立《春秋》夷夏之辨的绝对性的方法表明了他坚持相对主义和对历史情势的认识。

按照陈亮的观点,周代对待夷狄有一个坚定永存的常道,但是这个道——禁止夷狄干涉华夏事务——已经发展了,它的应用也是在变化着。像《春秋》中记载的那样,周代初期统治者以最详尽的方式表述了这个道,但他们是建立在更早统治者的经验之上

---

① 论《春秋》的文章见陈亮,4:6上—下,47—48页;译文见拙著"Proto - Nationalism",410—411页。关于比较纯粹的相对主义的其他论题有:第一,他为汉唐君主在他们自己的历史阶段中的作用的辩护(陈亮20:6上—7上,281—282页;20:10上—11上,285—287页);第二,他描述古圣为"因时而行"(同上,10:1下,100页;20:16上—下,295页);第三,他相信六经即史(同上,12:1上—下,136—137页;庄司莊一:《陳亮の学》,88—89页;以及陈豪楚,13—14页)。

的。周初,周公就"分天下为五服,而以周索、戎索辨其疆,盖不使之参与中国也"①。

公元前770年京城被掠夺后,周朝无法阻止夷狄大规模进入中国。经过了一段时间,中原诸侯国便屈服于蛮夷的统治之下。中国文化的发展在蛮夷的侵略中被打断,但是圣人出而笔削《春秋》,以重建周代之常道,不过夷狄已经混入华夏,所以他的使命——辨别夷夏——非常艰巨。孔子以周代之道指责夷狄参与中国事务,只要有诸侯与夷狄结盟,他便出言讥讽,并且无论何时,只要霸将夷狄追击至遥远的地方,就要表现出对他的鄙视,因为孔子希望每个人都要坚守自己的领土。孔圣人在为东南方的吴越归类时出现了一个问题:他不能完全按照周代之道来对待这些国家。当他们行如夷狄时,孔子视其为蛮夷而置之不理;但当他们遵守中国的礼仪与和约时,他便把他们当作中国文化秩序之内的国家。不过,他拒绝赞同如是论断,即认为吴越两国在中国秩序中占领导地位。这就是《春秋》作者在两个国家较难处理时如何区分夷夏的。

陈亮将《春秋》夷夏之辨解释为绝对的原则,证明了他所谓的道内在于历史的观念是如何突出,然而,他对历史演进与历史环境的看法限制了那种绝对性和夷夏之辨的适用性。而且,因为他认为华夏与蛮夷之别是在历史演进中的两种不同文化形式之间的差别,所以夷夏之辨的超历史性出自他对历史情势的重视。在他的讨论中,夷狄有夷狄之道,蛮夷之道行于蛮夷之邦,与华夏之道无法相容。陈亮承认外族人拥有夷狄之道,而非只谈论一个普遍的道,由此体现了隐含于区分不同地理区域内历史发展的一定

---

① 陈亮,4:6上,47页。

程度的文化相对主义。合乎逻辑的结论是:道是中性术语,是一种文化形态;但是陈亮的种族中心论阻止了这种中性涵义的发展,因为他认为夷狄之道低于华夏之道,并与华夏之道不甚相容。例如,他说:"使民生宛转于狄道而无有已时,则何所贵于人乎!"在华夏动用蛮夷军队以平定中国或者夷夏通婚尤使陈亮深感苦恼:"盖惧夷狄、中国之无辨也。"①在他看来,华夏之道与蛮夷之道的区分是由于人及其传统环境禀赋了不同的气。② 因为每个事物最终都要归结于气,性质上以及最后的区分都源于空间位置与历史演进的差异。对历史情势的分析为陈亮认为夷狄有与中国不相容的独特的道,从而坚持一定要将他们逐出中国的观念提供了基础。因为《春秋》主张攘夷,所以他认为这部经典中的一些传统原则有固有的绝对性而且有历史的现实意义。

现在我们已经作好了准备,通过一些具体的政治问题的探讨,包括抗击金人、收复华北、复兴大宋等来说明这一哲学性的争论。

---

① 陈亮,4:6下,48页。
② 如,陈亮,1:1上,1页,译于本书第6章。

第六章　从收复华北及学派分化看政治与朱陈之辩

关于收复华北之不同观点

对于恢复大宋王朝的不同态度不仅表明了朱熹与陈亮解决问题的不同方法，同时也表明了他们不同的价值取向。其时金人盘踞中原，建号金。朱陈两人皆希望通过军事收复华北来恢复宋王朝。在去世的前一年，陈亮如是概括了他的一生："复仇自是平生志。"①朱熹在逝世前也表达了他长期以来的希望："某要见复中原，今老矣，不及见矣！"②但陈亮的策略表现了他的功利主义倾向，而朱熹的恢复方式则表达了其价值观及对个人修养的关注。

由于若干原因，以此问题来说明朱陈不同的倾向，是一件很复杂的事；但尽管有困难，也并不排除进行比较的可能。这些困难是，第一，在两人的往复信函中未曾讨论恢复一事，因此关于两人的分歧可以说是人为构造出来的。在为朱熹所题的一首《水调歌头》中，陈亮叙述了在他们的第二次会见中，两人如何为中兴这

---

① 陈亮，17：1上，204页。
② 朱熹：《朱子语类》133：11下，5129页。

一共同理想未能实现而悲哀。① 在通信中,两人都确实提及了其他事物,如为政及土地改革。陈亮对朱熹关于土地问题的论述做了一些评论,但这些评论都非常简短而且隐晦;总的来说,陈亮关于土地问题论述很少。② 中兴才是陈亮最关注的问题,也最充分地表达了他的整个哲学取向。

第二,陈亮终其一生都非常强硬,而朱熹的观点则与时俱变。朱熹年轻时是一个激烈的强硬派,在其1160—1170年间的奏章中激烈地主张军事报复措施;但其热情到中年时逐渐降温。12世纪80年代以后,朱熹认为宋王朝的大好时机已经错过。时局已然改变:金人已在北方站稳脚跟,而南宋王朝却无力清除官场腐败。朱熹采取了更谨慎的防守姿态,强调要首先加强自己。他一方面坚持收复大业,同时建议必须经过10年或者更长的艰苦准备方可谈论收复华北。③ 并且,从大约1188年以后,朱熹在对主战派和主和派的态度上,更严厉地批评了前者。尽管在60年代他全面地谴责主和派的主张,现在却转向责备主战派的动机和

---

① 陈亮17:3上,208页,译文见Wilhelm,"Note on Ch'en Liang's Tz'u",80页。
② 虽然陈亮表示赞同朱熹关于土地改革论文的某些(不特指)观点,但他的回应却是一个总的训诫,这个训诫更加实际,更具有创造性,更能了解当时复杂的制度结构;陈亮,20:1上—下,273—274页。朱熹的文章可能是《朱文公文集》,卷68:27页上—29页下中的那一篇。那些信中也有关于他们对任职的态度的零散评论。
③ 钱穆使人将注意力集中于《朱子语类》卷133,表明朱熹态度的这种基本转变。钱穆:《朱子新学案》,第5册,75—84页,以及《国史大纲》,下册,443页。学者们通常用相当少的文字,主要出自《宋史》中朱熹的传记来说明他对与金人求和的强烈指责,但这些说法却是静态的:杨向奎,下册,325—330页;曾繁康,363页;吕振羽,406页;陶希圣,第4册,114页,126页。侯外庐,第4卷,下册,596页指责朱熹虽然在言论上支持收复北方,但却采纳了求和政策。关于朱熹态度发展的近期研究,见朱瑞熙:《朱熹是投降派卖国贼吗?》,《历史研究》9:72—77(1978年)。

才能。① 他在90年代对主战派的敌意可能出于如下考虑：他的政敌，特别是韩侂胄（1207年去世），在战事上自行其是。韩攻击道学，并且应对1206年的一场军事行动负责，这次行动对南宋王朝是一个灾难性的耻辱。尽管朱熹及陈亮持强硬立场猛烈抨击这次失败，失败所带来的真正危险却在于宋金之间断断续续的和平要被打破了。不过，12世纪的士大夫对收复失地一事是基本一致的，至少在他们的著述中如此。无论如何，尽管朱熹在战事问题上的变化使讨论复杂化了，其基本倾向的连续性仍足以让我们将他与陈亮做一比较。

第三，光复之事也影响了他们的基本倾向。为金人占领华北而焦虑，陈亮抑止了他的相对主义，而接受《春秋》关于阻止蛮夷蚕食中国的绝对原则。朱熹的爱国热情则对于他所主张的价值的普遍性是一种限制。他并不认为有必要承认存在"崇高而未开化的人"以证明所有的人民具有根本的共性。② 对蛮族接受儒家文化的能力，他进一步表达了自己的怀疑。例如，金世宗宣称采纳儒家的仁政，北方民众称他为"小尧舜"。尽管朱熹承认这位金人统治者的天赋，却贬斥他的仁政主张并且怀疑这位金国皇帝能"变夷狄之风"③。在寻求国家统一的过程中，朱熹经历了另一转

---

① 我认为这是朱熹在战争问题上更进一步的发展；而且，批评的严厉化碰巧与伴随着争论而产生的思想对立过程同步进行。思考下面这些段落：朱熹：《朱文公文集》，卷11；34页；《朱子语类》133；11上—12上，5128—5130页；133；14上—15下，5133—5135页。这些段落绝大多数被引入钱穆的《朱子新学案》，第5册，75页，77—79页，《国史大纲》，下册，443页中。
② 虽然夷狄也具有理，但其气禀遮蔽了理，故而使他们转化是极其困难的；一次朱熹评论说，因为他们是介于人和动物之间的一类，所以他们"终难改"；《朱子语类》，4：3上，92页。当他想强调万物皆有理时，他只谈砖石蜂蚁之类，而不提夷狄。
③ 同上，133；11下—12，5129页。

变,把对王朝正统性的判别标准从道德尺度转向了历史成功。在主持删订司马光《资治通鉴》时,他修正了司马光关于正统的看法。例如,曹操之子于公元220年篡汉,刘备(223年去世)随后在四川建立了蜀汉。对此朱熹坚持蜀汉之为正统,在于其承继汉室的权利来源于刘备的皇亲身份。而在60多岁时,朱熹把蜀汉贬为"正统之余",即"始得正统,而后不得者"。一个王朝要获得正统地位,首先要统一中国。① 尽管朱熹没有把正统等同于实现儒家理想,但考虑到他始终如一地反对只重结果的功利主义,这的确是一个重大改变。

第四,对朱陈两人不同方法的讨论不应该掩盖两人在关于中兴的许多具体问题上的一致。两人都敌视金王朝,试图为宋王朝所受的耻辱及死难的先祖向金国报复。② 两人都赞同一旦将金

---

① 朱熹:《朱子语类》,105:10上—11上,4189—4190页,以及《资治通鉴纲目》(聚文堂本)范例,3上—4上,8上。钱穆:《朱子新学案》,第5册,120—149页讨论了《纲目》的发展过程和朱熹对他及其司马光的论断的修正。欧阳修在正与统之间作过区分:刘子健,*Ou-yang Hsiu* (Stanford,1967),111—112页。关于纪昀的观点,见《(合印)四库全书总目提要》,卷45,58—60页。关于元代正统观讨论及文献的简明的评述,见陈学霖,*The Historiography of the Chin Dynasty: Three Studies* (Wiesbaden,1970),13—17页,21页,54—55页;参见其所著"Chinese Official Historiography at the Yüan Court and the Composition of the Liao, Chin, and Sung Histories", in John D. Langlois, Jr., ed., *China Under Mongol Rule* (Princeton,1981年),56—106页。在相关的一个研究中,Langlois检讨了清初对从金、南宋经元到明的文化连续性的看法;John D. Langlois, Jr., "Chinese Culturalism and the Yüan Analogy: Seventeenth-Century Perspectives," *Harvard Journal of Asiatic Studies* 40.2:355-398(December,1980)。

② 特别考虑陈亮1188年的上书,见陈亮1:11上—15上,15—20页;及朱熹1163年的奏折,见《朱文公文集》,尤其是卷13:2页下—3页上。友枝龙太郎:《朱子の思想形成》,419—434页讨论了朱熹的国防观并对比陈亮的上书检讨了朱熹在1162年及1188年的奏折以表明他们在基本政策上有一致的看法,但在取向上不同。友枝龙太郎某些结论与我相同。

人逐出华北,应采取基本上是孤立主义的措施。① 两人都认为朝廷从地方各州攫取了太多的权力和资源,认为宋王朝要想重新获得一统和活力,必须将这一局面扭转过来。② 简而言之,不管这些具体措施上的广泛一致,也不管上面所讨论的其他三个方面的复杂因素,中兴一事仍是阐明朱陈不同的价值取向和学术取向的最好的实质性政治问题。

陈亮通过历史类比和地缘政治战略来阐述自己的主张。正如李纲(1083—1140)和张浚以前所为,他建议南宋迁都南京(建邺),并且在武昌建立一个军事总部。③ 按照陈亮的计划,这样可以把注意力吸引到淮南地区,使金人误以为南宋会以集中于武昌的湘鄂兵力进攻中原,从而乘机攻击没有防备的敌军两翼,西克山西,东克山东。一旦在敌人的两翼巩固了这两省,这些兵力就可协同前进主力,三头并进,将敌人逐出河北、河南。金人将无力抵御这种进攻,被迫撤出中国。这里的关键是做好动员,必须采取攻防结合的战略。敌人将会顾此失彼,从而将其兵力分割消耗掉。④

这一战略立足于关于中原的宇宙论概念。对陈亮而言,道不

---

① 朱熹承认内中国外夷狄是《春秋》大旨之一,《朱子语类》83:1上,3397页。陶希圣,第4册,126页指出朱熹总的说来对任何与他国所缔结的联盟或条约皆持敌视态度。他还反对朝廷遣特使于1170年出访金廷;钱穆:《朱子新学案》,第5册,83—84页。陈亮希望中国、夷狄分属不同区域;而且,他谴责利用外国武装来维持秩序和镇压国内的反叛;陈亮,4:5下—6下,47—48页。
② 陈亮,2:1下—3下,22—25页;朱熹:《朱文公文集》,卷11;30页下—31页上;以及拙著"Proto-Nationalism,"412页—415页。
③ 关于李纲的建议,见《陈亮集》,下册,463页;陈豪楚,16页中所引文字,以及Haeger,"Political Crisis",143—161页中的讨论。关于张浚,见友枝龙太郎:《朱子の思想形成》,426页。
④ 陈亮,2:3上—下,23—25页;侯外庐,第4卷,下册,704—706页。关于陈亮的政策及战略的更详细的讨论,见拙著"Proto-Nationalism",403—428页。

能超越于气,而完全寓于气中,万物皆由气构成。中原的气——世界之中心,天地之正气——使它同其他地区迥然有别。气之不同造成了地区和种族间的文化与人种差异。在万物皆气的世界上,气的差异已然形成,使得已教化的汉人同蛮族间存在着一道鸿沟。地理环境和历史演化已经在一元的气中造成了巨大的差异。在1178年的上书中,陈亮滔滔不绝地陈述了其战争政策的这一宇宙论基础:

> 臣窃惟中国,天地之正气也,天命之所钟也,人心之所会也,衣冠礼乐之所萃也,百代帝王之所以相承也,岂天地之外夷狄邪气之所可奸哉!不幸而奸之,至于挈中国衣冠礼乐而寓之偏方,虽天命人心犹有所系,然岂以是为可久安而无事也!……天地之正气,郁遏于腥膻而久不得骋,必将有所发泄,而天命人心固非偏方之所可久系也。①

由于处于传统上中国腹地的边缘,南宋面临失去正统权利的危险。

由于宇宙和自然之气集中于中原地区,南宋必须收复中原。否则即使南宋的生存也难以保证,因为"一天下者,卒在西北而不在东南"②。南宋王朝的两个中心,吴(浙江)、蜀(四川),只拥有天地之"偏气"。京城所在的钱塘江地区则为"吴之一隅"。以王廷之驻于钱塘江畔,用闽浙"日衰"之士,并企图"鼓东南习安脆弱之众",如此看来,挥师北上,对阵中原,成败殊难预料。而湖南、

---

① 陈亮,1:1 上,1 页;田浩,"Proto-Nationalism",408 页;另一个译文见 Lin Mousheng,181—182 页。陈亮可能受到了朱朴关于中原之气的看法的影响;见《宋元学案补遗》,卷 56,14 页上—下。关于气的讨论,见"Proto-Nationalism"。
② 陈亮,1:1 上—下,1—2 页;译文见田浩,"Proto-Nationalism",420 页。

湖北地区在地理上的优势或可改变这一困境。陈亮认为应多启用这一地区的贤良,发挥这一地区蕴蓄的气。湖南、湖北不在中原,属边远之地;但这一地区距中国腹地很近,"未有偏方之气"。如果南宋能依靠中原之气,利用湘鄂地区,就可望战胜金国。①

陈亮用这些地区在历史上所起的作用支持其战略和地缘政治论。即使在乱世,如唐宋之间那一时期,浙江一带诸国也被迫臣服中原列强。湘鄂地区则不同。战国时期,楚国就立足湘鄂,胁迫中原的齐、晋,同强秦相争;并且在隋朝于6世纪末统一中国之前南京作为都城已达3个世纪。②

陈亮还诉诸社会、礼节对行为的约束。正如古代圣人不与蛮族共享中原,"中国不与戎狄共礼文"③。外族入侵给中原礼制带来的耻辱激起了陈亮的无比愤怒。宋廷贡岁赋于辽、金违背了中国皇帝应坚持的礼节,"天子供贡,是臣下之礼也"④。蛮人拒绝承认宋的特殊地位,强迫宋人接受史无前例的耻辱,承认在汉族皇帝之外还有一个外族皇帝。陈亮抱怨宋廷不能"洗夷狄平视中国之耻"⑤。陈亮于1188年上书正是缘于无法忍受金国的侮辱——金国只派了一个使节祭祀高宗牌位。对汉族文化规范的如此践踏必须受到惩罚。

---

① 陈亮,1:5上—6上,7—8页;译文见田浩,"Proto-Nationalism",417—418页。
② 陈亮,1:5上—6上,7—8页;参见1:12上—下,16—17页。
③ 《宋元学案补遗》,卷56,15页上;田浩,"Proto-Nationalism",424页。
④ 陈亮,1:4上,5页;译文见田浩,"Proto-Nationalism",423页。参见陈亮,4:6下,48页。
⑤ 陈亮,1:4上,5—6页;译文见田浩,"Proto-Nationalism",419页。关于宋代盟约的讨论,见Herbert Franke, "Treaties between Sung and Chin", in Francoise Aubin, ed., *Etudes Song/Sung Studies: In Memoriam Etienne Balazs* (Hague, 1970), Series I, Volume 1.1:55-64. 参见John K. Fairbank, ed., *The Chinese World Order: Traditional China's Foreign Relations* (Cambridge, Mass.,1968)。

朱熹则通过不同的方式,诉诸基于纲常和经典的道德要求。在其1180年的奏章中,朱熹提醒皇帝,如果他继续受宠臣左右,怀疑圣人之道并采取功利主义的方法,就不可能收复北方。① 他的1162年奏章呼吁坚决整饬吏治、驱除蛮族。尽管主和派质疑这一政策,但按照经书所确定的准则,必须反抗蛮族的侵蚀。朱熹以《礼记》为根据写道:"夫金虏于我有不共戴天之仇,则其不可和也,义理明矣。"②

1162年的一个奏章详细阐述了必须开战的普遍原则。忽视金人施于宋的侮辱而求和违背天道。父子天伦是宇宙秩序的一部分,所以必须惩罚杀父之敌:

> 仁莫大于父子,义莫大于君臣,是谓三纲之要,五常之本,人伦天理之至,无所逃于天地之间。其曰"君父之仇不与共戴天者",乃天之所覆,地之所载。……然则今日所当为者,非战无以复仇,非守无以制胜,是皆天理之自然,非人欲之私忿也……今释怨而讲和,非屈己也,乃逆理也。已可屈也,理可逆乎?③

数年以后,当朱熹认为由于时间过去太久,为父报仇不再是开战的有力根据时④,他对战争的态度更加强调基本原则。

朱熹和陈亮主张开战的不同基础表明了他们不同的政治思想倾向。朱熹以天道尊严为根据。正如儒家基本的道德价值一

---

① 朱熹:《朱文公文集》,卷11:15页上—下。
② 同上,卷11:4页。
③ 同上,卷13:2页下—3页上,在一封致友人书中,朱熹阐述了相同的主题,认为中兴是与天地之理及人心相一致的;同上,卷24:10页下—14页上,也引在杨向奎,下册,325—326页。
④ 例如,思考1199年的一段文字见朱熹:《朱子语类》,133:14上—15上,5133—5135页。

样,这些原则是不可动摇的标准。陈亮则以礼制约束为开战鼓吹;而且,这些礼仪,作为汉族文化与制度的体现,已经历史地演化为中国之道的一部分。在朱熹哲学中,原则之理包摄礼制之礼;因此,他无疑会同意陈亮的抱怨,认为在汉族皇帝之外再承认一个外族皇帝有悖礼制。但是,朱熹根据基于经书的自然准则而非根据礼制来谈论战事,陈亮却经常谈到礼制而很少提及理。二来,由于朱熹在基本价值和个人修养上的观点,他在上书皇帝时以道德准则为依据并引用经典作为绝对权威。而陈亮,作为一个历史类比论者,则引用历史来说服皇帝。陈亮忠于他重结果的伦理,集中于实际的军事和行政手段以达到目的。

陈亮试图激起皇帝采取迅速的军事行动。他一再呼吁采取行动——呼吁皇帝动员财力,秣马厉兵,制定宏大战略,然后打破和平局面,挥师北上,最终收复中原腹地。他谈到"以励群臣","以振天下之气","以动中原之心"①。陈亮用来陈劝皇帝的两个最重要的主题是遵从天命一统中国及为先皇所受的屈辱复仇。陈亮警告说,尽管宋廷竭力维持其正统地位,但是同中国腹地不正常的隔离是无法长久存在下去的。按照他的看法,朝廷把注意力集中于行政事务只是企图忘掉收复华北的大业,这是很危险的。

> 使其君臣上下苟一朝之安而息心于一隅,凡其志虑之经营,一切置中国于度外,如元气偏注一肢,其他肢体,往往萎枯而不自觉矣,则其所谓一肢者,又何恃而能久存哉!②

---

① 陈亮,1:3 上,4—5 页;译文见田浩,"Proto-Nationalism",416 页;罗文,*Yeh Shih*,59 页。
② 陈亮,1:1 上,1 页。

陈亮迫切要求皇帝坚定地着手处理首要问题——恢复王朝在中原腹地的统治。

朱熹也热衷于说动皇帝,但他有不同的侧重。尽管他最终试图激起皇帝采取军事行动,但首先希望提醒皇帝注意朝廷的道德要求及个人修养的必要性。由于德政的首要性,只有在东南地区治理好以后,方可认真地考虑把统治扩展至北方。

> 区区东南,事犹有不胜虑者,何恢复之可图乎?……(臣)所望者则欲陛下先以东南之未治为忧而正心克己以正朝廷,修政事。①

朱熹的奏章中回荡着对腐败肆虐的谴责和对政府改革及对道德修养的吁求。

陈亮对实质结果的首要关注使他更集中地考虑以立竿见影的军事手段来达到目标。他谴责官员们"安坐"和"待时"以图收复北方。照陈亮看来,主张等待时机只不过是在掩饰官员们的消极无为并为他们的集权辩护。权力过分集中于朝廷,特别是王安石以来,耗尽了民众抵御侵略的能力,因而使朝廷不堪重负,无法采取有效的军事行动。陈亮主张,坚定的措施将会带来成功。金人不可能在中国土地上长期立足,因为没有哪个蛮族政权能够保持四五十年以上的稳定。面对即将到来的金人气数的转变,必须放权给地方以作好军事、行政上的准备。除了让主要朝臣参与总体战略的计划,皇帝应赋予各太守以更大的责任和更长的任期,特别是对前线地区的太守。这将使这些太守的地位更巩固,从而按照统一的部署来动员民众。皇帝应重新启动耕战结合的屯田

---

① 朱熹:《朱文公文集》,卷11;34页下。

制度,并使各州军方对地方资源有更大的控制权。① 经过这些制度的改革和五年的艰苦准备,宋廷可望收复北方。② 所需的是制度及军事上迅速、坚定的措施。

朱熹则预料需要经过更长、更全面的准备期才能完成收复大业。同陈亮认为蛮族统治不会长久相反,朱熹认为金人已经建立了牢固的基础,现在比以往更难以驱除他们。在 12 世纪的最后 10 年中,朱熹谈到收复北方需要 10 到 30 年的准备。关键是要做好准备以待时机。③ 他当时确实表示金海陵王 1161 年的入侵失败为宋王朝提供了一个速胜的时机。如果当时宋以 1.5 万精锐部队坚决出击,时势可能就变过来了;可是宋王朝从海陵王被刺后占领的中原前线阵地撤退,失掉了大好时机。同陈亮呼吁将宋军事总部移至中原附近相似,朱熹相信要解放北方,必须在中原取得领土或建立军事基地。④ 这样,尽管同陈亮有一致之处,由于朱熹注重为政治行动建立伦理基石,他预料收复北方需要更长的准备时期,并且他对道德武装的要求使这一准备多了一个阶段。

实际政治问题上的分歧同两人的基本观点有关。朱熹呼吁采取更多守势并壮大自己的姿态,这反映了他对个人修养及吏治的关注:"今朝廷之议,不是战,便是和;不和,便战。不知古人不战不和之间,亦有个且硬相守底道理,却一面自作措置,亦如何便

---

① 陈亮,1:3 上—4 下,4—6 页;1:8 下—10 上,12—14 页;2:1 下—3 下,22—24 页。
② 在一封致宰相叶衡的信中,陈亮说需要积蓄 5 年的力量,国家的大业才能完成;陈亮,21:1 上,316 页。在关于宋与夷狄力量消长的叙述中,他指出一个基本类似的时间框架,但不很具体;同上 1:6 上—下,8 页;2:1 下,22 页。
③ 朱熹:《朱子语类》,133:11 上—16 下,5128—5137 页。
④ 同上,133:11 上,5128 页;以及 133:12 上—下,5130—5131 页。

侵轶得我！"①对陈亮来说，朱熹的政策不啻为消极的"待时"。没有迹象表明陈亮认为道德武装是必需的。立即采取行动的意志，加上正确的军事策略以及相应的政府放权于地方——这些就足以完成收复大业。由于首先关注于结果，所以他集中于实际的、当下的手段以图达到目的，而不是集中于朱熹认为具有根本意义的伦理价值问题和个人道德问题。

朱陈之辩对于学派分化的影响

12世纪中叶，大量持不同观点的学者都将他们的思想追溯至道学的奠基者们，并激起了朱熹后来所贬称的"一般回互底心意"②。像朱熹同张栻及吕祖谦之间虽有意见分歧但相处很真诚，也不妨碍他们在更大方面的一致。回过头看，吕祖谦为弥合朱熹和陆九渊之间的分歧而安排的鹅湖之会实际上标志着严重冲突的开端，因为在那里发生了激烈的相互指责。③ 由于调停人——特别是吕祖谦的影响，在一个时期内分裂仍被控制在小范围内；但当大约10年后朱熹与陆九渊再次发生冲突时，鹅湖之会开始产生更大的影响。在吕祖谦于1181年去世前的6年中，由于他的影响而抑制了陈亮向着更公开地批评道学发展。70年代几个主要调停者在1180、1181年间相继去世，其中包括张栻、吕祖谦、郑伯熊。后两者曾经是浙江的主要思想家，现在思想主导

---

① 朱熹,133:15上—下,5135页。
② 朱熹:《朱子语类》,122:9下—10上,4734页。
③ 余英时,"Ch'ing Intellectualism",123页提示说在朱陆争论的当时,对人们来说,争论似乎并不存在什么重大的分野,只是到了13世纪才有人努力调和争论中明显存在的分歧。姚荣松,8页,注意到陆九渊抱怨吕祖谦的调和实际上是偏向于朱熹一方。

权转移到年轻学者手中,特别是好战善辩的陈亮手中。当朱熹担任浙江的地方官时,他于1182年初第一次会见了陈亮。具有讽刺意义同时又具有象征意义的是,那次会见集中于朱熹拜谒吕祖谦墓之行。对朱熹来说,在浙江的随后一年被证明是一个纷乱的时期,一个令他后来感到相当恼怒的时期。

当朱熹意识到他同陈亮的冲突时,他开始严厉对待浙江学者。在他仍然任职浙江时的书信中,他很尊重地称呼陈亮及其他浙江学者,但后来的信函则有时严厉地谴责陈亮。回首在浙江的时日,朱熹承认他对那儿的学者普遍持有的态度感到痛心疾首:"顷岁入浙,从士大夫游。数月之间,凡所闻者无非枉尺直寻,苟容偷合之论,心窃骇之。"① 由于忽视了绝对的伦理标准,这种以吕祖谦宽容主张加上功利主义及犬儒主义的曲解使朱熹感到不安。在批评这一地区的习俗时,他甚至向皇帝抱怨浙江学者不"问其是非曲直"②。主观论者——主要是陆九渊的学生杨简(1141—1226)竟敢声称超越经典,而客观论者如陈亮则热衷于功利主义,赞同任何对当下情景有用的理论和措施。朱熹的判断即是如此。在一次谈到浙江学者时,他感叹道:"今有一等自恃地高出圣人之上;一等自恃地陷身汙浊,要担头出不得!"③ 在另一次,他详细解释了他所谓浙江学者各走极端的倾向。

> 往往泥文义者只守文义,论虚静者更不读书。又有陈同甫一辈说又必求异者。某近到浙中,学者却别,滞文义

---

① 朱熹:《朱文公文集》,卷38:30页上;也引在吴春山,187页。
② 朱熹:《朱文公文集》,卷11:28页下。市川安司:《朱子——学问とさの展開》(东京,1970年),230页。
③ 朱熹:《朱子语类》,123:7下,4748页;此条记于1191年。

者亦少。①

这样朱熹在12世纪80年代感觉到浙江学者从根本上存在两个倾向：杨简一类学者的禅宗倾向；陈亮轻视儒家伦理信条的倾向。

朱熹如是表达了他对陈亮的观点广为传播的不满：

> 陈同甫学已行到江西，浙人信人已多。家家谈王伯，不说萧何张良，只说王猛；不说孔孟，只说文中子，可畏！可畏！②

按照朱熹的看法，陈亮这些可怕的理论只是伴随着吕祖谦的去世才出现的：

> 婺州自伯恭死后，百怪都出，至如子约别说一般差异的话，全然不是孔孟规模，却做管商见识，令人骇叹。③

在朱熹看来，那些推崇这些可鄙理论的人都宣称吕祖谦为其导师，但事实上却追随陈亮。不过，朱熹又指责是吕祖谦开了这些理论之先河。④

朱熹看到，从吕祖谦的历史研究到陈亮的功利主义，这一过渡是令人担心的，但却是合乎逻辑的。他在给朋友的一封信中对此十分抱怨：

> 伯恭无恙时爱说史学，身后为后生辈糊涂说出，一般恶

---

① 朱熹，122:10上，4734—4735页；此条记于1188年。我根据的是1876年版本以代替1970年版本。
② 同上，123:8下，4750页；此条记于1191年；译文见陈启云的文章，经我修正。参见《朱文公文集》，卷53:34页上—下。
③ 朱熹：《朱文公文集》，卷35:22页上；也引在吴春山，155页。
④ 朱熹：《朱文公文集》，卷1:7页下。

口小家议论贱王尊霸、谋利计功,更不可听,子约立脚不住,亦曰:"吾兄盖尝言之"云尔。①

朱熹这样谴责陈亮在吕祖谦历史研究所建立的基础上竖起一座胡言乱语的大厦。吕祖谦也曾像陈亮一样"包裹在里";并且,两人都被他们的历史研究"坏了"②。

现在——至少朱熹自己认为——浙江的一个坚如磐石的功利主义集团在同他对抗。他看到以前吕祖谦的学生投入陈亮的阵营中,而且两派开始合并:"今来伯恭门人却亦有为同甫之说者,二家打成一片,可怪。"③但实际上,陈亮在给朱熹的一封信中,曾抱怨吕祖谦的学生对他的公开敌意④;而且,吕祖谦的学派仍然在其弟的领导下。⑤ 但不管这两个学派事实上融合的程度如何,陈亮的影响力在吕祖谦死后确实在增强,而浙江学者同朱熹的分裂也在增大。

学生数量的增加可能也加剧了体系和立场的分化。从 12 世纪 80 年代初开始,朱熹及其浙江对手都吸引了更多的学生。此前,他们都只有非常少的追随者。⑥ 陈亮曾致函朱熹,激烈指责道学学生的帮派性:

---

① 朱熹:《朱文公文集》,卷 35:24 页下。
② 朱熹:《朱子语类》,123:7 上—下,4748 页,记于 1191 年后;同上 123:7 下,4748 页,此条记于 1198 年。
③ 同上,123:7 上—下,4748 页;记于 1191 年后。参见引于《宋元学案》,卷 51,947—948 页中的评论。
④ 陈亮,20:5 上—下,279 页。
⑤ 《宋元学案》,卷 51,952—956 页;卷 53,977 页。夏君虞,141 页。
⑥ 关于陈亮的弟子,见童振福书附录的图表,106—109 页;但是,显然另外一些人不很正式,从学时间也较短。关于朱熹,见田中谦二:《朱门弟子师事年考》,第一部分,《东方学报》44:147—218(1973 年 2 月);第二部分,《东方学报》48:261—357(1975 年 12 月)。

> 因吾眼之偶开便以为得不传之绝学。三三两两,附耳而语,有同告密。画界而立,一似结坛。尽绝一世之人于门外。①

陈亮和朱熹都承认,在二程死后,不同观点大量涌现,很难坚持个人的独立见解。②

学界纷争加剧了12世纪80年代学者们的分化。正如其许多同代人一样,陈亮希望发展他自己的体系及声望。尽管他十分尊敬吕祖谦,却坚决反对自己的朋友倪朴的告诫,拒绝承继吕的遗产。传播另一种思想的念头给陈亮极大的激励。朱熹的思想在1170年前后已臻成熟,已经开始发展他自己对前辈思想家们所建立的道学的修正,但在1182年他成为一个颇具争议的人物。当时,他弹劾他所治浙江的一个太守唐仲友。③ 丞相王淮为这位被弹劾的官员辩护,唐在朝廷里的朋友也试图消弭此事,称此事不过是持不同见解的学者间的小摩擦。总的说来,唐是一个来自浙江金华的经世思想家;而且他已建立起独立的学派,传授制度研究及法家集大成者韩非子的著作。据说朱唐两人以前曾互相表示轻视对方对经典的解释。但是正如杨联陞教授所指出的,朱熹弹劾唐的六个奏章,包括指责唐的作伪,其细节"十分可信"④。由于唐复杂的关系网及此事所引起的激动,他只不过丢掉了官位

---

① 陈亮,20:15 上,293 页。
② 同上,20:11 上,287 页。
③ 吴莱(1297—1340)对此事的叙述收入 Langlois 对吴莱一些著作的概括内;John J. Langlois, Jr. ,"Chin-hua Confucianism under the Mongols (1279 - 1368)"(PhD dissertation, Princeton University,1973),83 页。倪朴是陈亮的学侣,此外他还是一位爱国词人,绘有征略地图;《增补宋元学案》,卷 56,10 页上—11 页上。
④ 杨联陞(Yang Lien-sheng),"The Form of the Paper Note *Hui-Tzu* of the Southern Sung Dynasty",在其 *Studies in Chinese Institutional History* (Cambridge, Mass. ,1969),216—223 页。关于唐的肯定看法,见石田肇,23—37 页。

及升迁机会。更重要的是,一些高层官员激烈地指责朱熹及其学派——这是自丞相秦桧 1155 年去世以来首次由高层官员发起的对道学的严厉攻击。他们指责这种"道学"狂傲地声称其道德优越地位,实质是建立在用来欺骗民众的错误学理之上。这一论战标志着朱熹政治生涯的转折点。① 论战的气氛也浸入他的学术生活,不久他就陷入了同其主要学术对手陈亮及陆九渊的相互谴责中。

如果此前数十年的学术气氛一如既往,陈亮会被认为只不过试图拓展道学潮流或保持其早期的广阔基础。事实上,在后来给朱熹的一封信中,陈亮这样表白自己:

> 亮所以为缕缕者,不欲更添一条路,所以开拓大中,张皇幽眇而助秘书之正学也,岂好为异说而求出于秘书之外乎!②

然而,学术气候已变。在紧接其为论争而道歉的上下文中,陈亮精心地为自己的观点辩护。妥协的语句和尊称无法完全掩盖其好战性。更重要的是,陈亮已发起了一场对道学的进攻,这一进攻太直接,根本不可能被看作仅仅是努力拓展其疆域。同早期的浙江领袖相比,陈亮采取了更独立的、同道学的根本构架更激烈冲突的姿态。道学之分裂的发生不仅仅因为他离开了道学,而且还因为道学向着更一贯的形而上学及伦理体系的发展将他及浙江道学的功利主义支持者都抛在了后面。朱熹以一种比吕祖谦

---

① 谢康伦,"Neo-Confucians Under Attack",163—198 页;以及他的"Political Thought and Behavior of Chu Hsi",102—106 页,119—121 页;以及他的"Chu Hsi's Political Career: A Study in Ambivalence",in Arthur F. Wright and Denis Twitchett, eds., *Confucian Personalities* (Stanford, 1962 年),173—175 页。
② 陈亮,20:16 下,295 页。

更为狭窄的方法限定道学的范围;同样,陈亮比吕祖谦更加完整一贯地功利化。陈亮在相信道学自身已经发生变化的同时,于1193年严厉地抱怨20年前出现的专心于道的研究的学派只热心于形而上学与伦理学,却忽略了文章与政治事务。①

争论本身大大加速了朱熹与浙江功利学派之间的两极分化。来往信函加上亲自拜访使对手的挑战性给每位思想家留下了深刻印象;对手意识产生了,观点也得以明确;当其他人也被拉入争论时,两极分化的波及面开始扩大。除了试图说服朱熹,陈亮还写了一些信以便后来人能够对这次辩论作出评判。大概是太急切的缘故,陈亮没等到后代来评判就向人们展示了他的信件。当他的门生得到这些信件时,便将它们向周围人传播,争论的消息因此扩散开来。陈亮所抱怨的是,朱熹的一些弟子读完信后非常恼怒,拒绝与陈亮交往。②

当陈亮向陈傅良陈述其观点并请他加以调停时,陈傅良也加入争论中。陈傅良来自永嘉,是浙江学派的一员。在12世纪70年代,他是陈亮最好的朋友之一;如今,在12世纪80年代,陈傅良属于陆九渊主观主义的心学一派,他从浙江与江西观点混合的角度出发,不能完全赞成朱熹或陈亮的观点。由于坚持江西学派强调道德修养的缘故,他更倾向于同意朱熹的看法;不过,就反映他的浙江学术的根源而言,他仍然同情陈亮赞赏汉唐英雄,关注积极效果的立场。③ 任何一方都不满意陈傅良妥协性的调解。

---

① 陈亮,11:2下,114页。见本书第二章的译文与讨论。
② 同上,20:15下—17上,293—295页。
③ 陈傅良《止斋先生文集》,卷36:2页下—3页上;张君劢,上册,327页;吴春山,124—131页,特别是128—130页。吴春山认为陈傅良偏向朱熹一边;但是,黄宗羲相信他赞同陈亮的观点;《增补宋元学案》,卷56,7页上—下。

例如，朱熹严厉反对了陈傅良的观点，他评论说：

> 君举只道某不合与说，只是他见不破。天下事不是是，便是非，直截两边去，如果恁地含糊鹘突！某乡来与说许多，岂是要眼前好看？青天白日在这里，而今日虽不见信，后世也须有人看得此说，也须回转得几人。①

界限已经过于明显，不允许一个勉强的调解者提出笼统的调和方案。

争论妨碍了其他浙江学者，如叶适与朱熹，讨论学术问题。由于双方坚强的个性，争论没有最终结果并且滑进理论与伦理学的领域，在这里功利主义思想家们会感到不太自在。② 人们容易夸大这种疏离的程度。虽然争论中产生一些紧张，但1188年叶适仍在朝廷上为朱熹辩护，当时一些大臣利用朱熹辞去官职的机会重启对道学的政治攻击。在12世纪90年代晚期，当这些大臣的确得到了朝廷反对道学的禁令时，他们以叶适和朱熹为打击目标。事实上，朱熹、陈亮辩论后的几年中，叶适与朱熹在一些时候有过书信交往，但总的说来比起陈亮与朱熹之间的关系，叶适与朱熹只有过相当少的思想交流。例如，叶适在一封信中为陈亮的王霸思想辩护，认为这是个了不起的道理。朱熹则对此评论道，叶适的说法笼统误人，不能说透这一大道理是个什么物事。③ 在另一次，朱熹指责叶适的抱负，并劝说他有必要研读儒家经典后，

---

① 朱熹：《朱子语类》，123：7上一下，4748页。
② 吴春山，137—138页，149—150页。吴夸大了争论的影响而对继续进行的学术交流的数量估计过低。
③ 朱熹：《朱子语类》，123：8下，4750页。

两人中断了一段时间的通信。① 1208年之后，主要为了反对陆九渊的门人，首要的便是杨简的极端主观主义，叶适把自己摆在了道学之外，在此之前，他一直都认同于广泛的道学潮流。② 极有意义的是，这个转变的时间正好与他为陈亮文集作序跋的时间相巧合；因此，叶适重读这些著作（包括辩论）也许促成了他下定决心与道学决裂。

虽然他受到陈亮的影响，但具有反讽意味的是，叶适对道学的反感给陈亮努力寻求功利方向以致命一击。在严格的意义上说，陈亮和叶适代表着浙江功利学派下不同的分支，但是他们类似的取向与抱负不能不让我们批评他们不能进行共同的计划或避免削弱彼此的论证。③ 在为汉唐英雄辩护中，陈亮希望建立适用于他的时代并与道学不同的理想和价值。他声称孔子本身曾支持过如此地改写历史：在编定五经时，孔子删削古代记载以便为同时代人建立价值楷模。但是叶适却与陈亮就一些基本观点发生争执。在攻击道统的过程中，叶适也打破了陈亮摸索着建立楷模的企图，因为他否认了孔子作为革新者甚或是经典编订者的作用。按照叶适的看法，孔子只是传承了更早的传统。所有"真"儒，从孔子本人开始，都应当是保存者，而不是革新者；因此，所有的道学学者，以及孔子自己的弟子，按照这个事实都做错了。叶适还拒绝赞成汉唐的英雄。具有讽刺意味的是，他以一种类似朱熹的方式，声称汉唐英雄都处于黑暗之中；他们有进道之路却不

---

① 朱熹：《朱文公文集》，卷54：7页下；56：6上—8上；钱穆：《朱子新学案》，第3册，605—607页；罗文，*Yeh Shih*，81页。
② 罗文，*Yeh Shih*，第8章。
③ 如，夏君虞，141—142页；吴春山，9—23页，113—150页，将陈亮和叶适作为同一学派中具有较少差别的学者来研究。朱熹认为那些倾向于功利思想和历史研究的浙江学者是一个集团。

愿从学。[①] 他或是未能看清或忽视了陈亮以历史的相对主义为现实建立楷模的作用。因此，在叶适那里所有的只是以实用主义政治思想为号召而不存在任何可行的功利主义以代替道学的楷模。

陈亮和叶适对朱熹体系的挑战使他及其弟子自觉地与浙江功利学派分开，这样，在浙江学派哲学思想发展的同时，宋代儒学内功利主义的入世思想进一步受到削弱。虽然他们两人有亲密的个人关系和接近的哲学思想，陈亮和叶适也未能实现共同的计划。学术环境需要榜样和得到伦理支持的象征，陈亮在整顿功利主义象征和建立功利理论的伦理基础方面有相当大的进步；不幸的是，他的个性、法律纠纷以及不合时宜的死亡限制了他将其观点发展成为系统的哲学和有凝聚力的思想派别。叶适批评性的攻击破坏了陈亮所作出的成绩。由于内部受到削弱，功利主义这一独立的学科过分处于边缘地位而不能阻止13世纪朱熹的体系上升为学术界与官方的正统思想的潮流。朱熹和陈亮交流是这两个学派划清界限过程中的一个部分。对立使思想愈加清晰。随着书信的来往，两个学者间的私人交往加强了那个时代学者间的哲学交流，并且加强了从先前几十年间纷繁的学术气候中发展出更有系统的思想流派的趋势。

[①] 罗文，*Yeh Shih*，153—176页；牟宗三：《道德判断与历史判断》，252页。

结　论

陈亮对朱熹道学的攻击可说是对其价值及标准的绝对性发动了一场钳形攻势。这一比喻之妙处,在于陈亮的论证同他计划将金人驱逐出华北的战略具有相同的模式。陈亮把历史研究与功利主义伦理观两柄利刃结合起来,批判朱熹所称的儒家伦理价值的永恒性。在这一攻击中,陈亮对政治的关注起到了关键性作用。朱熹曾向一位朋友抱怨,指责陈亮之学问"废经而治史,略王道而尊霸术,极论古今兴亡之变而不察此心存亡之端"①。对陈亮只注重历史而排斥经典的指责针对的是陈亮在价值观上的相对主义:即陈亮把价值标准看成是随历史情势而演化的,而不是看作深蕴于经典中的绝对准则。朱熹清楚地觉察到陈亮最有力的挑战之一正在于其对历史情势的关注。例如,在一封致吕祖谦之弟的信中,朱熹贬斥了某些人所鼓吹的"学问之道不在于己而在于书,不在于经而在于史"②。在1198年,即陈亮去世后4年及朱陈之争后的12年,朱熹仍告诫其弟子说陈亮"被史坏了"③。

朱熹谴责浙江学者置历史于经典之上,这反映了他自己对经典至高无上地位的信念。儒家传统上认为历史与经典对理解道

---

① 朱熹:《朱文公文集》,卷53:33页下。
② 同上,卷47:24页上。
③ 朱熹:《朱子语类》,123:7下,4748页。

结　论

是不可分的或者说是紧密相连的；而且，从包括孟子到刘知几(661—721)①一系列学者所表露的疑问看，很显然存在一股怀疑主义的脉流，怀疑经典中将成就归诸先人的真实性。陈亮正是隐约地以这一怀疑主义传统和儒家经典与历史并重以求道的传统为基础，贬低三代的特殊地位而称颂汉唐英主。在他对这些后代英雄人物的赞颂中，他采取了他归之于孔子的方式——将三代转化为一种正大本子以指导那些有较高政治抱负的人。朱熹拒绝这种对后世君主的理想化，并谴责这些君主未能达到经书所确立的儒家标准。从一方面看，这种道德谴责反映了同《春秋》相联的"褒贬"笔法；事实上，他的一些史著以《春秋》作为范本。② 同陈亮试图淡化经典与历史之间的区别以使道德准则具有历史相对性的做法相反，朱熹强化了这一区别，以支持他所谓经典中的古代准则的永恒的现实性。

朱熹厌弃历史给予人类成功及理想的社会限制和宇宙论限制，而这是被陈亮的历史研究接受的。同过去两世纪中西方盛行的历史进步观念相反，朱熹视历史为对终极理想的限制而非趋于终极理想的过程。经典，特别是"四书"清楚明白地表达了儒家准

---

① 如，《孟子》(7 下：3)曰："尽信书则不如无书。"译文见 D. C. Lau, *Mencius* (Baltimore, 1970)，194 页。参见 Rosen, "Sage in Chou Mirror"中的讨论。关于刘知几的观点，见他的《史通》(四部丛刊本，1929 年)卷 13、14。《史通》研究专家洪业教授告知我刘对陈亮并无直接影响；而且，这种怀疑主义已足够普遍，所以找出一个特别的思想来源是不必要的。宋朝以前的另外两个著名的例子有王充(27—100?)和葛洪(283—343)。北宋时期关于历史与经典关系的讨论，见 Freeman，第 4 章；Hatch，第 3、4 部分；Hartwell，"Historical Analogism"。
② 《春秋》是他著《资治通鉴纲目》的样板，这一点在"范例"中有详尽说明。参见中山久四郎：《朱子の史学——特にその资治通鑑綱目につきて》，《史潮》，第一部分见 1.3：33—60(1931 年 10 月)；第二部分见 2.1：72—98(1932 年 2 月)；及其《朱子の学風に其史学につきて》，《斯文》13.11：865—888(1931 年 11 月)；麓保孝：《朱子の歷史論》，见《朱子学入門》，357—365 页；内藤虎次郎：《支那史学史》(东京，1967)，266—286 页。

则。他迫切要求人们内化这些准则而超越他们个人的局限:急迫的道德感和对伦理规范的严格实践会使人们"变化气质"并实现深蕴于他们自身的准则。历史——即使是汉唐相对繁荣的时期——只不过是人们不能实现这些准则的反面例证。从最好的方面讲,历史能够表明道德是践履性的。过去和当下的混乱事态应被超越,而不是被接受。而陈亮对历史所展示的混乱状态较能接受,因为他关于道内在于历史进程的观点允许一定的弹性以应付实际情况中的变化,道这一概念甚至暗含了某种发展的意识。同朱熹相反,他的理想更偏重于社会而非伦理,并且更好地表现在近世的一些统治者身上。尽管有这些因素,陈亮并没有表现出持有如下隐含的假设或观念,认为历史是趋向人类完满境界的一个过程。三代、汉、唐任何时代都未全善。虽然陈亮有时在近世与上古的比较中更倾心前者,但他承认近世所达到的完善程度较上古为低。一位英主,如唐太宗,是他那个时代的人物,其所成就的是可以合理预期到的。陈亮的这些看法带有一定程度的历史决定论与进化色彩,但并不必然包含对历史前进的信仰。通过使准则具有对时代及境况的相对性,陈亮也在试图建立一种更广泛、更具功利色彩的解决问题的方法。

陈亮钳形攻势的第二只利爪是其结果伦理学。除了痛惜陈亮美化霸的权宜方法,朱熹还抱怨浙江学者把义、理这些道德范畴同利害的功利范畴联系起来。更有甚者,他们宣称这两种范畴是同一而不可分的。① 在另一处,朱熹更形象地表达了他的责难:浙江学者"为功利浸渍坏了腹心"②。朱熹坚持认为,个人德

---

① 朱熹:《朱文公文集》,卷53:32页下—33页上;参见同上,卷53:33页下—34页下中的两封书信。
② 同上,卷56:27页上。

行不仅是社会和政体中任何真正有效的成就的先决条件,而且是首要手段和目标,它必须具有优先地位。陈亮则提出相反的前提:效果本身就是合法目的;社会功业本身就是它们的伦理证明。因而,现实的社会、政治结果对任何行动和行为的评价都是很重要的。

陈亮对收复华北的关注使得他把历史研究与功利主义伦理这两把尖刀结合起来,向朱熹坚持的儒家伦理价值的永恒性发起挑战。在很大程度上,陈亮在价值与标准上的相对主义是由于面临外族侵占中国腹地而产生的对到处蔓延的伦理哲学化的一种特殊反应。特别是在战时或国家危急时刻,任何对哲学和绝对价值的过分关注都会束缚为达到国家目标而寻求实际方法的努力。金人的入侵和对宋朝的侮辱像一团黑雾弥漫在当时的学术空间中。由于国内的不利局面及对外的失败使得一些基本价值有了疑问,价值被阴云包围,乐观的入世思想也被泼上冷水,而这种积极乐观的论调曾一度振动了宋人的心灵。道学的反应是通过廓清所选择的道德价值周围的乌云以扩展自己。尽管制度性改革收效无几而导致信心动摇,这些学者却因在他们的哲学、伦理价值中获得了信心而得到安慰。陈亮对那些退缩到这些价值的意识形态神圣性中的人大为敌视,严加斥责,因为对他来说一场收复失地的成功战役胜过任何看来很抽象的哲学或伦理问题。

陈亮极为珍视政治价值,但在这些政治价值的背后是其哲学假设。他不忠诚于抽象的伦理价值,而是通过特殊的政治目标来判断效果,并且推崇更为具体的规则:将夷狄从中国永远驱逐出去;在君臣之间求得最有效的关系以驱除外族;保持汉族血统与文化的优越地位,使其不受异族的侵染。悖谬的是,这些规则从他的哲学一元论与相对主义中获得了其绝对性。道内在于历史进程中,从不外在于构成万物之气。虽然所有的气最终同一,但却有区别并不停变化;因而气与道内在于区别之中。一方面,气的一元性排除了道的任何二元论的超验存在;另一方面,一元的气在区别中的内在性为产生地缘、历史时期及种族间的绝对差别提供了哲学基础。关于中原的宇宙论观念与关于道内在于历史情境中的概念一起,加强了陈亮时空相对主义的看法,也增强了他作为汉人的自豪感。

朱熹与陈亮在道之性质上的分歧实际上是价值取向问题的一部分,但学者们传统上把这些争论解释为关于形而上学问题的争论。事实上,这些学者把形而上学领域内的争论作为问题所在,或起码是中心问题。对朱熹关于道的论述的形而上学解释把他刻画成一个同陈亮和陆九渊的一元论相反的形而上学的二元论者。关于道的争论涉及文化价值而非形而上学,在阐述这一问题之前,有必要对形而上学和一元论这些术语作一些讨论。

虽然上述用语在 20 世纪关于宋代哲学的讨论中流行,但是它们的使用却是成问题的。包含在西方"metaphysics"(形而上学)范围中的问题在不同时期及不同思想流派中有很大变化,即使不考虑这一点,一个西方哲学家期待引入宋代"形而上学"的一系列问题——特别是本体论——也会让这位哲学家感到失望。20 世纪的中国学者,如冯友兰,在宋代关于理的性质及天、地、人等领域的讨论中加入了西方范畴。总的来说,形而上学关涉到阐述基本原则以及解释这些原则同具体物体及具体物体之先的存在之间的关系。但一个像朱熹这样的宋代儒家学者所做的事更直接关乎实践而不是试图解决一个西方形而上学家认为基本的本体论问题。儒家对日常经验到的常识世界实在性的假定以及关于此世界中社会、政治活动的假设受到了佛教的挑战,在这一背景下，朱熹试图为他认为关乎天、地、人的基本儒家信条提供哲学的证明。解释他所看到及希望看到的世界对于他的伦理体系至关重要，而且他对理的性质及理气关系的哲学阐述是其伦理学的基础。虽然形而上学是最根本的，但是朱熹对陈亮的攻击却表明他遵循中国人的倾向，在批评形而上学概念和抽象观念时主要根据它们的伦理学和社会—政治活动的内涵。宋代道学家认为理和气是当然的，两者的实在性都被接受，但他们在理气关系及优先性上存在严重分歧。鉴于陈亮的"一元论"把理化约为正气的表现及陆九渊的"一元论"强调心中之理，朱熹努力通过研究外在于心的事物中的理去理解心中的理，相对于前两位就表现为"二元论"。关键之处在于如何调合理与气，而且对于道学家一元论者来说并无必要宣称物质是虚幻的。尽管一个西方哲学家大概会反对在宋代语境中使用"形而上学"和"一元论"这些术语，但是它们却为探讨亚洲学者间流行的关于朱陈之辩的错误认识提供了共同基础。

仔细研读我的研究中所论述的朱陈之辩的背景及其发展可以看到，道这一术语是在文化价值与标准的层次而非更抽象的形而上学层次上使用的。在中国思想中，从哲学意义上讲伦理与价值理论是形而上学与社会—政治评述之间的中介物，而且实际上同两者的关系比在西方更为密切。持久的或永恒的规范标准问题同形而上学相关。然而，为了理解朱熹在同陈亮的基本分歧上的观点以及他在形而上学与文化价值这一复杂问题上的立场，必须在形而上学与文化价值之间做出区分。正如朱熹所看到的，陈亮所谓相对于时间与情境的完全内在的道过于激进——准确地说表现在它否定了永恒的道德价值。虽然陈亮在他的信函中插进了一点形而上学问题，但是朱熹并没有直接讨论这些形而上学观念。朱熹对陈亮的基本立场及其对形而上学玄思的长篇攻击十分敏感,因而从价值层面而非形而上学角度去讨论他们之间的分歧。朱熹明确宣称陈亮的历史与价值观迫使他做出这些关于宇宙的特殊论断。因而,上述问题作为一个价值取向的问题来讨论比较合适,因为价值的性质是更为基本的问题。

当涉及形而上学问题时,像在涉及他与道家的分歧时一样,朱熹宣称道内在于世界之中。在其贬低苏辙《老子解》的文章中,他指责苏辙把道从现实世界中分离出来。在反复强调道与世界的一体性及不可分割性之后,他嘲笑道:

> 道器之名虽异,然其实一物也……大抵苏氏所谓道者,皆离器而言,不知其指何物而名之也。①

朱熹认为,苏辙一类的学者之所以滑入谬误,是由于他们企图在玄奥无形的事物中发现道。陈荣捷研究了朱熹在《四书或问》中对道家学说的论述,也发现朱熹从哲学上批评了老子宣扬的道无形且非自然的观念。② 在朱熹致陈亮的信件中某些论述断言了道的独立地位。如果这些论述被看作朱熹哲学二元论的表现,那么就会同他一贯的反道家立场发生明显的冲突。然而,他向陈亮宣称道不会被人类和历史做坏应被看作是在断言伦理价值的永恒性——而非对一元论做哲学上的否定。把精力集中于道这一概念的文化层面会避免纠缠于更复杂的、更漫无边际的形而上学

---

① 朱熹:《朱文公文集》,卷 72:24 页上—下;《宋元学案》,卷 99,1863—1865 页。这篇文章部分收入《朱子全书》,卷 46,12 页上—下,译文见 Bruce, *Philosophy*, 289—290 页。关于苏辙著作的讨论,见 *A Sung Bibliography*, 388—389 页。
② 陈荣捷,"Chu Hsi's Criticism of Taoism", *Sung Studies Newsletter* 8:15-16(1973 年);及其"Chu Hsi's Reappraisal of Lao Tzu", *Philosophy East and West* 25.2: 131-144(1975 年 4 月)。

问题,后者对于目前的研究并非直接相关。

插入一元论问题确实有助于说明朱熹从不同角度讨论道的内在性这一问题的方式,也有助于发现一条途径,指出他思想中文化层面同形而上学层面之间的紧张关系。关于朱熹是一元论者还是二元论者的问题已被长期争论,因为他的著作中有无数段落可以用来支持两种不同观点,而且即使当代的新儒学专家在此问题上也难达共识。[1] 钱穆在此问题上认为朱熹不同的文章是从不同角度做的:一个角度是强调秩序或理同事物之间的区别,另一个角度则着重于他们的不可分割性。这样看来朱熹竭力要避免在无理之物或抽象的空理之间作出一个选择(朱熹对苏辙和杨时观点的攻击为他的这一努力提供了明显的例证[2])。实在世界最终是一个整体,但是为了讨论和理解的明晰,朱熹区分出了理、气这些组成部分。从形而上学角度看,你可以从具有伦理和逻辑优先性的超验规范的观点谈论实在真实。理是一个没有限制或具体内容的形而上学领域,并且,由于没有独立的质料,它只

---

[1] 例如,看《朱子语类》首卷或《朱子全书》中论道和理的文字,译文见 Bruce, *Philosophy*,269—303 页。思考下面的例证。冯友兰:《中国哲学史》下册第 13 章将理、气理解为"形式"和"材料",遭到唐君毅的批评。唐君毅将朱熹的理、气观看作基本的二元论,理先于气是形而上学和时间的分别,而不仅仅是逻辑上的在先。唐君毅:《中国哲学原论》(香港,1966 年),第 1 册,第 40 章。钱穆否认这种形而上学和时间上的分别,通过将理气之别看作是逻辑上的而努力解决朱熹思想明显的形而上学困境;钱穆:《朱子新学案》,第 1 册,43—44 页,238—282 页,420—428 页。岛田虔次将朱熹看作倾向于理生气一元论的二元论者;岛田虔次:《朱子学と阳明学》(东京,1967),80—82 页,87—91 页。

[2] 朱熹:《朱文公文集》,卷 72;24 页上—下,以及《朱子全书》,卷 45,12 页上—下;卷 46,5 页上—下,译文见 Bruce, *Philosophy*,276—277 页,289—290 页。朱熹在对杨时的批评中,坚持认为要进行任何一种有意义的伦理讨论,必须将道从日常行为中分离出来。注意这两个例子与我区分形而上学和伦理价值相一致。

能通过具体事物被把握。① 钱穆可能使我们更接近于理解朱熹自己在这一复杂问题上的观点。

把朱熹的论述解释为从不同角度所做的反思，这一方法对于保持并把握他的体系的一致性以及把它同西方观点区别开是很有用的。从形而上学的角度看，朱熹对于道德理想的至高地位及权威具有坚定的信念。宇宙按照它们应该的方式自然而又自发地存在着；天具有我们所谓的"被束缚的意识"，这种意识必然不能同道德之道相分离。人之道德心灵——圣人为之做出了表率——也达到了自然与伦理的这一结合。② 从经验世界角度看，气，特别是人心，在朱熹的体系中非常突出。在伦理学及历史文化层次上，伦理目标同人类缺陷之间的鸿沟是广泛的和不可逾越的。在此心是关键所在，它具有实现其内在的道德原则的潜能，因而也就具有这一使命。普遍地说是儒学，具体来说是朱熹思想，它们为伦理目标而奋斗的重要性往往不为观察者们所了解；近年来，一批中国思想史家已一步步加深了对这些奋斗的意识。③ 作为一种内在潜能和一个明确的标准或道德义务，形而上学理念实际上加剧了为道德奋斗的难度。形而上学视点及其道德律令鲜明地表现了一个人把握自身及其世界的现实性的方法。

---

① 钱穆：《朱子新学案》，第 1 册，43—44 页，238—282 页，420—428 页。理解朱熹思想所使用的方法近似于孔子要求学生的举一反三的方法：《论语》，7：8。
② 见朱熹对"天"的讨论，这构成了他的宇宙论的一个部分：《朱子语类》，卷 1；《朱子全书》，卷 43，卷 44。"被束缚的意识"一词是史华慈在课堂上运用的。
③ 最明显的例子是墨子刻的 Escape From Predicament；不过，见我的评论文章，刊于 Philosophy East and West 28.2：503—509(1978 年 10 月)；张灏的"Neo-Confucian Moral Thought and Its Modern Legacy", Journal of Asian Studies 39.2：259 - 272 (1980 年 2 月)；以及墨子刻的回答，同上，273—290 页。早期的一个讨论这个主题的例子是卜德的"Harmony and Conflict in Chinese Thought", in Wright, ed., Studies in Chinese Thought, 19—80 页。关于朱熹思想的心的主宰和经验层面上的"气"的讨论，见钱穆：《朱子新学案》，第 1 册，250—252 页。

结　论

上述采取的从不同角度进行分析的方法不应掩盖朱熹思想中的冲突。由一些明显矛盾的段落所引起的问题不会因为被理解为出自不同角度而完全解决。如果他所断言为同一的实体中的元素具有不同的重要性,那么仍然存在一些不平衡。朱熹展示了这种在绝对对立的两极范畴中偏向一方的倾向,这一倾向表明了整个系统的一种紧张关系。在一篇关于道的文章中,他写道:"本末精粗,无非道也,而君子所贵,贵其本而已矣。"①这同陈亮所断言的道"无本末,无内外"②形成鲜明对比。在类似地指责朱熹具有哲学偏见与片面性时,牟宗三批评朱熹道德判断仍然是抽象的而且未能充分处理客观的或实际的结构。③

文化价值层面上的争论具有二元论的形而上学内涵。除了贬低汉唐的成就,朱熹还在致陈亮的信中断言,在这些朝代中,道未被一日实现。他对汉唐的指责并非像这里所表示的那样全盘否定,在删订司马光《资治通鉴》时,他称赞汉唐完全实现了正统的原则。④ 这样,一个朝代没能达于道并不会损害它实现非常重要的正统原则。对汉唐的这一判断用哲学术语可以被概括为"有理而无道"。由于所有理皆是一理,所以就出现一个问题:一个特殊的理如何能没有道而存在。朱熹在他关于人性的哲学中涉及了类似的一个问题。尽管每个人在其本性中都拥有理的全部,但只有圣人才明确地展示并实现了理,其他人的理被他们的气禀和气质之性所遮蔽和扭曲。然而,差异基于一个人气禀的清明程度

---

① 朱熹:《朱文公文集》,卷 67:15 页上。
② 陈亮,10:3 下—4 上,104 页。
③ 牟宗三:《道德判断与历史判断》,219—261 页。
④ 见《资治通鉴纲目·范例》,以及《朱子语类》,卷 105。

的解释必须与表明理决定事物的秩序的段落合在一起研究。①朱熹在此可能会被简单地视为不一致;然而,通过从两方面看待这一问题,他无疑试图坚持理的规范性同时又要保持它的统一性。在从事物中气的角度讨论它们之间的区别时,他是在捍卫理的统一性。在通过理这一透镜看待区别时,他是在支持理作为各个事物的标准或规范的完整性和重要性。每一视角都表达了一个重要真理;而且,两种视角交互作用表明他力求避免还原而简化论的倾向。

这样,即使朱熹是一个形而上学一元论者,当他把注意力转到伦理、历史和文化问题时,他的二元论的深蕴就表现出来了。在这些学术活动范围内,他试图讨论价值问题而非形而上学的问题;然而,这些领域所蕴含的东西反映了不成熟的二元论和对立绝对化的思维。道是其思想中沟通这两个领域间的桥梁。在形而上学中,道支撑着秩序或理的统一性和自然性。但是,在文化和伦理价值领域内,道强调道自身与人们在伦理上不可信赖的动机及行为之间的断层。在这种情况下,道突出了他思想中二元论的特质,也恰恰展示了这一倾向有多么深的基础。

对此争论的另一重要解释的主要出发点为政治文化层面,这一第三层面是具体的制度和政治层面。中国的马克思主义者——其中最著名的是侯外庐——把朱熹的立场看作复古思想,特别是恢复封建政治体制。按照这一观点,朱熹把社会分为两个具有不同性质,甚至处于不同历史时期的阶级(圣人和普通百姓),以达到加强封建统治阶级地位的政治目标。通过宣称道是形而上学的并且只能由极少数人通过个人直觉来领悟,他严格限

---

① 如,《朱子语类》,4:1上—3上,89—92页。

制了权威的基础并且使政治思想从社会—政治环境中抽象分离出来。朱熹宣扬国家不是历史的产物而是先验的道德律的产物，从而使政治权力和统治者显得神圣并亘古不变。相反，陈亮持有自然主义的世界观，拒绝独立的、形而上的道；并且，他通过感觉去发现内在于事物的标准这一方法对于广泛的政权意识更为开放。尽管他主宰社会进化的客观法则的概念有点模糊，他还可用来建立反对朱熹天命神权理论的基础。任何通过知晓这些客观法则来控制不断变化的政治进程的人都可以成为统治者。由于相同的客观法则主宰着所有时期的演化，汉代就可以优越于上古三代，而宋也可以像汉一样辉煌。他比朱熹较具有平等主义观念，坚持所有时期的所有人都是相同的。进一步，陈亮反对只注重封建统治者个人享乐的政治，反对关于神秘之道的道德主义的看法，而追求最大多数人的最大幸福。简而言之，侯外庐称两者间的冲突比学者们传统上认识到的更为激烈：这是功利唯物主义同形而上学唯心主义的冲突，是平等主义向封建主义的宣战。①

但是，争论本身并非针对制度上的保守主义。从正面看，这场争论集中于文化价值与政治倾向这一层面，除此之外，还可以从反面否定侯外庐关于制度封建主义的论点：朱熹并不是恢复三代政治体制的拥护者。他没有追随早期的许多道学思想家拥护井田制及封建制，而这些被认为是在三代时期实行的。由于认识到回归古制并不可行，他甚至批评了这些制度的缺点，而赞同秦代法家对井田制的废除。② 总的来说，他支持在某些方面同王安

---

① 侯外庐，尤其是第 4 卷，下册，721—739 页。
② 萧公权：《中国政治思想史》，第 4 册，502—504 页；钱穆：《朱子新学案》，第 1 册，198 页；谢康伦，"Political Thought and Behavior of Chu Hsi"，207—243 页；陶希圣，第 4 册，123—124 页。

石变法相近的改革,① 而几乎所有 20 世纪的学者都认为王安石变法是进步的。在批评当时的古代乌托邦理想中,朱熹严厉指责他们没有认识到近世的圣人必须采取不同于上古时期的政治制度而不能仅仅利用"前人硬本子"②。钱穆研究了朱熹对学生及朋友所做的政治制度的评论,表明朱熹注意到了历史进化并且拥护制度改革的必要性。③ 但是,朱熹曾敦促统治者研读《周礼》首卷的宫廷政治模式,这是事实——特别是在 1188 年的著名奏章一类的正式文章中。④ 他的目的仅仅是为了给他所要求的内廷生活儒家化提供经典的支持;也就是说,他希望道德修养受到更大重视,政府中的儒臣承担起更多的责任。虽然他写过这些正式文章,但是很显然朱熹认识到经典中关于古代政治制度的细节是一种神话。

有证据表明朱熹认识到了真实的上古三代同理想化的三代之间的区别。在他的正式著述及奏章中,如在为《大学》所做的序中,他很谨慎地描绘了古代制度的细节。作为道德家,他希望为了教化而树立一个理想模式。也许他确实相信道和乌托邦的政治体制在古代圣王的统治下得到了完全的实现,但是在他对学生和朋友所做的一些非正式评论中都暴露了较强的历史意识。例如,对经典的真实性的评论表明他意识到后人窜

---

① 萧公权:《中国政治思想史》,第 4 册,504—505 页;谢康伦,"Political Thought and Behavior of Chu Hsi",222—223 页,263—265 页;杨向奎,下册,321—324 页;汪大华、万世章,548—551 页;吕振羽,406—407 页。
② 朱熹:《朱子语类》,134:15 下—16 上,5164 页。
③ 钱穆:《朱子新学案》各处,特别是第 1 册,198 页。
④ 见谢康伦,"Chu Hsi's Political Thought",133 页的讨论。

改和理想化的问题①。除了对井田制缺陷的评论,他还批评了那些主张政府权力分散和主张回复上古制度的论调,表明他确实不希望从政治制度意义上恢复到三代时期,从这一角度阅读他关于三代的论述,人们可能得出结论说历史上的三代是一个代表某种乌托邦或某种"原始共产主义"状态的单纯的、原始的阶段,后世更复杂的社会决不会回复到这一阶段。无论如何,对于陈亮的主要论点——孔子在编定经典时一洗三代记载,因而三代成了一种理想——朱熹避免做出直接的回答。虽然陈亮的这一论点可能让朱熹为陈亮的无礼而担心,但显然朱熹认识到了正面反驳是不可能的;而且,不管经典对上古时期记述的历史真实性如何,儒家伦理原则仍然可以得到捍卫。

如果朱熹不想恢复上古政治制度,他为什么要把三代抬出来作为理想呢?答案很简单,他需要儒家归于三代的那种理想的政治伦理:统治者从根本上说同道德精英平等,只是由于其职能而被提升到较高的地位。例如,在他的1188年奏章中,朱熹本着这一理想,用《周礼》作为经书认可的典范来劝诫统治者,要求统治者对他的儒家大臣们委以更多的责任。在早期的儒学中,如果一个统治者没有履行其职责,他就不再是一个统治者:为了名实相副,在其位必须谋其政。孔孟教导说一个人只有能约束并规劝其统治者施行德政方可谓之忠。如果统治者不听从道德劝诫,即可

---

① 如,见《朱子辨伪书语》中的评论。关于他的正式著作中对古代制度(甚至井田制)的理想描述,见《大学章句·序》,1页上—3页上;邱汉生:《四书集注简论》,101—104页。秦家懿在 Confucianism and Christianity(东京,1977年)一书145页中评论道,对像朱熹这样的儒者来说,重要的是经典的意义或理想化的特征,而不是它们的真实性。参见秦家懿(Julia Ching),"Truth and Ideology: the Confucian Way (*Tao*) and Its Transmission(*Tao t'ung*)", *Journal of the History of Ideas* 35.3: 371–388(1974年7月—9月)。

强行废黜之,并且在此情况下,孟子断言是除残贼而非弑其君。①朱熹也接受程颐的前提,认为只有愚蠢的人才会把忠诚等同于单纯地服从上级。② 在统治者违背朱熹所理解的道的情况下,朱熹很重视儒家"从道不从君"的劝诫,敢于当面指责统治者③,然而,帝制时代的历史和政治现实使得不服从统治者越来越困难,即便是统治者偏离了道。

三代理想的政治原则为朱熹提供了经典的根据以反对中国政治文化中日渐严重的独裁趋势。朱熹认识到秦朝是中国历史中的一个大分野:秦的建立者自称为"皇帝"——这一称号结合并超越了早期统治者的称呼——由此提高了他的地位。进一步,这位皇帝采取了"尊王卑臣"的政策。后世统治者发现这一政策对自己有利因而延续下去。朱熹抱怨这种做法同三代时所采取的大为不同。④ 虽然这一政策来自法家,它却在汉代影响了儒家传统。关于王霸的问题反映了朱熹对法家思想渗入儒家政治思想的不满。他谴责整个帝国史为霸心的表现,希望回复到王治的典

---

① 《论语》,13:15;14:8,23;《孟子》,1下:8;4上:2。
② 朱熹:《近思录》,245页。参见谢康伦,"Chu Hsi's Political Thought",141—144页中对朱熹"忠"的概念的讨论。这一段中我的评论比谢康伦的比较肯定;但是,我对忠的讨论应该放在下面所讨论的权威问题的背景中去看。关于宋代忠以及持异议的另外三个研究是,Wang Gung-wu,"Feng Tao: An Essay on Confucian Loyalty", in Wright and Twitchett, eds., *Confucian Personalities*,123—145页;刘子健, "Yueh Fei"; and John W. Haeger, "Li Kang and the Loss of K'ai-feng: The Concept and Practice of Political Dissent in Mid-Sung", *Journal of Asian History* 12.1:30—57(1978)。参见 Laurence A. Schneider, *A Madman of Ch'u: The Chinese Myth of Loyalty and Dissent* (Berkeley, 1980),尤其是76—77页。
③ 这句经典格言见《荀子》,卷20,9页。参见《近思录》卷17中被朱熹选进的语录,尤其是184—185页,244—245页。朱熹的奏章就是他勇敢地向当时君主进谏的确证。
④ 朱熹:《朱子语类》,134:16上,5164—5165页;135:4上,5172页;也引在余英时: 《反智论与中国政治传统》,《明报月刊》123:28,32(1976年3月)。

范,而同代表权宜、武力的霸心决裂。由学生所记录的朱熹的评论谴责了秦以后统治者都采取了法家尊王卑臣的政策,虽然其关于王霸的讨论不如上述评论清楚,但他集中讨论了霸的自私性,把它同王的至公相对照,这明显配合了他对后世统治者的批评——这些统治者抛弃了三代王道而沉湎于个人之情欲。由于王朝失败而进行的对统治者的指责既表达了他关于道德影响的结构和政府责任的儒家理论,也表达了他对中国政治思想中重要的法家因素的反对。

朱熹向陈亮历数了儒家政治的道德——而非制度——原则。《尚书》中记载的圣王对其继承者的教导非常强调道德热忱:"人心惟危,道心惟微,惟精惟一,允执厥中。"《论语》中的两段话强调了孔子的教诲与他所强调的个人道德修养的统一,"一日克己复礼,天下归仁焉"以及"吾道一以贯之"。《中庸》里的下面这段话也强调了道德热忱:"道不可须臾离也,可离非道也。是故君子戒慎乎其所不睹,恐惧乎其所不闻。"最后,朱熹又引用了一段话,这段话表明孟子对于个人内在的道德力量的信心:"其为气也,至大至刚,以直养而无害,则塞乎天地之间。"①所有这些伦理原则在朱熹看来正是既同上古时期的统治问题有关,同时也与12世纪的统治有关的儒家文化价值。

朱熹关于政治文化的儒家价值观确实引出了权威问题。由于儒家认为他们掌握了道,他们就具有特殊的知识和社会地位;

---

① 朱熹:《朱文公文集》,卷36;23页下,24页上。他引用了如下经典的文字:《尚书》第2部分,第2书,第15章,见 Legge,第3册,61—62页的译文;《论语》,7;1,4;15;《中庸》,1;2;《孟子》,2上;2,译文见 D. C. Lau,77页。他的《大学章句》序为其政治哲学提出了一个著名的概括;朱熹:《大学章句·序》,1上—3上。《大学》《中庸》特别明确指出:价值,而非具体制度,是永远存在的;而且,《中庸》(第28章)中提到,生于今却反古之道能够带来灾祸。

而且，他们认为这种等级制在社会中是自然而必需的。即使对于所有愿意学习的人来说道是开放的，但是由于社会中受教育的机会不平等，道仍然只有精英才能把握。侯外庐正确地看到，相对于陈亮把道看成完全内在于经验世界并且可通过历史追溯出来，朱熹关于道的看法使得广泛地分享权威十分渺茫。但是陈亮和朱熹在权威概念上的分歧并非如侯外庐所说的那样严重。例如，从哲学上讲，这两位宋代哲学家都相信人性本质上是一致的，尽管陈亮是从生理性质上来讨论而没有像朱熹那样把人的道德性概念包括进来。真正鼓舞朱熹的是如下信仰：作为近世的一个普通人，他具有和古代圣贤相同的心并且可以通过学习、修养而成为圣人。当朱熹成熟时，他意识到成圣之路是如何的艰难，但是这一目标却始终鼓舞着他。不管陈亮对研习的事有更具体、更实践的倾向，把他的对手朱熹的方法刻画成纯粹的直觉和唯心主义是一种误导；他也强调学习是得道之路。两人都假定了社会等级的存在，而且，在陈亮的著述中真正引起他重视的是英主及其重臣（而非农民或匠人）。更重要的是，两人都将社会—政治的规范及其中的角色放到宇宙的自然秩序中，这就加强了这些规范和角色的权威性。

儒家学者认为自然同社会—政治秩序具有相同的原则，这很容易把社会、政治的结构投射到宇宙的自然秩序中。除了荀子，大部分儒学思想家都假定了人类社会结构同自然秩序之间的这种对应关系。张灏把这一儒家假设称为"宇宙论伦理"，即"信仰现存社会秩序的中心价值和规范同宇宙秩序的结构具有实质的统一性"。尽管社会与宇宙结构间这种假设的关联可能为批评现实社会中的缺陷提供基础，宇宙论伦理这一观念的主要功能却是用哲学上的绝对性来强化现存结构。但是儒家学者还具有张灏所谓的"本体论伦理",其中隐含了"对作为内在真实自我的人心同神圣超越的天之间的本质同一性的意识"。这种作为"神圣超越之使者"的意识,或墨子刻所谓的"宇宙代理人"的意识,为批判现存社会、政治秩序提供了哲学的和存在论的基础。① 宇宙论伦理削弱本体论伦理。换句话说,儒家的政治和家庭关系内在于宇宙秩序这一信仰给儒家的另一观念——超越社会—政治秩序的内在道德权威——造成妨碍。由于这种超越很容易被肢解,所以不管儒家的社会批评多么具有乌托邦色彩,总受到很大限制;由于社会价值和制度是自然的,儒家认为它们根植于个人的内在本性之中。儒家伦理强调社会约束,正反映了这种把社会价值与自然秩序结合起来的信仰。

朱熹哲学反映并加强了宇宙论伦理的力量。他虽然由于秦以后的整个社会政治秩序与道相背而严厉批评之,但是其关于道的概念却以儒家"三纲"为核心,例如他写道:"父子之仁、君臣之义,莫非天赋之本……"②尽管宇宙论伦理在传统上支持社会关系和社会结构方面的儒家理论,但道学中的某些观念为宇宙论假设提供了新的哲学和形而上学基础。例如,格物明理的概念非常强调事物的应然性及它同另外事物的关系,这样,任何个别事物或个人都在更大的自然有机体结构中具有理及其功能,其中家庭和社会结构就是一个组成部分。可以说,由于每个人都拥有理作

---

① 张灏,"Neo-Confucian Moral Thought",267—268 页;及其"The Confucian Cosmological Myth and the Political Culture of Early Modern China"(un-published paper read at the Association for Asian Studies Annual Meeting, Boston, March 1975);墨子刻,*Escape From Predicament*,各处。"宇宙论神话"一词是从 Eric Voegelin 那儿借用的。
② 朱熹:《朱文公文集》,卷 82:8 页下,译文见谢康伦,"Chu Hsi's Political Thought",142 页。三纲中的第三个是夫为妻纲。

为他的内在本性并且所有的理实际是同一的,关于理的观念也加强了本体论伦理。① 朱熹告诫陈亮说孟子所讲的浩然之气包含了受礼节约束的意思,从而表明他倾向于以服从儒家的社会规则来限制超验的存在。

陈亮也认为社会规范根植于自然秩序之中,并且这一宇宙论假设限制了他对权威结构的抗争。他谈论礼节之理而非形而上学原则之理,但这两种都建立在宇宙论假设之上。他确实争论说即使可能的话,圣人也不会为规范划定范围,但他还是认为规范在自然过程中演化。② 很明显他悖逆宋代礼节并没有使其从哲学上反对宇宙论假设本身。而且,尽管他所谓规范在历史过程中演化的观点为强调规范的当下性提供了基础,这一概念却可能会落入陷阱,以至几乎不可能对习俗或政治提出质疑——因为好像可说任何存在的东西都适合于它的时代。③ 朱熹正是根据这一缺点指责陈亮:中国最多也不过是有一个平庸的政府,因为陈亮之流使自己的期望随时间和境况而定,几乎对于达到任何层次成就的统治者都表示赞同。另一方面,类似于朱熹对道和王治理想的忠诚,陈亮支持这样一个要求,即统治必须是公正的并且着眼于公共福利。由于持有这些观念,两人都竭力反对宋代日渐强大的独裁倾向。作为他们反对权力过分集中于皇帝的一部分,两人都花费大力气捍卫传统的君臣相互信任的关系模式。尽管他们就解决专制和权力过分集中问题的方法上存在分歧,但是他们理

---

① 关于理与社会政治秩序的关系的讨论,见侯外庐,尤其是第 4 册下,609—624 页,638—641 页,645—645 页;邱汉生:《宋明理想与宗法思想》,《历史研究》11:62—73 (1979 年)。关于儒家道德自律的肯定陈述,见林毓生,91—198 页。
② 陈亮,20:16 上—下,295 页。
③ 张君劢,上册,第 14 章通过黑格尔的"合理的"与"现实的"两者关系来解释陈亮与朱熹的论辩。

结　论

想的政治制度十分接近,也相当传统。而且,两人都接受传统的儒家观点:由一个理想的道德精英和王处于中央,以建构政府和社会秩序。他们在宇宙论假设上的共同观点,把社会结构同宇宙秩序相联系,减弱了他们批评社会—政治习惯及体制的力度。

侯外庐提出的权威问题同另一个由中国马克思主义学者提出的问题相关:陈亮是法家吗？陈亮的思想表现出某种程度对法家的接近,但他不应被划为法家。应当考虑以下几个方面。其一,法家把所有的荣耀归诸君主而把君主的一切失败委过于臣下。陈亮对朱熹有过类似之论:鉴于汉高祖和唐太宗结束了混乱局面,对汉唐的缺点应负的责任就落在了大臣和官员的身上。这些大臣没能教给他们如何统治；而且,大臣们的不义阻碍了这些君主的高贵动机,限制了其成就。如此论述应该放到陈亮的通盘考虑这一背景中,他认为君主应维持同官员的相互信任关系,应主持一种相当开放的行政,使帝国不致成为个人的私物。在12世纪70年代后期被朝廷官员讥讽、打击之后,到和朱争论时,他已经变得较倾向于强调君主的作用而贬低官员。在他批评道学学者被三代典范束缚时,对当时政治问题的关注使他对那些所谓"借古害今"[①]之徒表现了法家的那种态度。但陈亮自己根据历史,甚至是经典阐述并捍卫了他的政治设想。他关于政府的讨论也强调人的才能和道德等基本主题而非法律与制度。30岁左右的文章和在太学时的许多文章经常阐述的主题是详尽的法律和制度会阻碍政府的效能,而且在其晚期著述中也能找到这种放任观念。更进一步,尽管他谈论过意见统一和尊重上级的必要性,

---

[①] 关于法家思想的分析,见余英时:《反智论与中国政治传统》,27—32页；谢善元,Li Kou,第7章。关于陈亮对汉唐之君的大臣的贬抑,见陈亮,20:10下,286页。

但是他既不赞同法家对反传统观念的绝对不容忍,也不赞同他们对知识精英所持异议的敌视。从他在思想界和政界所处的边缘地位出发,他一再呼吁更加自由的表达,并且对占主导地位的思想、政治倾向直言反对。尽管他对道学学者的形而上学的意思大加讥讽,但却并没有投身于法家激进的所谓"反智论"中。①

他的一些主要论题更接近于其他古典思想流派。例如,其功利主义和尚武倾向具有墨子的意味,而他的价值相对主义及道的内在性观念同庄子的道家哲学具有一定的相似。② 将陈亮等同于某一特定古典思想流派所遇到的明显困难突出了他的调和论。这也为评价他对孔子的自我认同提供了背景。

或许可以从古典儒学中的问题着手对陈亮进行更适当的分析。孔子创造性地提出了人的基本问题,但是却留下了有待解决的难题。不管孔子如何认为某些价值和行动可以和谐平衡地结合起来,但是由于他的追随者逐步加深了对紧张和不一致的认识,他们几乎不可能避免在强调孔子思想之两极论时,倾向于一边或另一边:内与外、知与行、自我修养和经世济民、约与博。虽然大致从定义上讲,所有儒家学者最终都忠实于寻求这些极端之间和谐的平衡,但所强调重点的相对差别在数世纪的儒家传统中造成了重要的分化。同这些极端相联,也存在各种紧张关系:义与利,或德性与事功;以及经、正与权宜,或绝对与相对。所有这些儒学的两端——特别是后面谈到的这些——充斥了陈亮的思

---

① 关于法家的"反智论",见余英时:《反智论与中国政治传统》及其"Observations on Confucian Intellectualism"。
② 除了中国思想的标准评论与选集外,见 Mo Tzu: Basic Writings, Burton Watson, trans. (New York,1963); The Complete Works of Chuang Tzu, Burton Watson, trans(New York,1968). 例如,在后书40页中,庄子曰:"道行之而成,物谓之而然……无物不然,无物不可。"

想和论述,并决定了他思想的关键。他公开主张功利、结果以及适应于当时情况的行动,但这并不必然把他置于儒家传统之外,因为他试图把另外那些两极对立面也包容起来。在一定程度上,需要为自己观点辩解并取悦于当时主流支配了他的这一努力,但是如果把他综合两极思想的不懈努力贬低为纯粹是为让别人接受其观点而采取的策略,就未免怀疑过甚了。他有时渴望起到他归于孔子的作用——比如为他的时代规定文化模式以保证政府在社会中的行动。并且,根据每个人的侧重点不同,陈亮可以被视为追随古典儒学中的任一主要派别。他对结果和现实问题感兴趣的强烈程度,以及他对人类本性的自然主义观点,表明他接近于荀子;然而,他对情感的积极看法以及对礼节同人类情性之间和谐性的信仰,反映了强烈的孟子倾向。考虑到这些复杂问题,任何从古典范畴角度对陈亮思想进行的讨论都需要有对宋代思想界主要特质的理解,但当学者们试图把陈亮放入宋代思想流派的背景中时,阐释的重要问题就出来了。

陈亮和王安石共有的功利主义和入世倾向使得一些当代重要学者误将他们划入同一思想派别。这一划分突出了这两位宋代思想家的一个基本特点,但它掩盖了根本分歧。除了陈亮对王安石加强宋朝中央集权极为敌视外,陈亮在其政治生涯中向保守的一极迈出的步伐同王安石向相反一极迈得同样远。王安石采取了全盘的制度性的解决问题的方式,而陈亮更倾向于渐进的方法,以制度的逐步、细微的调整为基础。王安石是一个经学家,将《周礼》作为制度原则和指导方针来改革宋代制度。陈亮运用了与司马光相同的以较近代的史事作基础的历史类比论,司马光曾以此来反对王安石奠基于经典的乌托邦主义。陈亮同司马光一样,为中国政治的混乱和分裂所虑,而没有追随王安石在社会、经济上的乌托邦设想。并且,陈亮和司马光两人都试图在他们的思考中把总体上反对改革的保守派同赞同某些制度调整的渐进派融合在一起。为了把反对王安石全面改革的人士组织起来,司马光建立了一个政治联盟,结合了11世纪40年代范仲淹的改革中的渐进派和他们的保守主义反对派。在较学术化的层次上,陈亮类似地将渐进派和保守派结合起来,因为相对于王安石的乌托邦理想主义来说,他们之间的分歧显得微不足道。更为重要的是,由于掩盖了宋仁宗统治时期保守派同渐进派之间的冲突,陈亮关于那一时期的描绘得到强化,即在王安石过激地偏离本朝太祖规划的模式之前,这是一个相对理想、和谐的时代。陈亮反复宣称,王朝所需要的是回复到宋代早期——王安石使王朝转为更加集权、更多干预社会之前——的相对简单的政治中去。王安石的入世论主要针对经济中的救济问题和不公,而没有给国防足够的优先考虑。金人征服华北之后,陈亮把罪责都推到王安石及其发动变法派身上。国家安全主宰了陈亮的思考,以至于从总体上讲,军事上的考虑左右了他对当时基本的社会经济问题——土地改革——的态度。王安石和陈亮在方法、原则和政治上的这些主要分歧使得人们不能以他们共同的功利主义和入世倾向为充分的基础把他们划在一起,归为一个思想流派。

传统的解释将陈亮归属于道学,但是这一范畴上的混乱使现代学者无法认真地考虑它。《宋史》使道学这一用法流行起来,学者们受此影响,把道学局限于宋代的程朱学派。从这一狭窄的意义上看,根据朱熹综合体系的界定,由于陈亮同朱熹的巨大差距,传统所谓陈亮的一些观点接近程颐这样的早期道学大师有时就完全站不住脚。然而,12世纪的道学是一个相当宽泛并且充满分歧的潮流。尽管有人贬低、攻击这一潮流,很多学者和官员都尊敬二程兄弟、张载、周敦颐的教导并与之有渊源。12世纪特别尊二程为其导师（不必是其唯一导师）的人极多而且极杂，以至于朱熹花费了大量时间"整顿"这一传统。阅读他对二程门弟子的批评就会很快发现他坚信无人获得二程的"真传"。而且，朱熹自己对二程教导的理解也随着他的不断成熟终生都在发展。只是在12世纪的最后20多年道学才逐步具有了较明确的范围。

11、12世纪不断演化的环境表明对于中心范畴必须做出更细致的区分，"宋学"应该用作一个非常宽泛的范畴，代表11世纪40及50年代间儒学复兴的倾向，而道学只用于指宋学发展中的一个主要部分。其他一些概念，如理学与心学，应该用来区分道学中更精细的宋代学派，以避免由于《宋史》以道学指示实质上的理学而引起的混乱。"新儒学"（Neo-Confucianism）这一概念可以在所有的三个层面及其他另外的层面上使用，它甚至比宋学更为宽泛，因而新儒学的使用是成问题的，新儒学或许应被留作宽泛地划定自宋至清的"新儒家"们。即使如此，这一概念的使用还很麻烦，因为所有这些不同的"新"儒家们都（从儒家的分化来看相当合理地）宣称自己为儒家或孔子之道的追随者。回到我们的主要问题上，应该根据直到12世纪末纷繁的道学传统的意义理解陈亮与程颐及其他早期道学家之间的渊源。这一概念也有助于把陈亮的思想发展追溯到同道学的分裂。

在把陈亮归属于任一特殊的古典或宋代传统时，习惯上对陈亮自己思想成熟性不够充分理解是一个基本问题。除了12世纪60年代的两篇相当长的文章外，学者们传统上只注意他在1178年以后的著述。1169年中期到1178年初这一段时间，也就是他27到36岁期间，一般来说很少有人注意。在这一时期的大部分时间中，陈亮退隐书房，读书、沉思；因而，他生命中的这一时期对于他的成熟是很重要的一环。现存于现代标准版文集中该时期的文章相对于其他研究所据以构思的文章——12世纪60年代的两篇文章和1178年以后的文章——来说,较为传统而无惊人之论。几年前,台湾"中央"图书馆文献目录中发现一珍本书,包括陈亮的一些著述,被制成缩微胶卷。尽管这本1212年印刷的书主要包括的是在其他标准版本中也能见到的材料,但是另外一些文章却为了解陈亮的思想提供了一些新的启示——特别是12世纪70年代早期的思想。标准文集中一些同时期的序文和杂文一起阅读时,这些新材料——特别是《汉论》——显示了陈亮这些年发展的实质性深度。有了这些新资料,就可以方便地把他的著述和发展过程分析为三个时期。

我对陈亮一生的分期遵循他自己的划分,因为他两次更名以对新的环境作出反应。在青少年时代,他最先用的名字是家里所起的陈汝能。这一时期直到26岁,突出之点是受到了其祖父的影响,随祖父学诗和军事战略。祖父在文武科举中都落了第;而且,陈亮祖父的父亲死于1126或1127年抗击入侵金人的战斗中。尽管陈亮的祖父和父亲有酗酒、挥霍钱财的弱点(以至于陈家不得不把陈亮的第二个弟弟送人),但在报复金人这一主题之外,陈亮祖父教导年轻人的主要就是必须有坚强的人格。陈亮这一时期的诗文回荡着这些主题:战争、战略和不可征服的人格。12世纪60年代早期,在国家与金人作战的紧急状态下,他在京城做一名幕友,这加强了他对上述问题的关注。

1168年,陈亮在一次重要的乡试中及第,成为太学中的一名学生,其后改名为陈亮。从1168到1178年间,他再度改名,这一时期代表他作为道学弟子的过渡期。1168—1178年在太学期间,他跟随道学学者——特别是芮烨和吕祖谦——学习,此两人强调《四书》及张载和二程兄弟的形而上学和自我修养的主题。现代学者倾向于否认这些道学学者对陈亮有丝毫影响，理由是陈亮的思想与之不同。但即使 12 世纪 70 年代的前 5 年从太学退隐到自己的书房中时，他也没有割断同道学老师的联系，特别是吕祖谦。更重要的是，在他们处于 30 岁初这一思想形成期时，其文章表现了同道学家非常接近的想法。他为早期道学家的著述（他在经济上陷于困顿时出版了这些著述）所作的序、跋中突出了他归诸道学著作的价值。尽管他所编辑的这些著作已不复存在，但保存在他自己文集中那些序、跋却表现了他对关于某些典籍和哲学问题的争论的详细认识。除了他自己极端保守的政治主张外，在这些著述以及他讨论《论语》《孟子》及《五经》的文章中，反复表达了对自我修养和永恒之理这些道学主题的关注。几个主要例子将大致说明这些概念的范围。他要求社会成员恪守定"分"，就如同一个身体中相关因素各具特定的功能。社会和礼节规范是"天则"，深深扎根于人类心灵之中；因而，它们不可能是被构造或发明出来的，即使圣人也不能。许多世纪的君主抛弃了经典中关于治国的永恒原则，因为他们疯狂地追逐利益与结果，从而舍却了周代的典章制度，这些后代的君主对功利过于心急，这种心理使他们无情地攫取个人私利。后代政治家中像王安石那样较有眼光的人意识到如此增加个人或国家财富、权力的设计显得过于直白，没有任何假借三代的修饰。因为有人美化霸者与功利之政，我们有必要判断霸的动机，而不仅看他们的说法与结果。为了产生能持续较久的好的政府，朝廷应当回到北宋初期（尤其是当它发展到仁宗时）的放任状态，是王安石变法使朝廷偏离了这一轨道。

1212 年版本的《汉论》及其他作品充斥着政治保守主义和道

学家的哲学论题。《汉论》用在汉代的事件和人物来说明这些保守和道学主题,并使之有声有色。有力的君主和天才将领的最终失败证明了他们妄图以人力来对抗天理是愚笨的念头,最著名的例证就是秦始皇和项羽。相反,刘邦却因上天的垂爱与帮助建立了汉朝帝国。或是风沙大作,或是河水结冰,正好使他逃脱项羽的追击,这是天的帮助,屡次战败磨砺了刘邦的性格,一直到天认为他已足够承续天命。由于没有天的垂爱,其他觊觎皇位者超出了自身本有的定分,最终不过是徒劳一场。刘邦及其后继者奉行与民休息的政策,勤俭理国,最低限度地干预人民生活。这些明智君主对享有无为的名声感到满意,而其他一些较为积极的君主,像汉武帝则重蹈秦的覆辙,朝廷的资源很快枯竭,人民的良好愿望也随之泡汤。似乎这些历史例证不够明晰,陈亮又提出了哲学上的一般原则:王者之心是政治的根本,因为"心者治之原"。陈亮在这一时期写的其他文章中经常告诫不要改变早期英主的统治,谴责一些后来君主步上功利之途或受到功利和利益的蒙蔽。

在1175到1178年之间,陈亮开始脱离道学群体,不过吕祖谦的持续影响延缓了这一进程。甚至在12世纪70年代初期的著作中陈亮就已经显示了对当时现实问题的兴趣。到1175年,他完成了王通著作新版本的初稿,并写有一篇序言,序言持较为坚定的实用主义观点。因为吕祖谦的异议,陈亮将它束之高阁达10年之久。1177年,陈亮写了一些文章认为制度应随着时代的发展而改变,表扬一些著名的"偏离者"用现实的思想补充了儒学政治智慧,这使他们能够灵活处理当时的政治问题。该年科举再次失败之后,他易名陈同,以便向皇帝上书,使其采纳他的战争政策和策略,这些内容类似于他在12世纪60年代曾经提出过的思想。在这一点上,可以说他如今又回到了 60 年代的政治论题。他自己解释说,抛弃在道学阶段中的道德修养是因为道德修养未能约束他的脾性,也没有磨蚀掉入仕为官以向金人复仇的抱负,他仍然坚持年轻时的抱负和观点,这使现代学者对他作为道学群体中士子这一真正的过渡时期熟视无睹。

道学阶段对陈亮思想的确有深远的影响。道学为他早期论断和常识经验提供了哲学支架。1178 年的上书与 1169 年实际相同,呼吁同金人作战;不过,现在有一些特别基于气的概念的历史和哲学讨论来支持这些政策。当他在 12 世纪 80 年代将一些隐含的激进思想清楚表达时,借用了当时道学人物使用的术语。虽然陈亮努力使同时代人相信道学的主要前提都有错误,他还是在讨论中运用了他们的语言。他反对将三代理想与汉唐盛世对立起来,指出在所有时代人性都是相同的。他甚至努力从传统的象征中树立功利主义与境况伦理的榜样,赞扬管仲兼有事功与仁义,王通缵续孔子之道;而且,陈亮争论说,王霸的传统区分忽视了原本包含于王道概念与实践中的现实手段和目的,从而为实用主义和功利主义伦理学找到了成立的理由。从更高的层次来看,陈亮认识到王霸实际上最终是统一的,它们是孔子思想中的两个方面,必须保持协调与平衡。同样,由于他热心于战争,也弥合了文武之间的对立。陈亮以伦理道德来支持功利主义的象征,这证明了他得益于道学老师的程度之深。在过渡阶段,他熟悉了道学老师们的语言和思想,这使他在 12 世纪 80 年代能够与道学集大成者朱熹发生激烈的辩论。

陈亮在第三阶段的生活挫折使他采取更为"激进"的立场。这一阶段开始于 1178 年,那时陈亮为了回避不许太学生上书的禁令,易名为陈同,数次上书批评朝政。他多次在科举中落第,从

220 而不能在制定向金人作战的政策中起到大的作用。到 1178 年，这么多的失败使他对道学的修养工夫彻底绝望。因为道德修养并不能控制他强烈的感情冲动。抛弃了儒家的修养方法之后，他只有在酒色中寻求发泄。不幸的是，他的行为引起怀疑，招来敌视，几乎从 1178 年到 1192 年，他一直纠缠于一系列的官司中，他因被指控犯上欺君、谋杀和杀人，遭到毒打，并几次下狱，健康状况开始恶化。在 80 年代，他至少有两次几乎就要死去。官司的烦扰以及在解决烦扰中政治纽带所起的重要作用使他继续走中举入仕之路。他陷入一个螺旋式上升的循环之中：科举挫折导致行为的异特，这使他惹上一身的官司，而只有那些取得功名与官职的人才能帮助他解除困境；然而，每当他努力在科举中攀爬时，总是磕磕绊绊，绝望感越来越强只是到了 1192 年他终于了结了所有官司。第二年，他不但进入了廷试，而且名列榜首。出人头地后他的文章似乎愈加老练，但却没有什么重要的作品。几个月后，他生了病，死于任职途中。因此，充满了艰辛磨难的第三阶段或许对他的昂扬斗志和摆脱道学不无促进之功。

政治文化领域中的激进主义并不能否定陈亮的政治保守思想。尽管他好斗并且愿意向一些道学的前提发出挑战，而他的政治观本质上仍然相当保守，并受到执着于向金人作战的情绪的支

221 配。不过，在除了国防之外的任一领域他都排斥有为政府，减少他的政治思想的激进性。陈亮与朱熹争论使他在挫折及摆脱道学时思想里隐含的激进成分得到相当系统的发展，而争论已经包含了大部分的哲学阐发，他对道学的批评虽然可以追溯到 1177 和 1178 年，而在 1190 年一年中他便数次抨击道学。辩论过去了，而陈亮对道学的批评却影响了 12 世纪后期的学术风气。

两人的辩论随着 12 世纪后期的学派分化而发展，同时又强

化了这种分化。这一世纪中期的几十年间,学术界的气氛相对宽容,多半学者赞同二程、张载和周敦颐的道学。宽容精神也是对那个世纪前半期政治过分干预学术的反动。在前四分之一世纪间,为了打击反对变法的学者,大兴文字狱,窒息了人们的自由表达;而且,在秦桧为相的 12 世纪 40 年代到 50 年代初期,秦桧促使朝廷走上禁止道学的极端。在如此压力下,尽管后来不同学派间有地域限制,他们在道德价值观上仍保持一致。吕祖谦是调和派的代表,他的性格和思想为交流提供了合适的基础。他充当朱熹与其在 12 世纪 80 年代的主要对手之间的桥梁,主持了著名的"鹅湖之会";虽有同样努力,也只是他的死才将朱熹和陈亮拉在了一起。到 1181 年吕氏死时,调和者基本退出舞台,留下的学者都急切地想将学术问题界定得更加明确。大约在 1170 年,朱熹的思想成熟,他开始批评并整理早期道学人物的学说,朱熹思想在 12 世纪 70 至 80 年代逐渐体系化。而一些学者也愈加自觉,他们与朱熹的分歧,其中最著名的就是陆九渊和陈亮。吕祖谦已经过世,朱熹与陈亮从 1182 年开始的直接交锋便失去了缓冲的中介。

朱熹 1182 年在浙江的一年任内,开始切身体会到陈亮的学说,并显然为之震惊。一些年后,他直接面对陈亮之后,抱怨浙江学者的思想过于极端,批评他们学多谬误,且不能分清是非!朱熹之尖刻部分受到了他弹劾当地士大夫唐仲友的刺激。干旱与收成不好困扰着朱熹,他还必须应付来自京城唐仲友的一些有影响的朋友们的指责。他们认为朱熹的弹劾只是缘于其道学思想以及与唐之间发生的微不足道的学术争论。在一封致陈亮的信中,朱熹表达了希望辞官的心情,这体现出他受到了挫折。朱熹的弹劾使自己成了一位颇有争议的人物,其政治生涯因此而发生转变。朱熹的性情和生活的其他方面也受到影响，因为不久就走出政治的阴影，转而与陈亮、陆九渊发生辩论。他以卫道者的面目出现，抨击陆氏近禅而陈氏功利。虽然在浙江也有一些人服膺陆氏心学，朱熹却认为陈亮是该地较难对付的领袖人物，陈还将思想传播到了邻省。

受到陈亮挑战之后，朱熹开始严厉批评他认为赞同陈亮功利思想的浙江学者。按照朱熹的看法，吕祖谦爱好历史研究——有损浙江学派的经典研究——是陈亮极端思想的根源。只是在吕氏过世失去约束力之后，那些朱熹认为是"百怪"的人才伴随着"糊涂之说"跳了出来；然而，从吕祖谦耽溺历史研究到"恶口小家议论"是自然而然的过渡。鉴于从吕氏到陈氏在思想及授徒方面的传承发展，所以他还尖锐指责已过世的吕祖谦。① 从另外的材料来看，浙江学派以历史研究和功利思想为其导向，远非朱熹所想的那样铁板一块。但是他的情绪化的过分指责证明他意识到与他们的疏离，争论增强了双方的自觉，却阻碍了学术交流的进行。疏远也非一些现代学者所讨论的那样绝对，因为1188年叶适还在朝廷上为朱熹辩护，并且在整个90年代初期，他和陈亮一直与朱熹保持有限的书信往来。然而，朱熹与浙江功利学者间的相互批评，使宽容的学风一度变得紧张和对立。

陈亮没能提供一个充实的替代物以取代朱熹的思想；因此，观点的对立促进了功利主义作为南宋有活力的一个思想流派的衰微。尤其在中国遭到外族侵略，在社会政治领域显示出学者的

---

① 朱熹：《朱文公文集》，卷35：22页上；卷35：24页下；《朱子语类》，123：7上—下，4748页。

无能时,道学使他们转向内心的道德成就,并自信中国文化的价值。虽然陈亮对道学的批评入木三分,其思想仍有自身的局限。他思想的各个方面,如形而上学从未得到系统的发展。他赞扬汉唐英主的抱负和业绩,努力为宋代复兴树立榜样,他只是为此提出了哲学和伦理学的辩护。而在当时的学术风气下,这种哲理上的辩护对系统化的、起作用的、有活力的功利主义来说是必要的——尽管其作用并不充分。他虽然用伦理价值来支持对政治问题的分析,也不能克服功利主义在道德上的负面性,因为大多数儒者仍将武力、权宜和自私与功利主义的象征关联在一起,道德伦理在教育和道德训诫方面占有绝对优势。尽管朱熹承认功利主义以其追求利益的现实取向吸引人们,他仍然认为真正有效的社会行为和达到理想目标的手段只能与人的道德保持一致,由此削弱了功利主义的伦理基础。许多南宋思想家都对个人精神与道德修养有浓厚的兴趣,而陈亮对此毫不挂怀。他仍然只关注一个问题:恢复中原。此外,他对中兴所必需的制度与行政改革重视不够。

功利主义者之间缺乏团结,也促进了12世纪功利思想的衰微,而陈亮对此应负一定的责任。浙江功利学者未能达成共识,站在同一条阵线上,部分因为在功利主义之外,每个人还信奉一些其他的学说。例如,陈傅良就追随陆九渊的心学,而其他浙江功利学者却并不接受。而性格尤其是陈亮的性格也阻碍了他们更为亲密的合作。陈亮被怀疑参预了朱熹弹劾唐仲友一事,使他与唐的治术派不能合作。交往中的私人友谊增强了他与吕祖谦、叶适及陈傅良在学术上的相容;然而,他对朝官不敬,蔑视1178年皇上的授职,显然让吕祖谦感到为难,并使叶适在追随陈亮上小心谨慎。长时期的官司无疑使他的同伴谨小慎微，避免与他过于接近。重要的是，帮他摆脱官司的主要官员并不是他思想上的同志，甚至叶适也不帮他。叶适和陈傅良都不愿走出来为陈亮辩解，尤其是在 12 世纪 90 年代初陈亮遭受一次大的磨难时，这说明他们对此非常敏感，害怕别人认为他们有相同的思想。使皇上插手陈亮官司的大臣郑汝谐并非如陈傅良和叶适那样是功利学派的著名学者。尽管陈亮和其他浙江学者私交甚深并有许多共同的观点，他们也未能团结起来一齐反对朱熹对道学的描述，而朱熹的道学逐渐成了学术界的主流。

虽然陈亮遭到一系列的挫折，仍对中国的政治文化作出重大贡献。相对于当时占主宰地位的道德哲学，他主要关心最终结果，并为之提出伦理上的支持。而且，他以霸作为功利主义的象征，比今人的一般认识更为适当。多少个世纪以来，霸主要和武力相连；然而在经典时期，它首先便是以行动的结果作为价值判断标准的代表。随着历史的发展，人们很难再赞同霸作为纯粹的功利主义政治社会伦理的象征。到了宋代，儒者还是将武力、权宜与霸联系起来；在一定程度上，这些关联从一开始就存在，因为霸原本就是通过武力取得霸权的。周代的儒者，像孟子和荀子，都还认识到只有专注于获得结果才是这一象征性概念的关键。他们对霸的敌视集中表现在他们对结果取向持矛盾的看法；武力问题是次要的。随着时间的推移，当霸被用来讨论秦以后帝王和权臣以新的制度设计控制社会的问题时，武力涵义的重要性便逐渐增强。尤其在道学领袖看来，武力问题与经典中强调的霸的动机几乎同等重要，周代的"霸"对于许多宋代儒者已经成为"暴君"。陈亮的任务之一就是将像霸这样的传统象征转变为较具防御性的功利主义榜样。他从根本上将王、霸当作儒学内部的一种两极化的概念。

陈亮与北宋的功利学者不同,这是陈亮的进步,而且他还针对当时的学术风气来讨论。与李觏主张独立于道德修养的事功伦理相比,陈亮扩大了眼界,以功利主义伦理学集中解决军事与政治结果问题。除了认为功利、利益概念合理外,陈亮通过美化汉唐英主的理想抱负和光辉业绩将他们拔高为英雄行为的榜样。与王安石相比,他更为明确地支持效果伦理;而且,他的历史相对主义价值观以及反对超验二元论的一元论思想也比王安石运用《周礼》更好地作为解决当前问题的功利主义取向的哲学基础。

陈亮的作品可以丰富我们对儒学分化及普遍性问题的理解。辩论本身——他和朱熹分别认为这就是一个目的——留待后人作出评判。重审历史,论辩为我们提供了一个极为清楚且经久不衰的案例,其中中国学者对儒学两极化概念的范围及其平衡争论不休。由于在传统中诸两极化概念呈现更多的细微差别,而不是截然对立,所以争论因其学派分裂而闻名;因此,两极间的界限异常鲜明。陈亮虽然不能阻止朱熹对道学的发展,其激进的抗争仍是清代和20世纪学者反对朱熹体系的灵感之源。由于具有类似的学术倾向,现代学者常常容易夸大陈亮的进步意义。我的研究不仅要纠正那些夸张的描述,而且还要展示陈亮的正面思想以及对朱熹的有说服力的批评。现代研究者终究容易赞赏陈亮对道德标准及社会政治成就的道德价值的看法。用以讨论问题的语言,显示出情境的暂时的相对性,也许稍微对陈亮有利一点。道德绝对论的现代反对者仍然不易回答朱熹的两点异议:手段影响目的;道德标准相对于时间、地点、人物导致混乱与不确定。在这些普遍的术语下,朱熹的异议以及陈亮的回应使人们对黑格尔的格言产生怀疑:"每一哲学皆是它自己时代的哲学,因此只能满足于特殊时代的要求。"①的确,陈亮的历史研究及其与朱熹的辩论不仅为探索12世纪中国的社会政治思想提供了工具,而且还刺激读者去反思人类面临的共同问题。

---

① 转引自 *Dictionary of the History of Ideas*, ed. Philip P. Wiener(New York,1973年),第3册,220页。

征引文献

Bauer, Wolfgang. *China and the Search for Happiness: Recurring Themes in Four Thousand Years of Chinese Cultural History.* Translated by Michael Shaw. New York, Seabury Press, 1976.

Bodde, Derk. "Harmony and Conflict in Chinese Thought" in Arthur F. Wright, ed., *Studies in Chinese Thought.* Chicago, University of Chicago Press, 1953.

Bruce, J. Percy, trans. *The Philosophy of Human Nature by Chu Hsi.* London, Probsthain and Company, 1922.

—— *Chu Hsi and His Masters.* London, Probsthain and Company, 1923.

Chan Hok-lam. *The Historiography of the Chin Dynasty: Three Studies.* Wiesbaden, Franz Steiner Verlag, 1970.

——, ed. and trans. *Li Chih (1527-1602) in Contemporary Chinese Historiography; New Light on His Life and Works.* White Plains, M. E. Sharpe, Inc., 1980.

—— "Chinese Official Historiography at the Yüan Court and the Composition of the Liao, Chin, and Sung Histories," in John D. Langlois, Jr., ed. *China Under Mongol Rule.* Princeton, Princeton University Press, 1981.

Chan Wing-tsit, ed. and trans. *A Source Book in Chinese Philosophy.* Princeton, Princeton University Press, 1963.

—— "Chu Hsi's Criticism of Taoism," *Sung Studies Newsletter* 8:15-16 (1973).

—— "Chu Hsi's Completion of Neo-Confucianism," in Françoise Aubin, ed., *Etudes Song/Sung Studies: In Memoriam Etienne Balazs.* Hague, Mouton, Series II, Volume 1, 59-90 (1973).

—— "Chu Hsi's Reappraisal of Lao Tzu," *Philosophy East and West* 25.2: 131-144 (April 1975).

—— "Patterns for Neo-Confucianism: Why Chu Hsi Differed from Ch'eng I," *Journal of Chinese Philosophy* 5.2:101-126 (June 1978).

Chang, Carsun. *The Development of Neo-Confucian Thought*. 2 vols. New York, Bookman Associates, 1957, 1962.

Chang Hao. "On the *Ching-shih* Ideal in Neo-Confucianism," *Ch'ing-shih wen-t'i* 清史問題 (Problems in Ch'ing history) 3.1:36-61 (November 1974).

———. "The Confucian Cosmological Myth and the Political Culture of Early Modern China." Unpublished paper read at the Association for Asian Studies Annual Meeting, Boston, March 1975.

———. "Neo-Confucian Moral Thought and Its Modern Legacy," *Journal of Asian Studies* 39.2:259-272 (February 1980).

Chang Po-hsing 張伯行, comp. *Hsu Chin-ssu lu* 續近思錄 (Supplement to the *Reflections on Things at Hand*). Ts'ung-shu chi-ch'eng ch'u-p'ien 叢書集成初編 ed. Shanghai, 1936.

Chao Hsiao-hsuan (Chao Hsiao-suan) 趙效宣. "Chu Tzu chia-hsueh yü shih-ch'eng" 朱子家學與師承 (Chu Hsi's intellectual development and his family background), *Hsin Ya hsueh-pao* 新亞學報 (New Asia journal) 9.1:223-241 (June 1969).

Chaves, Jonathan. *Mei Yao-ch'en and the Development of Early Sung Poetry*. New York, Columbia University Press, 1976.

———. "Some Relationships between Poetry and Painting in China," *Renditions* 6:85-91 (Spring 1976).

Ch'en An-jen 陳安仁. *Chung-kuo cheng-chih ssu-hsiang-shih ta-kang* 中國政治思想史大綱 (Outline history of Chinese political thought). Shanghai, 1934.

Ch'en Ch'i-yun. "The Wen-Chung-Tzu Tradition in T'ang and Sung Times." Unpublished paper read at Harvard University, 1974.

Ch'en Fu-liang 陳傅良. *Chih-chai hsien-sheng wen-chi* 止齋先生文集 (Collected writings of Ch'en Fu-liang). Ssu-pu ts'ung-k'an 四部叢刊 ed. Shanghai, 1929.

Ch'en Hao-ch'u 陳豪楚. "Ch'en T'ung-fu hsien-sheng hsueh-shuo kuan-k'uei" 陳同甫先生學說管窺 (A study of the thought of Ch'en Liang), *Wen-lan hsueh-pao* 文瀾學報 (Great wave of culture journal) 1:1-18 (1935).

Ch'en Liang 陳亮. *Lung-ch'uan wen-chi* 龍川文集 (Collected writings of Ch'en Liang). Ssu-pu pei-yao 四部備要 ed. Shanghai, n.d., probably 1936.

———. *Ch'en Lung-ch'uan wen-chi* 陳龍川文集 (Collected writings of Ch'en Liang). Kuo-hsueh chi-pen ts'ung-shu 國學集本叢書 ed. Taipei reprint, 1956.

———. *Ch'en Liang chi* 陳亮集 (Collected writings of Ch'en Liang). Peking, 1974.

———, ed. *Ou-yang wen-ts'ui* 歐陽文粹 (Selected writings of Ou-yang Hsiu). Ch'in-ting ssu-k'u ch'üan-shu 欽定四庫全書 ed. Numbers 247 and 248 of Ssu-k'u ch'üan-shu chen-pen liu-chi 四庫全書珍本六集 (Sixth collection of precious texts from the complete library of the four treasuries), edited by Wang Yun-wu 王雲五. Taipei, 1977.

Ch'en Liang and Lu Yu. "Ch'en Liang, Lu Yu chi shih-i—*Yung-lo ta-tien* shih wen chi shih chih i" 陳亮陸游集拾遺永樂大典詩文輯佚之一 (Filling omissions in the collected writings of Ch'en Liang and Lu Yu by using the *Encyclopedia of the Yung-lo Period*). Compiled by Luan Kuei-ming 欒貴明. Wen-hsueh p'ing-lun 文學評論 (Critical discussions of literature) 1:45–48 (1981).

Ch'en Liang and Yeh Shih. *Ch'üan-tien Lung-ch'uan Shui-hsin erh hsien-sheng wen-ts'ui* 圈點龍川水心二先生文粹 (A marked edition of the collected works of Ch'en Liang and Yeh Shih). Compiled by Jao Hui 饒輝 Chien-an, 1212.

Cheng Chung-ying. "Reason, Substance, and Human Desires," in Wm. Theodore de Bary, ed., *The Unfolding of Neo-Confucianism*. New York, Columbia University Press, 1975.

Chiang Fu-ts'ung 蔣復璁. "Sung-tai i-ke kuo-ts'e ti chien-t'ao" 宋代一個國策的檢討 (A review of a national policy during the Sung period), in Sung-shih tso-t'an-hui 宋史座談會 (Symposium on Sung history), comp. *Sung-shih yen-chiu-chi* 宋史研究集 (Collection of studies in Sung history), Volume 1. Taipei, 1958.

Chiang Shu-ko 姜書閣. *Ch'en Liang Lung-ch'uan tz'u chien-chu* 陳亮龍川詞箋注 (Notes and commentary on the song-poetry of Ch'eng Liang, Master of Lung-ch'uan). Peking, 1980.

Chiang Yung 江永. *Chin-ssu lu chi-chu* 近思錄集註 (Collected commentaries on the *Reflections on Things at Hand*). Ssu-pu pei-yao ed. Shanghai, 1934.

Ch'ien Mu 錢穆. *Kuo-shih ta-kang* 國史大綱 (A basic outline of our national history). Shanghai, 1948.

—— *Sung Ming li-hsueh kai-shu* 宋明理學概述 (A general survey of the philosophers of the Sung and Ming periods). Taipei, 1953.

—— *Chu Tzu hsin hsueh-an* 朱子新學案 (A new scholarly record on Chu Hsi). Taipei, 1971.

Chin-shu 晉書 (History of the Chin dynasty). Compiled by Fang Hsuan-ling 房玄齡. Peking, 1974.

Ching, Julia. "Neo-Confucian Utopian Theories and Political Ethics," *Monumenta Serica* 30:1–56 (1972–1973).

—— "The Goose Lake Monastery Debate (1175)," *Journal of Chinese Philosophy* 1.2:161–178 (March 1974).

—— "Truth and Ideology: the Confucian Way (Tao) and Its Transmission (Tao-t'ung)," *Journal of the History of Ideas* 35.3:371–388 (July–September 1974).

—— *Confucianism and Christianity: A Comparative Study*. Tokyo, Kodansha International, 1977.

Ch'iu Han-sheng 邱漢生. "Sung Ming li-hsueh yü tsung-fa ssu-hsiang" 宋明理學與宗法思想 (The idealistic philosophy of the Sung and Ming dynasties and patriarchal ideology), *Li-shih yen-chiu* 歷史研究 (Historical research) 11:62–73 (1979).

—— *Ssu-shu chi-chu chien-lun* 四書集注簡論 (An explanation of Chu Hsi's *Commentaries on the Four Books*). Peking, 1980.

Chou Chen-fu 周振甫. "Ts'ung 'Ssu-jen-pang' ti chia-p'i-K'ung kan ying-she shih-hsueh ti p'o-ch'an" 從"四人幫"的假批孔看影射史學的破產 (The "Gang of Four's" criticism of the Confucian school—the bankruptcy of "history by innuendo"), *Li-shih yen-chiu* 3:28–34 (1978).

Chou Chin-sheng 周金聲. *Chung-kuo ching-chi ssu-hsiang-shih* 中國經濟思想史 (A history of economic thought in China). Taipei, 1965.

Chou Ta-t'ung 周大同. *Chu Hsi* 朱熹. Taipei, 1968.

Chou Wen. "Distorting Ancient History to Serve Present Needs," *Chinese Studies in History* 11.2:64–75 (Winter 1977–1978).

Chu Hsi 朱熹. *Meng Tzu chi-chu* 孟子集註 (Collected commentaries on the *Mencius*). This is a facsimile reproduction of a Sung text printed by Wu Chih-chung 吳志忠 and is included in a series entitled Wu-ch'iu-pei-chai *Meng Tzu shih-shu* 無求備齋孟子十書. Taipei, 1969.

—— *Lun-yü chi-chu* 論語集註 (Collected commentaries on the *Analects*). This is a facsimile reproduction of a Sung text printed by Wu Chih-chung and is included in a series entitled Wu-ch'iu-pei-chai *Lun-yü chi-cheng* 無求備齋論語集成. Taipei, 1966.

—— *Ta-hsueh chang-chü* 大學章句 (Commentary on the *Great Learning*). Ssu-pu pei-yao ed. Shanghai, 1927.

—— *Meng Tzu huo-wen* 孟子或問 (Questions and answers on the *Mencius*). In his *Chu Tzu i-shu* 朱子遺書 (Surviving works of Chu Hsi). A facsimile reproduction of a K'ang-hsi edition. Taipei, 1969.

—— *Hui-an hsien-sheng Chu Wen-kung wen-chi* 晦庵先生朱文公文集 (Collected writings of Chu Hsi). Ssu-pu pei-yao ed., entitled *Chu Tzu ta-ch'üan* 朱子大全 (Complete short writings of Chu Hsi). Taipei, 1970.

—— *Chu Tzu yü-lei* 朱子語類 (Classified conversations of Chu Hsi). Compiled by Li Ching-te 黎靖德. Chuan-ching t'ang 傳經堂 ed., 1876.

—— *Chu Tzu yü-lei* 朱子語類 (Classified conversations of Chu Hsi). Photolithograph of 1473 edition by Cheng-chung shu-chü 正中書局. Taipei, 1970.

—— *Chu Tzu ch'üan-shu* 朱子全書 (Collected works of Chu Hsi). Yuan-chien chai 淵鑒齋 ed. Preface 1713. This is a late Ch'ing (n.d.) reproduction using the original blocks.

—— *Chu Wen-kung cheng-hsun* 朱文公政訓 (A collection of brief comments on the conduct of government affairs by Chu Hsi). Compiled by P'eng Shao 彭韶. Shanghai, 1936.

Chu Hsi and Lü Tsu-ch'ien 呂祖謙, comps. *Reflections on Things at Hand: The Neo-Confucian Anthology*. Translated by Wing-tsit Chan. New York, Columbia University Press, 1967.

Chu Hsi et al., comps. *Tzu-chih t'ung-chien kang-mu* 資治通鑑綱目 (Outline and details of the *Comprehensive Mirror for Aid in Government*). Chü-wen t'ang 聚文堂 ed. Soochow, 1804.

Chu Hsi *pien wei-shu yü* 朱熹辯偽書語 (Chu Hsi's statements refuting forged texts). Compiled by K'ai-ming shu-tien 開明書店 (Kai-ming Book Store). Taipei, 1969.

Chu Jui-hsi 朱瑞熙. "Chu Hsi shih t'ou-chiang-p'ai, mai-kou-tsei ma?" 朱熹是投降派賣國賊嗎? (Was Chu Hsi a capitulationist and a traitor?), *Li-shih yen-chiu* 9:72–77 (1978).

Chung Chiu, "Chen Liang, a Sung Legalist Poet," *Chinese Literature* 9:98–108 (1976).

Creel, Herrlee G. *The Origins of Statecraft in China; Volume One: The Western Chou Empire*. Chicago, University of Chicago Press, 1970.

——— *Shen Pu-hai; A Chinese Political Philosopher of the Fourth Century B.C.* Chicago, University of Chicago Press, 1974.

de Bary, Wm. Theodore. "A Plan for the Prince: *The Ming-i tai-fang-lu* of Huang Tsung-hsi." PhD dissertation, Columbia University, 1953.

——— "A Reappraisal of Neo-Confucianism," in Arthur Wright, ed., *Studies in Chinese Thought*. Chicago, University of Chicago Press, 1953.

——— "Some Common Tendencies in Neo-Confucianism," in David S. Nivison and Arthur F. Wright, eds., *Confucianism in Action*. Stanford, Stanford University Press, 1959.

——— "Neo-Confucian Cultivation and Enlightenment," in de Bary, ed., *The Unfolding of Neo-Confucianism*. New York, Columbia University Press, 1975.

——— "The Rise of Neo-Confucian Orthodoxy in Yüan China." Paper discussed at the Columbia University Seminar in Neo-Confucian Studies, November 2, 1979.

de Bary, Wm. Theodore, Wing-tsit Chan, and Burton Watson, eds. *Sources of Chinese Tradition*. New York, Columbia University Press, 1964.

Dictionary of the History of Ideas. Edited by Philip P. Wiener. 5 vols. New York, Charles Scribner's Sons, 1973.

Dirlik, Arif, and Laurence A. Schneider. "China: Recent Historiographical Issues," in Georg Iggers and Harold T. Parker, eds., *International Handbook of Historiography: Contemporary Research and Theory*. Westport, Greenwood Press, 1979.

Dubs, Homer H., trans. *The Works of Hsüntze.* London, Arthur Probsthain, 1928.

Elvin, Mark. *The Pattern of the Chinese Past.* Stanford, Stanford University Press, 1973.

The Encyclopedia of Philosophy. Edited by Paul Edwards. 8 vols. New York, Macmillan and Free Press, 1972.

Erh-Ch'eng ch'üan-shu 二程全書 (Complete works of the two Ch'engs). Ssu-pu pei-yao ed. Shanghai, 1933.

Fairbank, John K., ed. *The Chinese World Order: Traditional China's Foreign Relations.* Cambridge, Harvard University Press, 1968.

Fan Shou-k'ang 范壽康. *Chu Tzu chi ch'i che-hsueh* 朱子及其哲學 (Chu Hsi and his philosophy). Taipei, 1964.

Fan Tsu-yü 范祖禹. *T'ang-chien* 唐鑑 (Mirror of the government of the T'ang dynasty). Kuo-hsueh chi-pen ts'ung-shu ed. Shanghai, 1937.

Fingerette, Herbert. *Confucius—The Secular as Sacred.* New York, Harper Torchbooks, 1972.

―――― "Response to Professor Rosemont," *Philosophy East and West* 28.4: 511-514 (October 1978).

Franke, Herbert. "Treaties between Sung and Chin," in Françoise Aubin, ed., *Etudes Song/Sung Studies: In Memoriam Etienne Balazs,* Series I, Volume 1.1:55-64 (1970).

Freeman, Michael Dennis. "Lo-yang and the Opposition to Wang An-shih: The Rise of Confucian Conservatism, 1068-1086." PhD dissertation, Yale University, 1973.

Fung Yu-lan (Feng Yu-lan), 馮友蘭. "Li-shih yen-pien chih hsing-shih yü shih-chi" 歷史演變之形式與實際 (Form and actualization in historical evolution), *Wen che yueh-k'an* 文哲月刊 (Literature and philosophy monthly) 1.2:1-7 (November 1935).

―――― *A History of Chinese Philosophy.* Translated by Derk Bodde. 2 vols. Princeton, Princeton University Press, 1967.

Gedalecia, David. "Excursion into Substance and Function: The Development of the *t'i-yung* Paradigm in Chu Hsi," *Philosophy East and West* 24.4:443-451 (October 1974).

Gibbs, Donald A. "Notes on the Wind: The Term '*Feng*' in Chinese Literary Criticism," in David C. Buxbaum and Frederick W. Mote, eds., *Transition and Permanence: Chinese History and Culture.* Hong Kong, Cathay Press, 1972.

Graham, A. C. *Two Chinese Philosophers: Ch'eng Ming-tao and Ch'eng Yi-ch'uan.* London, Lund Humphries, 1958.

Haeger, John Winthrop. "The Intellectual Context of Neo-Confucian Syncretism," *Journal of Asian Studies* 31.3:499-514 (May 1972).

―― "1126-27: Political Crisis and the Integrity of Culture," in Haeger, ed., *Crisis and Prosperity in Sung China*. Tucson, University of Arizona Press, 1975.

―― "Li Kang and the Loss of K'ai-feng: The Concept and Practice of Political Dissent in Mid-Sung," *Journal of Asian History* 12.1:30-57 (1978).

Han-shu 漢書 (Former Han history). Compiled by Pan Ku 班固. Peking, 1962.

Hartwell, Robert M. "Financial Expertise, Examinations, and the Formulation of Economic Policy in Northern Sung China," *Journal of Asian Studies* 30.2:281-314 (February 1971).

―― "Historical Analogism, Public Policy, and Social Science in Eleventh- and Twelfth-Century China," *American Historical Review* 76.3:690-727 (June 1971).

Hatch, George Cecil, Jr. "The Thought of Su Hsün (1009-1066): An Essay in the Social Meaning of Intellectual Pluralism in Northern Sung." PhD dissertation, University of Washington, 1972.

Hayama Yasutaka 麓保孝. "Shushi no rekishiron" 朱子の歷史論 (Chu Hsi's view of historical studies), in *Shushigaku taikei* 朱子學大系 (Compendium of Chu Hsi scholarship), Volume 1 entitled *Shushigaku nyūmon* 朱子學入門 (Introduction to Chu Hsi scholarship). Tokyo, 1974.

Ho Ju-ch'üan 何如泉. "Kuan-yü Wu Tse-t'ien ti chi-ko wen-t'i" 關於武則天的幾個問題 (Some questions about Wu Tse-t'ien, the prominent queen of the T'ang dynasty), *Li-shih yen-chiu* 8:58-71 (1978).

Ho Ko-en 何格恩. "*Sung-shih* Ch'en Liang chuan k'ao-cheng chi Ch'en Liang nien-p'u" 宋史陳亮傳考證及陳亮年譜 (An investigation of Ch'en Liang's biography in the *Sung Dynastic History*; supplemented with a chronological record of Ch'en Liang's life), *Min-tsu tsa-chih* 民族雜誌 (Our people's miscellany) 3.1:1975-2001 (January 1935).

―― "Ch'en Liang chih ssu-hsiang" 陳亮之思想 (Ch'en Liang's thought), *Min-tsu tsa-chih* 3.8:1443-1464 (August 1935).

Ho-nan Ch'eng shih i-shu 河南程氏遺書 (Surviving works of the Ch'eng brothers of Ho-nan). Edited by Chu Hsi. Kuo-hsueh chi-pen ts'ung-shu ed. Shanghai, 1935.

Ho Ping-sung 何炳松. *Che-tung hsueh-p'ai su-yuan* 浙東學派溯源 (Tracing the sources of the Chekiang school). Shanghai, 1932.

Ho Yen 何晏. *Lun-yü chi-chieh* 論語集解 (Collected explications of the *Analects*). Ssu-pu ts'ung-k'an ed. Taipei reprint, 1969.

Ho Yu-shen 何佑森. "Liang Sung hsueh-feng ti ti-li fen-pu" 兩宋學風的地理分佈 (Geographical distribution of the various patterns of thought in the Sung), *Hsin Ya hsueh-pao* 新亞學報 (New Asia journal) 1.1:331-379 (August 1955).

Hou Han shu 後漢書 (History of the Later Han dynasty). Compiled by Fan Yeh 范曄. Peking, 1965.

Hou Wai-lu 侯外廬 et al., eds. *Chung-kuo ssu-hsiang t'ung-shih* 中國思想通史 (A comprehensive history of Chinese thought). Peking, 1960.

Hsia Chün-yü 夏君虞. *Sung-hsueh kai-yao* 宋學概要 (Essentials of Sung thought). Shanghai, 1937.

Hsiao Kung-ch'üan 蕭公權. *Chung-kuo cheng-chih ssu-hsiang-shih* 中國政治思想史 (History of political thought in China). Taipei, 1968.

────── *A History of Chinese Political Thought; Volume I: From the Beginnings to the Sixth Century A.D.* Translated by F. W. Mote. Princeton, Princeton University Press, 1979.

Hsieh Shan-yuan. *The Life and Thought of Li Kou (1009–1059)*. San Francisco, Chinese Materials Center, Inc., 1979.

────── "Hsün Tzu's Political Philosophy," *Journal of Chinese Philosophy* 6.1: 69–90 (March 1979).

Hsun Tzu 荀子. Ssu-pu ts'ung-k'an ed. Shanghai, 1929.

Huang Kung-wei 黃公偉. *Sung Ming Ch'ing li-hsueh t'i-hsi lun shih* 宋明清理學體系論史 (A history and discussion of the Neo-Confucian system during the Sung, Ming, and Ch'ing dynasties). Taipei, 1971.

Huang Siu-chi. *Lu Hsiang-shan, a Twelfth-Century Idealist Philosopher*. New Haven, American Oriental Society, 1944.

────── "Chu Hsi's Ethical Rationalism," *Journal of Chinese Philosophy* 5.2: 175–194 (June 1978).

Hucker, Charles O. *China's Imperial Past*. Stanford, Stanford University Press, 1975.

Hung Yeh 洪業. "Pan-pu *Lun-yü* chih t'ien-hsia pien" 半部論語治天下辨 ("Half of the *Analects* to govern the empire," a refutation), *Tsing Hua Journal of Chinese Studies* 8.1&2:306–339 (August 1970).

Ishida Hajime 石田肇. "To Chu-yu oboegaki—Nansō shisōshi no hitokusari—" 唐仲友覺書一南宋思想史の一齣一 (On T'ang Chung-yu—a phase of thought in Southern Sung), *Shakai-bunka shigaku* 社会文化史学 (Socio-cultural history) 12:23–37 (July 1975).

Ishikawa Yasuji 市川安司. *Shushi: gakumon to sono tenkai* 朱子—學問とその展開 (Chu Hsi: his scholarship and its development). Tokyo, 1970.

Jen Chi-yü 任繼愈, ed. *Chung-kuo che-hsueh-shih* 中國哲學史 (History of Chinese philosophy). Peking, 1979.

Jiang, Jospeh P. L. (Chiang Ping-lun 江炳倫). "Dual Ideological Basis of the Han Bureaucracy," *Chinese Culture* 7.1:77–107 (March 1966). Reprinted in his *Cheng-chih-hsueh lun-ts'ung* 政治學論叢 (Essays in political science and public administration). Taipei, 1973.

Kaplan, Edward Harold. "Yüeh Fei and the Founding of the Southern Sung." PhD dissertation, University of Iowa, 1970.

K'o-hsueh-yuan, che-hsueh yen-chiu-so 科學院哲學研究所 (Science academy, philosophical research section), ed. *Chung-kuo che-hsueh-shih tzu-liao hsuan-chi* 中國哲學史資料選輯 (A collection of source material from the history of Chinese philosophy). Peking, 1959.

Kracke, E. A., Jr. *Civil Service in Early Sung China, 960-1067.* Cambridge, Harvard University Press, 1953.

Kupperman, Joel. "Review of A. S. Cua's *Dimension of Moral Creativity: Paradigms, Principles, and Ideals*," *Philosophy East and West* 30.1:123-125 (January 1980).

Langlois, John D., Jr. "Chin-hua Confucianism Under the Mongols (1279-1368)." PhD dissertation, Princeton University, 1973.

—— "Chinese Culturalism and the Yüan Analogy: Seventeenth-Century Perspectives," *Harvard Journal of Asiatic Studies* 40.2:355-398 (December 1980).

Lau, D.C., trans. *Mencius*. Baltimore, Penguin Books, 1970.

—— trans. *Analects*. New York, Penguin Books, 1979.

Legge, James, trans. *The Chinese Classics*. 5 vols. Hong Kong, Hong Kong University Press, 1960.

Leventhal, Dennis. "Treading the Path from Yang Shih to Chu Hsi: A Question of Transmission in Sung Neo-Confucianism," *Bulletin of Sung-Yüan Studies* 14:50-67 (1978).

Levering, Miriam L. "Ch'an Enlightenment for the Layman: Ta-hui and the New Religious Culture of the Sung." PhD dissertation, Harvard University, 1978.

Li-shih yen-chiu, Editorial Department. "The Vicissitudes of *Li-shih yen-chiu* and the Plot of the 'Gang of Four' to Use History in Opposing the Party," *Chinese Studies in History* 12.2:49-59 (Winter 1977-1978).

Lin Kan-ch'üan 林甘泉. "Lun Ch'in Shih-huang—chien-p'ing 'Ssu-jen-pang' ti wei-hsin shih-kuan" 論秦始皇－兼評"四人帮"的唯心史觀 (Ch'in Shih-huang-ti and the "Gang of Four's" idealistic conception of history), *Li-shih yen-chiu* 4:20-33 (1978).

Lin Mousheng. *Men and Ideas: An Informal History of Chinese Political Thought*. New York, John Day, 1942.

Lin Shuen-fu. *The Transformation of the Chinese Lyrical Tradition; Chiang K'uei and Southern Sung Tz'u Poetry*. Princeton, Princeton University Press, 1978.

Lin Yao-tseng 林耀曾. "Ch'en Liang" 陳亮 (Biography of Ch'en Liang), in Wang Shou-nan 王壽南, chief comp., *Chung-kuo li-tai ssu-hsiang-chia* 中國歷代思想家 (Thinkers in Chinese history), Volume 30. Taipei, 1978.

Lin Yü-sheng, "The Evolution of the Pre-Confucian Meaning of *Jen* and the Confucian Concept of Moral Autonomy," *Monumenta Serica* 31:172–204 (1974–1975).

Lin Yutang. *The Gay Genius: The Life and Times of Su Tungpo.* New York, John Day Co., 1947.

Liu Chih-chi 劉知幾. *Shih t'ung* 史通 (Generalities on history). Ssu-pu ts'ung-k'an ed. Shanghai, 1929.

Liu, James T.C. "An Early Sung Reformer: Fan Chung-yen," in John K. Fairbank, ed., *Chinese Thought and Institutions*. Chicago, University of Chicago Press, 1957.

—— *Ou-yang Hsiu: An Eleventh-Century Neo-Confucianist.* Stanford, Stanford University Press, 1967.

—— *Reform in Sung China: Wang An-shih (1021–1086) and His New Policies.* Cambridge, Harvard University Press, 1968.

—— "Yüeh Fei (1103–1141) and China's Heritage of Loyalty," *Journal of Asian Studies* 31.2:291–298 (February 1972).

—— "The Road to Neo-Confucian Orthodoxy," *Philosophy East and West* 23.4: 483–506 (1973).

Liu Nai-ch'ang 劉乃昌. *Hsin Ch'i-chi lun-ts'ung* 辛棄疾論叢 (Evaluations of Hsin Ch'i-chi). Chi-nan, China, 1979.

Liu Shu-hsien. "The Function of the Mind in Chu Hsi's Philosophy," *Journal of Chinese Philosophy* 5.2:195–208 (June 1978).

Lo, Irving Yucheng. *Hsin Ch'i-chi.* New York, Twayne, 1971.

Lo, Winston Wan. *The Life and Thought of Yeh Shih.* Hong Kong, The Chinese University of Hong Kong, 1974.

—— "Wang An-shih and the Confucian Ideal of 'Inner Sageliness'," *Philosophy East and West* 26.1:41–53 (January 1976).

Lu Hsun, *Selected Stories of Lu Hsün.* Translated by Yang Hsien-yi and Gladys Yang. Peking, 1963.

Lü Chen-yü 呂振羽. *Chung-kuo cheng-chih ssu-hsiang-shih* 中國政治思想史 (History of Chinese political thought). Peking, 1950.

Lü Tsu-ch'ien 呂祖謙. *Lü Tung-lai hsien-sheng wen-chi* 呂東萊先生文集 (Lü Tsu-ch'ien's collected writings). Chin-hua wen-ts'ui 金華文萃 ed., 1869.

Ma Tuan-lin 馬端臨, ed. *Wen-hsien t'ung-k'ao* 文獻通考 (Encyclopedia of source materials). Shanghai, 1935.

Mai Chung-kuei 麥仲貴. *Sung Yuan li-hsueh-chia chu-shu sheng-tsu nien-piao* 宋元理學家著述生卒年表 (Chronological table of bibliographical and biographical data of the Sung and Yuan Neo-Confucian philosophers). Hong Kong, 1968.

Mei, Y.P. "Hsün Tzu's Theory of Government with an English Translation of

Chapter IX, on Kingly Government," *Tsing Hua Journal of Chinese Studies* 8.1&2:36–80 (August 1970).

Metzger, Thomas A. *Escape From Predicament: Neo-Confucianism and China's Evolving Political Culture*. New York, Columbia University Press, 1977.

────── "Author's Reply," *Journal of Asian Studies* 39.2:273–290 (February 1980).

Mou Tsung-san 牟宗三. "Tao-te p'an-tuan yü li-shih p'an-tuan" 道德判斷與歷史判斷 (Moral judgment and historical judgment), *Tung-hai hsueh-pao* 東海學報 (Journal of Tunghai University) 1.1:219–261 (June 1959).

────── *Hsin-t'i yü hsing-t'i* 心體與性體 (Mind and human nature). 3 vols. Taipei, 1968–1969.

Naitō Torajirō 內藤虎次郎. *Shina shigakushi* 支那史學史 (Chinese historiography). Tokyo, 1967.

Nakayama Kyūshirō 中山久四郎. "Shushi no gakufū-toku ni sono shigaku ni tsukite" 朱子の學風―特に其史學につきて (On the influence of Chu Hsi's scholarship, especially his historical studies), *Shibun* 斯文 (Confucian culture) 13.11:865–888 (November 1931).

────── "Shushi no shigaku-toku ni sono *Shiji tsugan kōmoku* ni tsukite" 朱子の史學―特に其の資治通鑑綱目につきて (On Chu Hsi's historical theory, especially in his *Tzu-chih t'ung-chien kang-mu*), *Shichō* 史潮 (Tides of history). Part 1 in 1.3:33–60 (October 1931); part 2 in 2.1:72–98 (February 1932).

Needham, Joseph. *Science and Civilization in China,* Volume II. Cambridge, Cambridge University Press, 1956.

Okada Takahiko 岡田武彦. *Zazen to seiza* 坐禪と靜坐 (Zen meditation and quiet sitting). Nagasaki, 1965.

Pei-ching Ta-hsueh che-hsueh-hsi Chung-kuo che-hsueh-shih chiao-yen-shih 北京大學哲學系中國哲學史教研室 (Peking University, Philosophy Department, Teaching and Research Unit), ed. *Chung-kuo che-hsueh-shih* 中國哲學史 (History of Chinese philosophy). Peking, 1980.

Rickett, W. Allyn, ed. and trans. *Kuan Tzu: A Repository of Early Chinese Thought*. Hong Kong, University of Hong Kong Press, 1965.

Rogers, Michael C., trans. *The Chronicle of Fu Chien: A Case of Exemplar History*. Berkeley, University of California Press, 1968.

Rosemont, Henry, Jr. "State and Society in the *Hsün Tzu:* A Philosophical Commentary," *Monumenta Serica* 29:38–78 (1970–1971).

―― "Review of Herbert Fingarette's *Confucius—The Secular as Sacred*," *Philosophy East and West* 26.4:463-477 (October 1976).

―― "Reply to Professor Fingarette," *Philosophy East and West* 28.4:515-520 (October 1978).

Rosen, Sydney. "In Search of the Historical Kuan Chung," *Journal of Asian Studies* 35.3:431-440 (May 1976).

―― "The Sage, the Hsia and the Shang in the Chou Mirror: A Comment on Creative Memory." Paper prepared for the Workshop on Classical Chinese Thought, Harvard University, 2-13 August 1976.

―― "Changing Conceptions of the Hegemon in Pre-Ch'in China," in David T. Roy and Tsien Tsuen-hsuin, eds., *Ancient China: Studies in Early Civilization*. Hong Kong, The Chinese University Press, 1978.

Sariti, William Anthony. "The Political Thought of Ssu-ma Kuang: Bureaucratic Absolutism in the Northern Sung." PhD dissertation, Georgetown University, 1970.

―― "Monarchy, Bureaucracy and Absolutism in the Political Thought of Ssu-ma Kuang," *Journal of Asian Studies* 32.1:53-76 (November 1972).

Schneider, Laurence A. *A Madman of Ch'u: The Chinese Myth of Loyalty and Dissent*. Berkeley, University of California Press, 1980.

Schwartz, Benjamin I. "Some Polarities in Confucian Thought," in David S. Nivison and Arthur F. Wright, eds., *Confucianism in Action*. Stanford, Stanford University Press, 1959.

―― "On the Absence of Reductionism in Chinese Thought," *Journal of Chinese Philosophy* 1.1:27-44 (December 1973).

Shang-hai Shih-fan Ta-hsueh cheng-chih chiao-yü hsi 上海師範大學政治教育系 (Shanghai Normal University, Political Education Department), ed. *Chung-kuo che-hsueh-shih kang-yao* 中國哲學史綱要 (An outline of the essential history of Chinese philosophy). Shanghai, 1979.

Shimada Kenji 島田虔次. *Shushigaku to Yōmeigaku* 朱子學と陽明學 (Chu Hsi scholarship and Wang Yang-ming scholarship). Tokyo, 1967.

Shirokauer, Conrad Max. "The Political Thought and Behavior of Chu Hsi." PhD dissertation, Stanford University, 1960.

―― "Chu Hsi's Political Career: A Study in Ambivalence," in Arthur F. Wright and Denis Twitchett, eds., *Confucian Personalities*. Stanford, Stanford University Press, 1962.

―― "Neo-Confucians Under Attack: The Condemnation of *Wei-hsüeh*," in John Winthrop Haeger, ed., *Crisis and Prosperity in Sung China*. Tucson, University of Arizona Press, 1975.

―― "Chu Hsi as an Administrator, A Preliminary Study," in Françoise Aubin, ed., *Etudes Song/Sung Studies*, Series I, Volume 3, 207-236 (1976).

—— "Chu Hsi's Political Thought," *Journal of Chinese Philosophy* 5.2:127-149 (June 1978).

Shōji Sōichi 庄司莊一. "Chin Ryō no gaku" 陳亮の學 (Ch'en Liang's scholarship), *Tōyō no bunka to shakai* 東洋の文化と社會 (Oriental culture and society) 5:82-100 (1954).

—— "Shushi to kotokōha" 朱子と事功派 (Chu Hsi and the utilitarian school of thought), in *Shushigaku taikei* 朱子學大系 (Compendium of Chu Hsi scholarship). Volume 1 entitled *Shushigaku nyūmon* 朱子學入門 (Introduction to Chu Hsi scholarship). Tokyo, 1974.

—— "Kōri-gakuha Chin Ryō no 'hentsū no ri' ni tsuite" 功利學派陳亮の變通の理について (On the applied theory of the utilitarian school represented by Ch'en Liang), in *Iriya Kyōju Ogawa Kyōju taikyū kinen Chūgoku bungaku gogaku ronshū* 入矢教授小川教授退休記念中國文學語學論集 (Studies on Chinese literature and linguistics dedicated to Professors Iriya Yoshitaka and Ogawa Tamaki on their retirement from Kyoto University). Kyoto, 1974.

Smart, J. C. "Utilitarianism," in Paul Edwards, ed., *Encyclopedia of Philosophy*. New York, Macmillan and Free Press, 1972.

Ssu-k'u ch'üan-shu 四庫全書 (The complete library of the four treasuries): *(Ho-yin) Ssu-k'u ch'üan-shu tsung-mu t'i-yao chi Ssu-k'u wei-shou shu-mu chin-hui shu-mu* (合印)四庫全書總目提要及四庫未收書目禁燬書目 (Summaries of the contents of the *Ssu-k'u ch'üan-shu*, and lists of works not included and works proscribed). Compiled by Ch'i Yun 紀昀 et al. Edited by Wang Yun-wu 王雲五. Taipei, 1971.

Ssu-k'u ch'üan-shu chien-ming mu-lu, Ch'in-ting 四庫全書簡明目錄欽定 (Abstracts of summaries of the contents of the *Ssu-k'u ch'üan-shu*). Compiled by Ch'i Yun et al. Shanghai, 1964.

Ssu-k'u ch'üan-shu kai-shu 四庫全書概述 (The overall story of the *Ssu-k'u ch'üan-shu*). Compiled by Yang Chia-lo 楊家駱. Taipei, 1967.

Ssu-k'u ch'üan-shu k'ao-cheng 四庫全書考證 (A textual investigation of the *Ssu-k'u ch'üan-shu*). Compiled by Wang T'ai-yueh 王太岳 et al. Taipei, 1967.

Ssu-k'u ch'üan-shu tsung-mu chi wei-shou shu-mu yin-te 四庫全書總目及未收書目引得 (An index to the *Ssu-k'u ch'üan-shu* catalogue and the list of works omitted). Compiled by James R. Ware. Revised by Weng Tu-chien 翁獨健. Taipei, 1966. Reprint of Harvard-Yenching Institute Index No. 7, Peking, 1932.

Ssu-k'u ch'üan-shu tsung-mu t'i-yao pu-cheng 四庫全書總目提要補正 (Corrections of and addenda to the book reviews in the *Ssu-k'u ch'üan-shu*). Compiled by Hu Yü-chin 胡玉縉 and Wang Hsin-fu 王欣夫. Taipei, 1967.

Su Ch'e 蘇轍 *Lao Tzu chieh* 老子解 (Exposition of the *Lao Tzu*) Ts'ung-shu chi-ch'eng ch'u-pien ed. Shanghai, 1935-37.

Sun Ch'iang-wu 孫鏘鳴. Ch'en Wen-chieh-kung nien-p'u 陳文節公年譜 (Chronological record of Ch'en Fu-liang's life). Ching-hsiang lou ts'ung-shu 敬鄉樓叢書 ed. Yung-chia, 1929.
Sun Fu 孫甫. T'ang-shih lun-tuan 唐史論斷 (Opinions on T'ang history). Hsueh chin t'ao-yuan 學津討原 ed. Original preface 1052. Shanghai, n.d.
A Sung Bibliography (Bibliographie des Sung). Initiated by Etienne Balazs. Edited by Yves Hervouet. Hong Kong, Chinese University of Hong Kong, 1978.
Sung Biographies. Edited by Herbert Franke. 4 vols. Wiesbaden, Franz Steiner Verlag, 1976.
Sung-jen chuan-chi tzu-liao so-yin 宋人傳記資料索引 (Index to biographical materials of Sung figures). Compiled by Ch'ang Pi-te 昌彼得, Wang Teh-yi (Te-i) 王德毅 et al. Taipei, 1974–1976.
Sung-shih 宋史 (Sung dynastic history). Compiled by T'o T'o 脫脫 et al. Peking, 1975.
Sung-shih chi-shih pen-mo 宋史記事本末 (Narratives from beginning to end of Sung history). Edited by Feng Ch'i 馮琦 et al. Peking, 1977.
Sung Yuan hsueh-an 宋元學案 (Anthology and critical accounts of Neo-Confucians of the Sung and Yuan dynasties). Compiled by Huang Tsung-hsi 黃宗羲 and Ch'üan Tsu-wang 全祖望. Taipei, 1966.
Sung Yuan hsueh-an pu-i 宋元學案補遺 (Addenda to the *Anthology and Critical Accounts of Neo-Confucians of the Sung and Yuan Dynasties*). Compiled by Wang Tzu-ts'ai 王梓材 et al. Taipei, 1962.

Tanaka Kenji 田中謙二. "Shumon deshi shiji nenkō" 朱門弟子師事年攷 (A study of Chu Hsi's disciples), *Tōhō gakuhō* 東方學報 (Journal of Oriental studies). Part 1 in 44:147–218 (February 1973); Part 2 in 48:261–357 (December 1975).
T'ang Chün-i 唐君毅. Chung-kuo che-hsueh yuan lun 中國哲學原論 (Studies on the foundations of Chinese philosophy). Hong Kong, 1966.
—— "Chu Lu i-t'ung t'an-yuan" 朱陸異同探源 (An inquiry into the sources of the difference between Chu Hsi and Lu Hsiang-shan), *Hsin Ya hsueh-pao* 8.1:1–100 (February 1967).
—— "Yang-ming hsueh yü Chu Lu i-t'ung ch'ung-pien" 陽明學與朱陸異同重辯 (A re-evaluation of the relation of Wang Yang-ming's philosophy to the differences between Chu Hsi and Lu Hsiang-shan), *Hsin Ya hsueh-pao*. Part 1 in 8.2:53–126 (August 1968); Part 2 in 9.1:1–69 (June 1969).
T'ao Hsi-sheng 陶希聖. Chung-kuo cheng-chih ssu-hsiang-shih 中國政治思想史 (History of political thought in China). Chungking, 1942.
Taylor, Rodney Leon. *The Cultivation of Sagehood as a Religious Goal in Neo-Confucianism; A Study of Selected Writings of Kao P'an-lung, 1562–*

1626. Ann Arbor, American Academy of Religion, Dissertation Series no. 22, 1978.

Teng Ching-yuan 鄧經元. "Tsen-yang cheng-ch'üeh p'ing-chia Lü Hou" 怎樣正確評價呂後 (Comment on Queen Lü of the Han dynasty), Li-shih yen-chiu 12:53–59 (1979).

Teng Kung-san 鄧恭三 (alias of Teng Kuang-ming 鄧廣銘). Ch'en Lung-ch'uan chuan 陳龍川傳 (Ch'en Liang's biography). Chungking, 1944.

Tillman, Hoyt Cleveland. "Divergent Philosophical Orientations toward Values: The Debate between Chu Hsi and Ch'en Liang," Journal of Chinese Philosophy 5.4:363–389 (December 1978).

——— "Review Article on Escape From Predicament: Neo-Confucianism and China's Evolving Political Culture," Philosophy East and West 28.4:503–509 (October 1978).

——— "The Idea and Reality of the 'Thing' during the Sung: Philosophical Attitudes toward Wu," Bulletin of Sung-Yüan Studies 14:68–82 (1978).

——— "Proto-Nationalism in Twelfth-Century China? The Case of Ch'en Liang," Harvard Journal of Asiatic Studies 39.2:403–428 (December 1979).

——— "The Development of Tension Between Virtue and Achievement in Early Confucianism: Attitudes Toward Kuan Chung and Hegemon (Pa) as Conceptual Symbols," Philosophy East and West 31.1:17–28 (January 1981).

Tomoeda Ryūtarō 友枝龍太郎. Shushi no shisō keisei 朱子の思想形成 (Study of the formation of Chu Hsi's thought). Tokyo, 1969.

——— "The Characteristics of Chu Hsi's Thought," Acta Asiatica 21:52–72 (1971).

Trauzettel, Rolf. "Sung Patriotism as a First Step toward Nationalism," in John Winthrop Haeger, ed., Crisis and Prosperity in Sung China. Tucson, University of Arizona Press, 1975.

Tseng Fan-k'ang 曾繁康. Chung-kuo cheng-chih ssu-hsiang-shih 中國政治思想史 (History of political thought in China). Taipei, 1959.

Tseng-pu Sung Yuan hsueh-an 增補宋元學案 (Supplement to the Anthology and Critical Accounts of Neo-Confucians of the Sung and Yuan Dynasties). Compiled by Huang Tsung-hsi 黃宗羲, Ch'üan Tsu-wang 全祖望 et al. Ssu-pu pei-yao ed. Taipei, 1966.

Tung Chung-shu 董仲舒. Ch'un-ch'iu fan-lu 春秋繁露 (Luxuriant dew of the Spring and Autumn Annals). Ssu-pu pei-yao ed. Shanghai, 1930.

T'ung Chen-fu 童振福. Ch'en Liang nien-p'u 陳亮年譜 (Chronological record of Ch'en Liang's life). Shanghai, 1936.

Wakeman, Frederic, Jr. History and Will: Philosophical Perspectives of Mao Tse-tung's Thought. Berkeley, University of California Press, 1973.

——— "Historiography in China after 'Smashing the "Gang of Four"'," China Quarterly 76:591–611 (December 1978).

Waley, Arthur, trans. *The Analects of Confucius.* New York, Vintage Books, 1939.

—— *The Poetry and Career of Li Po.* London, Macmillan, 1950.

Wang An-shih 王安石. *Lin-ch'uan hsien-sheng wen-chi* 臨川先生文集 (Collected writings of Wang An-shih). Ssu-pu ts'ung k'an ed. Shanghai, 1929.

—— *Wang Wen-kung wen-chi* 王文公文集 (Wang An-shih's collected writings). Peking, 1974.

Wang Gung-wu. "Feng Tao: An Essay on Confucian Loyalty," in Arthur F. Wright and Denis Twitchett, eds., *Confucian Personalities.* Stanford, Stanford University Press, 1962.

Wang Mou-hung 王懋竑. *Chu Tzu nien-p'u* 朱子年譜 (Chronological record of Chu Hsi's life). Original preface, 1700. Taipei, 1966.

Wang Ta-hua 汪大華 and Wan Shih-chang 萬世章. *Chung-kuo cheng-chih ssu-hsiang-shih* 中國政治思想史 (History of political thought in China). Taipei, 1968.

Wang Tseng-yü 王曾瑜. "Yueh Fei chih ssu" 岳飛之死 (Who was to blame for the death of Yueh Fei?), *Li-shih yen-chiu,* 12:27–41 (1979).

Wang T'ung 王通. *Chung-shuo* 中說 (Discourses on the mean). Ssu-pu ts'ung-k'an ed. Taipei reprint. 1969.

Wang Yang-ming. *Instructions for Practical Living.* Translated by Wing-tsit Chan. New York, Columbia University Press, 1963.

Watson, Burton, trans. *Mo Tzu: Basic Writings.* New York, Columbia University Press, 1963.

——, trans. *The Complete Works of Chuang Tzu.* New York, Columbia University Press. 1968.

Wechsler, Howard J. *Mirror to the Son of Heaven: Wei Cheng at the Court of T'ang T'ai-tsung.* New Haven, Yale University Press, 1974.

—— "The Confucian Teacher Wang T'ung (584?-617): One Thousand Years of Controversy," *T'oung-pao* 63:225–272 (1977).

Wilhelm, Hellmut. "The Heresies of Ch'en Liang," *Asiatische Studien* 11.3-4:102–112 (1958).

—— "A Note on Ch'en Liang's Tz'u," *Asiatische Studien* 25:76–84 (1971).

—— "From Myth to Myth: The Case of Yüeh Fei's Biography," in Arthur F. Wright and Denis Twitchett, eds., *Confucian Personalities.* Stanford, Stanford University Press, 1962.

Wilhelm, Richard, trans. *The I Ching or Book of Changes.* Translated from the German by Cary F. Baynes. Princeton, Princeton University Press, 1967.

Wixted, John Timothy. "The Literary Criticism of Yüan Hao-wen (1190-1257)," DPhil dissertation, Oxford University, 1976.

Wu Ch'un-shan 吳春山. *Ch'en T'ung-fu ti ssu-hsiang* 陳同甫的思想 (A study of the thought of Ch'en Liang). Taipei, 1971.

Wu K'ang 吳康. "Nan Sung Hsiang-hsueh yü Che-hsueh" 南宋湘學與浙學 (Hunan and Chekiang scholarship during the Southern Sung), *Hsueh-shu chi-k'an* 學術季刊 (Academic monthly) 4.2:1-9 (December 1955).
—— *Sung Ming li-hsueh* 宋明理學 (Sung and Ming Neo-Confucianism). Taipei, 1962.

Yang Hsiang-k'uei 楊向奎. *Chung-kuo ku-tai she-hui yü ku-tai ssu-hsiang yen-chiu* 中國古代社會與古代思想研究 (Research on China's ancient [premodern] society and thought). Shanghai, 1962, and Hong Kong, 1970.
Yang Lien-sheng. "The Form of the Paper Note *Hui-tzu* of the Southern Sung Dynasty," in his *Studies in Chinese Institutional History*. Cambridge, Harvard University Press, 1961. This essay was reprinted from *The Harvard Journal of Asiatic Studies* 16:365-373 (1953).
—— "The Organization of Official Historiography," in his *Excursions in Sinology*. Cambridge, Harvard University Press, 1969. This essay was reprinted from *Historians of China and Japan*, edited by W. G. Beasley and E. G. Pulleyblank. London, Oxford University Press, 1961.
Yao Jung-sung 姚榮松. "Lü Tsu-ch'ien" 呂祖謙 (Biography of Lü Tsu-ch'ien), in Wang Shou-nan, chief comp., *Chung-kuo li-tai ssu-hsiang-chia*, Volume 29. Taipei, 1978.
Yeh Shih 葉適. *Yeh Shih chi* 葉適集 (Collected writings of Yeh Shih). Peking, 1961.
Yen Hsu-hsin 顏虛心. *Ch'en Lung-ch'uan nien-p'u* 陳龍川年譜 (Chronological record of Ch'en Liang's life). Changsha, 1940.
Yoshiwara Fumiaki 吉原文昭. "Chin Ryō no hito to seikatsu" 陳亮の人と生活 (Ch'en Liang: the man and his life), *Chūō Daigaku bungakubu kiyō* 中央大學文學部紀要 (Journal of the faculty of literature of Chūō University, department of philosophy) 97.26:31-118 (1980).
Yü Ying-shih 余英時. "Fan-chih-lun yü Chung-kuo cheng-chih chuan-t'ung" 反智論與中國政治傳統 (Anti-intellectualism and China's political tradition), *Ming-pao yueh-k'an* 明報月刊 (Ming-pao monthly). Part 1 in 122:2-8 (February 1976); part 2 in 123:24-32 (March 1976).
—— "Some Preliminary Observations on the Rise of Ch'ing Confucian Intellectualism," *Tsing Hua Journal of Chinese Studies* 11.1&2:105-146 (December 1975).

"海外中国研究丛书"书目

1. 中国的现代化 [美]吉尔伯特·罗兹曼 主编 国家社会科学基金"比较现代化"课题组 译 沈宗美 校
2. 寻求富强:严复与西方 [美]本杰明·史华兹 著 叶凤美 译
3. 中国现代思想中的唯科学主义(1900—1950) [美]郭颖颐 著 雷颐 译
4. 台湾:走向工业化社会 [美]吴元黎 著
5. 中国思想传统的现代诠释 余英时 著
6. 胡适与中国的文艺复兴:中国革命中的自由主义,1917—1937 [美]格里德 著 鲁奇 译
7. 德国思想家论中国 [德]夏瑞春 编 陈爱政 等译
8. 摆脱困境:新儒学与中国政治文化的演进 [美]墨子刻 著 颜世安 高华 黄东兰 译
9. 儒家思想新论:创造性转换的自我 [美]杜维明 著 曹幼华 单丁 译 周文彰 等校
10. 洪业:清朝开国史 [美]魏斐德 著 陈苏镇 薄小莹 包伟民 陈晓燕 牛朴 谭天星 译 阎步克 等校
11. 走向21世纪:中国经济的现状、问题和前景 [美]D.H.帕金斯 著 陈志标 编译
12. 中国:传统与变革 [美]费正清 赖肖尔 主编 陈仲丹 潘兴明 庞朝阳 译 吴世民 张子清 洪邮生 校
13. 中华帝国的法律 [美]D.布朗 C.莫里斯 著 朱勇 译 梁治平 校
14. 梁启超与中国思想的过渡(1890—1907) [美]张灏 著 崔志海 葛夫平 译
15. 儒教与道教 [德]马克斯·韦伯 著 洪天富 译
16. 中国政治 [美]詹姆斯·R.汤森 布兰特利·沃马克 著 顾速 董方 译
17. 文化、权力与国家:1900—1942年的华北农村 [美]杜赞奇 著 王福明 译
18. 义和团运动的起源 [美]周锡瑞 著 张俊义 王栋 译
19. 在传统与现代性之间:王韬与晚清革命 [美]柯文 著 雷颐 罗检秋 译
20. 最后的儒家:梁漱溟与中国现代化的两难 [美]艾恺 著 王宗昱 冀建中 译
21. 蒙元入侵前夜的中国日常生活 [法]谢和耐 著 刘东 译
22. 东亚之锋 [美]小R.霍夫亨兹 K.E.柯德尔 著 黎鸣 译
23. 中国社会史 [法]谢和耐 著 黄建华 黄迅余 译
24. 从理学到朴学:中华帝国晚期思想与社会变化面面观 [美]艾尔曼 著 赵刚 译
25. 孔子哲学思微 [美]郝大维 安乐哲 著 蒋弋为 李志林 译
26. 北美中国古典文学研究名家十年文选 乐黛云 陈珏 编选
27. 东亚文明:五个阶段的对话 [美]狄百瑞 著 何兆武 何冰 译
28. 五四运动:现代中国的思想革命 [美]周策纵 著 周子平 等译
29. 近代中国与新世界:康有为变法与大同思想研究 [美]萧公权 著 汪荣祖 译
30. 功利主义儒家:陈亮对朱熹的挑战 [美]田浩 著 姜长苏 译
31. 莱布尼兹和儒学 [美]孟德卫 著 张学智 译
32. 佛教征服中国:佛教在中国中古早期的传播与适应 [荷兰]许理和 著 李四龙 裴勇 等译
33. 新政革命与日本:中国,1898—1912 [美]任达 著 李仲贤 译
34. 经学、政治和宗族:中华帝国晚期常州今文学派研究 [美]艾尔曼 著 赵刚 译
35. 中国制度史研究 [美]杨联陞 著 彭刚 程钢 译

36. 汉代农业:早期中国农业经济的形成　[美]许倬云 著　程农 张鸣 译　邓正来 校
37. 转变的中国:历史变迁与欧洲经验的局限　[美]王国斌 著　李伯重 连玲玲 译
38. 欧洲中国古典文学研究名家十年文选　乐黛云 陈珏 龚刚 编选
39. 中国农民经济:河北和山东的农民发展,1890—1949　[美]马若孟 著　史建云 译
40. 汉哲学思维的文化探源　[美]郝大维 安乐哲 著　施忠连 译
41. 近代中国之种族观念　[英]冯客 著　杨立华 译
42. 血路:革命中国中的沈定一(玄庐)传奇　[美]萧邦奇 著　周武彪 译
43. 历史三调:作为事件、经历和神话的义和团　[美]柯文 著　杜继东 译
44. 斯文:唐宋思想的转型　[美]包弼德 著　刘宁 译
45. 宋代江南经济史研究　[日]斯波义信　方健 何忠礼 译
46. 山东台头:一个中国村庄　杨懋春 著　张雄 沈炜 秦美珠 译
47. 现实主义的限制:革命时代的中国小说　[美]安敏成 著　姜涛 译
48. 上海罢工:中国工人政治研究　[美]裴宜理 著　刘平 译
49. 中国转向内在:两宋之际的文化转向　[美]刘子健 著　赵冬梅 译
50. 孔子:即凡而圣　[美]赫伯特·芬格莱特　彭国翔 张华 译
51. 18世纪中国的官僚制度与荒政　[法]魏丕信 著　徐建青 译
52. 他山的石头记:宇文所安自选集　[美]宇文所安 著　田晓菲 编译
53. 危险的愉悦:20世纪上海的娼妓问题与现代性　[美]贺萧 著　韩敏中 盛宁 译
54. 中国食物　[美]尤金·N. 安德森 著　马孆 刘东 译　刘东 审校
55. 大分流:欧洲、中国及现代世界经济的发展　[美]彭慕兰 著　史建云 译
56. 古代中国的思想世界　[美]本杰明·史华兹　程钢 译　刘东 校
57. 内闱:宋代的婚姻和妇女生活　[美]伊沛霞 著　胡志宏 译
58. 中国北方村落的社会性别与权力　[加]朱爱岚 著　胡玉坤 译
59. 先贤的民主:杜威、孔子与中国民主之希望　[美]郝大维 安乐哲 著　何刚强 译
60. 向往心灵转化的庄子:内篇分析　[美]爱莲心 著　周炽成 译
61. 中国人的幸福观　[德]鲍吾刚 著　严蓓雯 韩雪临 吴德祖 译
62. 闺塾师:明末清初江南的才女文化　[美]高彦颐 著　李志生 译
63. 缀珍录:十八世纪及其前后的中国妇女　[美]曼素恩 著　定宜庄 颜宜葳 译
64. 革命与历史:中国马克思主义历史学的起源,1919—1937　[美]德里克 著　翁贺凯 译
65. 竞争的话语:明清小说中的正统性、本真性及所生成之意义　[美]艾梅兰 著　罗琳 译
66. 云南禄村:中国妇女与农村发展　[加]宝森 著　胡玉坤 译
67. 中国近代思维的挫折　[日]岛田虔次 著　甘万萍 译
68. 中国的亚洲内陆边疆　[美]拉铁摩尔 著　唐晓峰 译
69. 为权力祈祷:佛教与晚明中国士绅社会的形成　[加]卜正民 著　张华 译
70. 天潢贵胄:宋代宗室史　[美]贾志扬 著　赵冬梅 译
71. 儒家之道:中国哲学之探讨　[美]倪德卫 著　[美]万白安 编　周炽成 译
72. 都市里的农家女:性别、流动与社会变迁　[澳]杰华 著　吴小英 译
73. 另类的现代性:改革开放时代中国性别化的渴望　[美]罗丽莎 著　黄新 译
74. 近代中国的知识分子与文明　[日]佐藤慎一 著　刘岳兵 译
75. 繁盛之阴:中国医学史中的性(960—1665)　[美]费侠莉 著　甄橙 主译　吴朝霞 主校
76. 中国大众宗教　[美]韦思谛 编 陈仲丹 译
77. 中国诗画语言研究　[法]程抱一 著　涂卫群 译
78. 中国的思维世界　[日]沟口雄三 小岛毅 著　孙歌 等译

79. 德国与中华民国　[美]柯伟林 著　陈谦平 陈红民 武菁 申晓云 译　钱乘旦 校
80. 中国近代经济史研究:清末海关财政与通商口岸市场圈　[日]滨下武志 著　高淑娟 孙彬 译
81. 回应革命与改革:皖北李村的社会变迁与延续　韩敏 著　陆益龙 徐新玉 译
82. 中国现代文学与电影中的城市:空间、时间与性别构形　[美]张英进 著　秦立彦 译
83. 现代的诱惑:书写半殖民地中国的现代主义(1917—1937)　[美]史书美 著　何恬 译
84. 开放的帝国:1600年前的中国历史　[美]芮乐伟·韩森 著　梁侃 邹劲风 译
85. 改良与革命:辛亥革命在两湖　[美]周锡瑞 著　杨慎之 译
86. 章学诚的生平与思想　[美]倪德卫 著　杨立华 译
87. 卫生的现代性:中国通商口岸健康与疾病的意义　[美]罗芙芸 著　向磊 译
88. 道与庶道:宋代以来的道教、民间信仰和神灵模式　[美]韩明士 著　皮庆生 译
89. 间谍王:戴笠与中国特工　[美]魏斐德 著　梁禾 译
90. 中国的女性与性相:1949年以来的性别话语　[英]艾华 著　施施 译
91. 近代中国的犯罪、惩罚与监狱　[荷]冯客 著　徐有威 等译　潘兴明 校
92. 帝国的隐喻:中国民间宗教　[英]王斯福 著　赵旭东 译
93. 王弼《老子注》研究　[德]瓦格纳 著　杨立华 译
94. 寻求正义:1905—1906年的抵制美货运动　[美]王冠华 著　刘甜甜 译
95. 传统中国日常生活中的协商:中古契约研究　[美]韩森 著　鲁西奇 译
96. 从民族国家拯救历史:民族主义话语与中国现代史研究　[美]杜赞奇 著　王宪明 高继美 李海燕 李点 译
97. 欧几里得在中国:汉译《几何原本》的源流与影响　[荷]安国风 著　纪志刚 郑诚 郑方磊 译
98. 十八世纪中国社会　[美]韩书瑞 罗友枝 著　陈仲丹 译
99. 中国与达尔文　[美]浦嘉珉 著　钟永强 译
100. 私人领域的变形:唐宋诗词中的园林与玩好　[美]杨晓山 著　文韬 译
101. 理解农民中国:社会科学哲学的案例研究　[美]李丹 著　张天虹 张洪云 张胜波 译
102. 山东叛乱:1774年的王伦起义　[美]韩书瑞 著　刘平 唐雁超 译
103. 毁灭的种子:战争与革命中的国民党中国(1937—1949)　[美]易劳逸 著　王建朗 王贤知 贾维 译
104. 缠足:"金莲崇拜"盛极而衰的演变　[美]高彦颐 著　苗延威 译
105. 饕餮之欲:当代中国的食与色　[美]冯珠娣 著　郭乙瑶 马磊 江素侠 译
106. 翻译的传说:中国新女性的形成(1898—1918)　胡缨 著　龙瑜宬 彭珊珊 译
107. 中国的经济革命:20世纪的乡村工业　[日]顾琳 著　王玉茹 张玮 李进霞 译
108. 礼物、关系学与国家:中国人际关系与主体性建构　杨美惠 著　赵旭东 孙珉 译　张跃宏 译校
109. 朱熹的思维世界　[美]田浩 著
110. 皇帝和祖宗:华南的国家与宗族　[英]科大卫 著　卜永坚 译
111. 明清时代东亚海域的文化交流　[日]松浦章 著　郑洁西 等译
112. 中国美学问题　[美]苏源熙 著　卞东波 译　张强强 朱霞欢 校
113. 清代内河水运史研究　[日]松浦章 著　董科 译
114. 大萧条时期的中国:市场、国家与世界经济　[日]城山智子 著　孟凡礼 尚国敏 译　唐磊 校
115. 美国的中国形象(1931—1949)　[美]T.克里斯托弗·杰斯普森 著　姜智芹 译
116. 技术与性别:晚期帝制中国的权力经纬　[英]白馥兰 著　江湄 邓京力 译

117. 中国善书研究　[日]酒井忠夫 著　刘岳兵 何英莺 孙雪梅 译
118. 千年末世之乱:1813年八卦教起义　[美]韩书瑞 著　陈仲丹 译
119. 西学东渐与中国事情　[日]增田涉 著　由其民 周启乾 译
120. 六朝精神史研究　[日]吉川忠夫 著　王启发 译
121. 矢志不渝:明清时期的贞女现象　[美]卢苇菁 著　秦立彦 译
122. 纠纷与秩序:徽州文书中的明朝　[日]中岛乐章 著　郭万平 译
123. 中华帝国晚期的欲望与小说叙述　[美]黄卫总 著　张蕴爽 译
124. 虎、米、丝、泥:帝制晚期华南的环境与经济　[美]马立博 著　王玉茹 关永强 译
125. 一江黑水:中国未来的环境挑战　[美]易明 著　姜智芹 译
126. 《诗经》原意研究　[日]家井真 著　陆越 译
127. 施剑翘复仇案:民国时期公众同情的兴起与影响　[美]林郁沁 著　陈湘静 译
128. 义和团运动前夕华北的地方动乱与社会冲突(修订译本)　[德]狄德满 著　崔华杰 译
129. 铁泪图:19世纪中国对于饥馑的文化反应　[美]艾志端 著　曹曦 译
130. 饶家驹安全区:战时上海的难民　[美]阮玛霞 著　白华山 译
131. 危险的边疆:游牧帝国与中国　[美]巴菲尔德 著　袁剑 译
132. 工程国家:民国时期(1927—1937)的淮河治理及国家建设　[美]戴维·艾伦·佩兹 著　姜智芹 译
133. 历史宝筏:过去、西方与中国妇女问题　[美]季家珍 著　杨可 译
134. 姐妹们与陌生人:上海棉纱厂女工,1919—1949　[美]韩起澜 著　韩慈 译
135. 银线:19世纪的世界与中国　林满红 著　詹庆华 林满红 译
136. 寻求中国民主　[澳]冯兆基 著　刘悦斌 徐硙 译
137. 墨梅　[美]毕嘉珍 著　陆敏珍 译
138. 清代上海沙船航运业史研究　[日]松浦章 著　杨蕾 王亦铮 董科 译
139. 男性特质论:中国的社会与性别　[澳]雷金庆 著　[澳]刘婷 译
140. 重读中国女性生命故事　游鉴明 胡缨 季家珍 主编
141. 跨太平洋位移:20世纪美国文学中的民族志、翻译和文本间旅行　黄运特 著　陈倩 译
142. 认知诸形式:反思人类精神的统一性与多样性　[英]G.E.R.劳埃德 著　池志培 译
143. 中国乡村的基督教:1860—1900年江西省的冲突与适应　[美]史维东 著　吴薇 译
144. 假想的"满大人":同情、现代性与中国疼痛　[美]韩瑞 著　袁剑 译
145. 中国的捐纳制度与社会　伍跃 著
146. 文书行政的汉帝国　[日]富谷至 著　刘恒武 孔李波 译
147. 城市里的陌生人:中国流动人口的空间、权力与社会网络的重构　[美]张骊 著　袁长庚 译
148. 性别、政治与民主:近代中国的妇女参政　[澳]李木兰 著　方小平 译
149. 近代日本的中国认识　[日]野村浩一 著　张学锋 译
150. 狮龙共舞:一个英国人笔下的威海卫与中国传统文化　[英]庄士敦 著　刘本森 译　威海市博物馆 郭大松 校
151. 人物、角色与心灵:《牡丹亭》与《桃花扇》中的身份认同　[美]吕立亭 著　白华山 译
152. 中国社会中的宗教与仪式　[美]武雅士 著　彭泽安 邵铁峰 译　郭潇威 校
153. 自贡商人:近代早期中国的企业家　[美]曾小萍 著　董建中 译
154. 大象的退却:一部中国环境史　[英]伊懋可 著　梅雪芹 毛利霞 王玉山 译
155. 明代江南土地制度研究　[日]森正夫 著　伍跃 张学锋 等译　范金民 夏维中 审校
156. 儒学与女性　[美]罗莎莉 著　丁佳伟 曹秀娟 译

157. 行善的艺术:晚明中国的慈善事业(新译本)　[美]韩德玲 著　曹晔 译
158. 近代中国的渔业战争和环境变化　[美]穆盛博 著　胡文亮 译
159. 权力关系:宋代中国的家族、地位与国家　[美]柏文莉 著　刘云军 译
160. 权力源自地位:北京大学、知识分子与中国政治文化,1898—1929　[美]魏定熙 著　张蒙 译
161. 工开万物:17世纪中国的知识与技术　[德]薛凤 著　吴秀杰 白岚玲 译
162. 忠贞不贰:辽代的越境之举　[英]史怀梅 著　曹流 译
163. 内藤湖南:政治与汉学(1866—1934)　[美]傅佛果 著　陶德民 何英莺 译
164. 他者中的华人:中国近现代移民史　[美]孔飞力 著　李明欢 译　黄鸣奋 校
165. 古代中国的动物与灵异　[英]胡司德 著　蓝旭 译
166. 两访中国茶乡　[英]罗伯特·福琼 著　敖雪岗 译
167. 缔造选本:《花间集》的文化语境与诗学实践　[美]田安 著　马强才 译
168. 扬州评话探讨　[丹麦]易德波 著　米锋 易德波 译　李今芸 校译
169. 《左传》的书写与解读　李惠仪 著　文韬 许明德 译
170. 以竹为生:一个四川手工造纸村的20世纪社会史　[德]艾约博 著　韩巍 译　吴秀杰 校
171. 东方之旅:1579—1724 耶稣会传教团在中国　[美]柏理安 著　毛瑞方 译
172. "地域社会"视野下的明清史研究:以江南和福建为中心　[日]森正夫 著　于志嘉 马一虹 黄东兰 阿风 等译
173. 技术、性别、历史:重新审视帝制中国的大转型　[英]白馥兰 著　吴秀杰 白岚玲 译
174. 中国小说戏曲史　[日]狩野直喜 张真 译
175. 历史上的黑暗一页:英国外交文件与英美海军档案中的南京大屠杀　[美]陆束屏 编著/翻译
176. 罗马与中国:比较视野下的古代世界帝国　[奥]沃尔特·施德尔 主编　李平 译
177. 矛与盾的共存:明清时期江西社会研究　[韩]吴金成 著　崔荣根 译 薛戈 校译
178. 唯一的希望:在中国独生子女政策下成年　[美]冯文 著　常姝 译
179. 国之枭雄:曹操传　[澳]张磊夫 著　方笑天 译
180. 汉帝国的日常生活　[英]鲁惟一 著　刘洁 余霄 译
181. 大分流之外:中国和欧洲经济变迁的政治　[美]王国斌 罗森塔尔 著　周琳 译　王国斌 张萌 审校
182. 中正之笔:颜真卿书法与宋代文人政治　[美]倪雅梅　杨简茹 译　祝帅 校译
183. 江南三角洲市镇研究　[日]森正夫 编　丁韵 胡婧 等译　范金民 审校
184. 忍辱负重的使命:美国外交官记载的南京大屠杀与劫后的社会状况　[美]陆束屏 编著/翻译
185. 修仙:古代中国的修行与社会记忆　[美]康儒博 著　顾漩 译
186. 烧钱:中国人生活世界中的物质精神　[美]柏桦 著　袁剑 刘玺鸿 译
187. 话语的长城:文化中国历险记　[美]苏源熙 著　盛珂 译
188. 诸葛武侯　[日]内藤湖南 著　张真 译
189. 盟友背信:一战中的中国　[英]吴芳思 克里斯托弗·阿南德尔 著　张宇扬 译
190. 亚里士多德在中国:语言、范畴和翻译　[英]罗伯特·沃迪 著　韩小强 译
191. 马背上的朝廷:巡幸与清朝统治的建构,1680—1785　[美]张勉治 著　董建中 译
192. 申不害:公元前四世纪中国的政治哲学家　[美]顾立雅 著　马腾 译
193. 晋武帝司马炎　[日]福原启郎 著　陆帅 译
194. 唐人如何吟诗:带你进入汉语音韵学　[日]大岛正二 著　柳悦 译

195. 古代中国的宇宙论　［日］浅野裕一 著　吴昊阳 译
196. 中国思想的道家之论：一种哲学解释　［美］陈汉生 著　周景松 谢尔逊 等译　张丰乾 校译
197. 诗歌之力：袁枚女弟子屈秉筠(1767—1810)　［加］孟留喜 著　吴夏平 译
198. 中国逻辑的发现　［德］顾有信 著　陈志伟 译
199. 高丽时代宋商往来研究　［韩］李镇汉 著　李廷青 戴琳剑译　楼正豪 校
200. 中国近世财政史研究　［日］岩井茂树 著　付勇 译　范金民 审校
201. 魏晋政治社会史研究　［日］福原启郎 著　陆帅 刘萃峰 张紫毫 译
202. 宋帝国的危机与维系：信息、领土与人际网络　［比利时］魏希德 著　刘云军 译
203. 中国精英与政治变迁：20世纪初的浙江　［美］萧邦奇 著　徐立望 杨涛羽 译　李齐 校
204. 北京的人力车夫：1920年代的市民与政治　［美］史谦德 著　周书垚 袁剑 译　周育民 校
205. 1901—1909年的门户开放政策：西奥多·罗斯福与中国　［美］格雷戈里·摩尔 著　赵嘉玉 译
206. 清帝国之乱：义和团运动与八国联军之役　［美］明恩溥 著　郭大松 刘本森 译
207. 宋代文人的精神生活(960—1279)　［美］何复平 著　叶树勋 单虹泽 译
208. 梅兰芳与20世纪国际舞台：中国戏剧的定位与置换　［美］田民 著　何恬 译
209. 郭店楚简《老子》新研究　［日］池田知久 著　曹峰 孙佩霞 译
210. 德与礼——亚洲人对领导能力与公众利益的理想　［美］狄培理 著　闵锐武 闵月 译
211. 棘闱：宋代科举与社会　［美］贾志扬 著
212. 通过儒家现代性而思　［法］毕游塞 著　白欲晓 译
213. 阳明学的位相　［日］荒木见悟 著　焦堃 陈晓杰 廖明飞 申绪璐 译
214. 明清的戏曲——江南宗族社会的表象　［日］田仲一成 著　云贵彬 王文勋 译
215. 日本近代中国学的形成：汉学革新与文化交涉　陶德民 著　辜承尧 译
216. 声色：永明时代的宫廷文学与文化　［新加坡］吴妙慧 著　朱梦雯 译
217. 神秘体验与唐代世俗社会：戴孚《广异记》解读　［英］杜德桥 著　杨为刚 查屏球 译　吴晨 审校
218. 清代中国的法与审判　［日］滋贺秀三 著　熊远报 译
219. 铁路与中国转型　［德］柯丽莎 著　金毅 译
220. 生命之道：中医的物、思维与行动　［美］冯珠娣 著　刘小朦 申琛 译
221. 中国古代北疆史的考古学研究　［日］宫本一夫 著　黄建秋 译
222. 异史氏：蒲松龄与中国文言小说　［美］蔡九迪 著　任增强 译　陈嘉艺 审校
223. 中国江南六朝考古学研究　［日］藤井康隆 著　张学锋 刘可维 译
224. 商会与近代中国的社团网络革命　［加］陈忠平 著
225. 帝国之后：近代中国国家观念的转型(1885—1924)　［美］沙培德 著　刘芳 译
226. 天地不仁：中国古典哲学中恶的问题　［美］方岚生 著　林捷 汪日宣 译
227. 卿本著者：明清女性的性别身份、能动主体和文学书写　［加］方秀洁 著　周睿 陈昉昊 译
228. 古代中华观念的形成　［日］渡边英幸 著　吴昊阳 译
229. 明清中国的经济结构　［日］足立启二 著　杨缨 译
230. 国家与市场之间的中国妇女　［加］朱爱岚 著　蔡一平 胡玉坤 译
231. 高丽与中国的海上交流(918—1392)　［韩］李镇汉 著　宋文志 李廷青 译
232. 寻找六边形：中国农村的市场和社会结构　［美］施坚雅 著　史建云 徐秀丽 译
233. 政治仪式与近代中国国民身份建构(1911—1929)　［英］沈艾娣 著　吕晶 等译
234. 北京的六分仪：中国历史中的全球潮流　［美］卫周安 著　王敬雅 张歌 译

235. 南方的将军:孙权传　[澳]张磊夫 著　徐缅 译
236. 未竟之业:近代中国的言行表率　[美]史谦德 著　李兆旭 译
237. 饮食的怀旧:上海的地域饮食文化与城市体验　[美]马克·斯维斯洛克 著　门泊舟 译